Trutz Hardo

Ich hab schon mal gelebt!

Trutz Hardo

Ich hab schon mal gelebt!

Kinder beweisen ihre Wiedergeburt

Silberschnur Verlag

Die Schwarz-Weiß-Abbildungen erfolgen mit der Erlaubnis des
AQUAMARIN VERLAGS
aus dem Buch
Reinkarnationsbeweise
von Ian Stevenson

ISBN: 978-3-89845-430-8

1. Auflage 2014

Gestaltung: XPresentation, Güllesheim;
unter Verwendung eines Motivs von © olegfotografo, www.fotolia.com
Druck: Finidr, s.r.o. Cesky Tesin

Verlag »Die Silberschnur« GmbH · Steinstr. 1 · 56593 Güllesheim
www.silberschnur.de · E-Mail: info@silberschnur.de

Inhaltsverzeichnis

VORWORT VON ELISABETH KÜBLER-ROSS

Am Ende meines Lebens erfahre ich, dass Professor Ian Stevenson die Reinkarnation als Tatsache bewiesen hat. Ich freue mich sehr, dass die Wahrheit am Ende des blutigen zweiten Jahrtausends endlich zur Geltung kommt. Denn ich bin überzeugt, dass wenn die Menschheit im dritten Jahrtausend die Reinkarnation samt dem Karmagesetz angenommen, das heißt, in ihr Denken und Handeln integriert hat, wir dann auf Erden eine bessere Welt haben. Wahrscheinlich werde ich diese nicht mehr erleben, aber ich werde die Vorgänge auf der Erde aus einer jenseitigen Ebene mitverfolgen können und mich über die Veränderung im Denken der Menschheit freuen.

Für mich ist der Glaube an die Reinkarnation und das Karmagesetz schon seit langem etwas Selbstverständliches. Ich freue mich, dass in dem vorliegenden Buch von Trutz Hardo dem Leser Beweise für die Reinkarnation vorgelegt werden, die auch dem größten Skeptiker zu denken geben müssen. Ich hoffe also, dass viele Leser endlich die Wahrheit über die Tatsächlichkeit der Reinkarnation erfahren und sie in ihr Denken und Handeln zum Wohle ihrer selbst und der ganzen Menschheit integrieren.

EINLEITUNG

In diesem Buch werden dreiunddreißig Fallgeschichten von Kindern aus aller Welt wiedergegeben, die sich an frühere Leben zurückerinnern. In den meisten Fällen werden diese Erinnerungen von denjenigen bestätigt, die heute noch wie schon in jenem früheren Leben des sich erinnernden Kindes leben. Oft sind diese Wiedererkennungserlebnisse sehr bewegend. In den meisten Fällen erkennt man diese Kinder aufgrund ihrer beweiskräftigen Aussagen als verstorbene Familienmitglieder, Verwandte, Nachbarn oder Freunde. Die häufigsten Fälle von Rückerinnerungen an frühere Leben ereignen sich in jenen Ländern oder bei jenen Völkern, in denen die Reinkarnation anerkannt ist. Das hat damit zu tun, dass Eltern eher und offen den Aussagen ihrer Kinder zuhören und ihnen eventuell auch dabei helfen, mit den Personen aus früheren Leben in Kontakt zu kommen. Oft ist es auch der Faktor Zufall, der die Wiederentdeckungen erst ermöglicht.

Insbesondere Professor Stevenson von der Universität in Virginia hat vor allem bei folgenen Nationen oder Völkern Fälle von Reinkarnationserinerungen bei Kindern aufgedeckt: bei den Igbos in Nigeria, den Drusen im Libanon, den Alleviten in der Türkei, bei den Indern, Burmesen, Thailändern, Ceylonesen, Brasilianern, den westkanadischen Indianern, aber auch in den sogenannten westlichen Ländern, also in Europa und Amerika. Natürlich bleiben solche Fälle von Erinnerungen an Reinkarnationen nicht auf diese Länder beschränkt. Denn sie kommen in der ganzenWelt vor, vor allem bei Völkern mit Schamanentradition, also Völkern, denen noch von keiner christlichen oder islamischen Kulturreligion der Glaube umgepolt wurde. Ich denke hierbei an die vielen Indianerstämme, Eskimos und vor allem an die Afrikaner, denen es zum großen Teil trotz Islamisierung und Christianisierung gelang, ihrem alten Volksglauben der Reinkarnation nicht völlig abzuschwören. Jedoch ist in den westlichen Ländern unter denjenigen, die in den letzten vierzig Jahren geboren wurden, ein Trend zur Beschäftigung mit der Reinkarnation deutlich zu erkennen. Denn zum einen gibt es immer wieder Bücher, die über Reinkarnation in überzeugender Weise berichten, und zum anderen vertraut man sich gerne im Zuge der allgemeinen Suche nach neuen Werten bei Vorträgen und in Seminaren Referenten an, die von der Reinkarnation wie selbstverständlich überzeugt sind - meist auf Grund von eigenen Erfahrungen durch Meditation oder durch induzierte Rückführungen. Der Hang zum Neobuddhismus hat besonders in den Vereinigten Staaten einen großen Zulauf. Die Auswirkungen der auch in westlichen Ländern sich verbreitenden Verehrung für den Dalai Lama, einen öffentlich anerkannten Wiedergeborenen, machen sich immer mehr bemerkbar. Doch diese Ausbreitung des Reinkarnationsinteresses beruht im Wesentlichen auf Glauben oder - wie viele sagen würden - auf innerem Wissen. Mit der Reinkarnationsforschung vor allem durch Professor Stevenson ist nun zum ersten Mal in der Menschheitsgeschichte die Reinkarnation wissenschaftich bewiesen worden. Dieses Buch wird neben vielen anderen Beispielen eine ganze Anzahl der von ihm recherchierten Fälle präsentieren, für die es keine andere schlüssige Erklärung geben kann als die der Reinkarnation.

Dieses Ihnen vorliegende Buch, verehrte Leserin und verehrter Leser, wird Ihnen verdeutlichen, dass Kinder oft von früheren Leben wissen und beweiskräftige Hinweise geben, die selbst von der Wissenschaft in vielen Fällen als authentisch anzusehen sind - dank unter anderem der Forschungsergebnisse Professor Stevensons und seiner vielen wissenschaftlichen Mitarbeiter. Denn die in seinem Buch *Reincarnation and Biology* (von diesem umfangreichen

Werk liegt eine verkürzte deutsche Fassung mit zahlreichen Abbildungen vor unter dem Titel *Reinkarnationsbeweise,* Aquamarin Verlag, Grafing 1999. *-Jeder, der in der Öffentlichkeit glaubhaft über Reinkarnation sprechen will, sollte es gelesen haben.*) vorgestellten etwa 225 Fälle geben Beispiele von Kindern wieder, die sich an frühere Leben zurückerinnern - die mit einem markanten Muttermal oder gar mit einem Geburtsdefekt geboren werden, wobei genetische oder pränatale Ursachen auszuschließen sind. Die Angaben der Kinder wurden wissenschaftlich überprüft. Dabei gelang es in sehr vielen Fällen, die von den Kindern mit Namen genannten Personen und Orte aus ihren früheren Leben wieder zu finden, wobei es sich ergab, dass die geäußerten Angaben alle oder fast alle genau zutreffen. Stevenson spricht hier von geschlossenen Fällen ("solved cases"). Diese sind für die Beweiskraft der Reinkarnation die wichtigsten.

Stevenson hat einmal erklärt, warum er sich vornehmlich Fällen von Rückerinnerungen bei Kindern zuwendet und sich weniger um Rückerinnerungsfälle bei Erwachsenen kümmert:

1. Bedingt durch ihr Alter stehen Kinder einem vorangegangenen Erdenleben zeitlich näher und können sich folglich besser daran erinnern.

2. Kinder sind noch nicht vollgestopft mit Wissen über vergangene Zeiten, da sie darüber noch nichts oder wenig gehört und schon gar nicht gelesen haben. (Der Fernseher als Informationsmedium scheidet zumindest bis in die Achtzigerjahre unseres Jahrhunderts für die meisten Länder der Dritten Welt aus.)

3. Kinder haben noch keine Angst, wegen ihrer Aussagen lächerlich gemacht oder für dumm angesehen zu werden.

4. Erwachsene mögen wirkliche Erinnerungen aus früheren Leben mit der Gegenwart verwechseln oder sie verfälschen, vor allem durch Wunschdenken.

5. Die Wissenschaft kann kindliche Aussagen nicht als Gelogenes oder Erfundenes abtun.

Aus all diesen Gründen ist es "wissenschaftlicher" - weil der Wahrheit näher -, mit Kindern zu arbeiten. Diese Erkenntnis hatte schon die große Forscherin und Ärztin Dr. Elisabeth Kübler-Ross, die unumwunden zugibt, dass Kinder ihre eigentlichen Lehrmeister waren. Meist beginnen Kinder, die sich an frühere Leben zurückerinnern, schon mit ihren ersten erlernten Worten über Personen, Dinge oder Erlebnisse aus früheren Erdenleben zu berichten. Doch ab dem fünften Lebensjahr versiegt allmählich ihr "inneres" Gedächtnis, sodass meist mit dem zehnten Lebensjahr kaum noch eine Orginalerinnerung besteht, vielmehr nur noch das erinnert wird, was andere gesagt haben. Und trotzdem gibt es einige erstaunliche Ausnahmen, wo sich Menschen über ihr ganzes Leben hinweg an ihre Vorvergangenheiten erinnern konnten. Man denke nur an die Engländerin Joan Grant oder an Daskalos aus Zypern.

Kinder bescheren uns die große ewige Wahrheit der Reinkarnation! Ist es nicht ironisch, dass alle Schulweisheit und alle Gelehrten der westlichen Welt dazu nicht in der Lage waren? Dass diese ewige Wahrheit uns nun von den Kindern bewiesen und somit als verwaistes Urwissen wieder zugänglich gemacht wird, muss uns mit tiefster Demut erfüllen. Denn anscheinend gelangen wir Menschen nicht durch großartiges Philosophieren zu den ewigen Wahrheiten, sondern wir müssen jetzt zugeben, dass das, was Kindermund wissentlich verkündet, der Wahrheit viel näher kommt als das, was die klügsten Geister sich auszudenken wagten und wagen - handle es sich dabei um Theologen, Philosophen oder gar um Naturwissenschaftler. Nicht der Intellekt ist also das Maß aller Dinge, sondern das in Unschuld und Einfachheit vermittelte Wissen.

Unter Berücksichtigung von Stevensons Forschungsergebnissen wird in diesem Buch der unumstößliche Beweis aus Kindermund geliefert, dass es nicht nur ein jenseitiges Leben nach dem Tod gibt, sondern dass des Menschen Seele über viele Erdeninkarnationen hinweg in jeweils einen neuen Körper wiedergeboren wird. Die Wissenschaftler sind nach "draußen" gegangen, haben im Draußen, in den Vorspiegelungen des Daseins, die Wahrheiten zu finden gesucht und haben daher den Weg nach Innen nie richtig ergründen können - ist doch auch der namhafteste Seelenforscher Sigmund Freud trotz aller "Tiefenpsychologie" nicht eigentlich zu den inneren Wahrheiten vorgestoßen und auch sein Kollege Carl Gustav Jung an deren Schwelle stehen geblieben.

Aber dieses Buch will der Leserin und dem Leser nicht nur die Reinkarnation durch Kindermund beweisen, sondern auch einiges von den erweiterten Erkenntnissen, die aus diesen Ergebnissen resultieren, vermitteln. Dabei sollen auch Antworten gegeben werden, wie wir uns Kindern gegenüber verhalten sollten, die über ihre früheren Leben sprechen, oder wie wir mit Kinder umzugehen haben, die unter einer Phobie leiden, welche durch ein Trauma in früherem Leben entstanden ist. Darüber hinaus habe ich oft noch Anmerkungen hinzugefügt, um dem sich für erweitertes spirituelles Verstehen geöffneten Leser zusätzliche Hinweise zu geben. Diese habe ich in anderer Schrift gesetzt, sodass jener Leser, der über diese Dinge sowieso Bescheid weiß oder sich für diese Hinweise nicht interessiert, mit der Lektüre der hier berichteten Fälle ohne Unterbrechungen fortfahren kann.

1. Kapitel

KINDER AUS DER GANZEN WELT ERINNERN SICH AN FRÜHERE LEBEN

Du bist nicht meine richtige Mutti

In Deutschland wie in den meisten europäischen Ländern verbreitete sich der Gedanke der Reinkarnation erst allmählich, obwohl es ihn schon in vorchristlicher Zeit gegeben hatte - glaubten doch schon die Germanen an ein Leben nach dem Tod und an eine Rückkehr in erneute Erdenleben. Doch mit der Verbreitung des Christenglaubens, dessen Richtungsgeber zumindest seit dem Jahre 553 den Reinkarnationsgedanken verboten hatten und alle Anhänger an den Glauben wiederholter Erdenleben sogar mit dem Kirchenbann bedrohten, wurde der Glaube an die Reinkarnation eine Privatsache, über die man strengste Geheimhaltung bewahren musste, wollte man nicht der kirchlichen Inquisition in die Hände fallen, die jegliche Abweichung von den kirchlichen Dogmen als Teufelswerk ansah, das mit aller kirchlichen Entschiedenheit zu bekämpfen sei.

Aber seit dem Zeitalter der Aufklärung verbreitete sich der Glaube an die Reinkarnation sehr schnell vor allem in jenen Kreisen, die der Kirche kritisch gegenüberstanden. So bekannten sich in Deutschland auch viele Dichter in zunehmender Zahl zum

Glauben an die Reinkarnation, von Lessing, Herder, Goethe, Schiller bis hin in unser Jahrhundert, man denke dabei an Morgenstern, Werfel, Hesse und viele andere. Jedoch blieb die öffentliche Meinung immer noch geprägt von zwei an sich widersprüchlichen Weltbildern, einmal dem wissenschaftlichen Weltbild, demzufolge alles, was nicht messbar oder überprüfbar ist, keinerlei Anspruch auf Realität besitzt, und zum anderen dem immer noch in den Gemütern tief verankerten Christentum, das einer Seele nur ein einziges Leben auf Erden erlaubt.

Doch diese beiden Säulen des Zwanzigsten Jahrhunderts gerieten immer mehr ins Wanken, da sich die immer größer werdende Zahl der Wahrheitssucher zum Glauben an die Reinkarnation bekannte, sodass am Ende des vergangenen Jahrhunderts nach meiner Schätzung in Deutschland etwa dreißig Prozent der Bevölkerung von der Tatsächlichkeit der Reinkarnation überzeugt sind, während weitere dreißig Prozent die Möglichkeit wiederholter Erdenleben nicht ablehnen. Ich denke, dass die Fülle der vor allem von Professor Stevenson vorgelegten Beweise für die Reinkarnation auch jene dreißig Prozent zu überzeugten Anhängern der Reinkarnation werden lassen.

In Deutschland habe ich bisher noch von keinem handfesten Beweis gehört, mit dem man die Aussage von einem Kind über ein früheres Leben nachweislich bestätigt hätte, wie es dagegen vor allem in vielen asiatischen Ländern der Fall ist. Wir maßen den Aussagen der Kinder bezüglich möglicher früherer Leben bisher noch zu wenig Bedeutung bei und tun derlei Hinweise als Fantasiegespinste kindlicher Einfalt ab. Aber mit zunehmender Verbreitung des Reinkarnationsgedankens wird man hellhöriger werden, wenn ein Kind Andeutungen zu einem früheren von ihm erlebten Leben macht. Einige Eltern werden ihre Kinder ermutigen, mehr aus ihrem früheren Leben zu erzählen. Sie werden sich Notizen machen und eventuell die niedergeschriebenen Angaben auf ihre Richtigkeit hin überprüfen.

Edith, eine Frau aus Berlin, die sich bei mir zur Rückführungstherapeutin ausbilden ließ, berichtete mir Folgendes: Mit ihrem jüngsten Sohn Peter hatte sie anfangs größte Schwierigkeiten, denn er lehnte sie als Mutter grundsätzlich ab, widersetzte sich ihr und war, wie man so sagt, für sie ein enfant terrible. Er weigerte sich strikt, sich von ihr berühren zu lassen. Wenn sie ihm als Baby die Brust gab, drehte er seinen Kopf zur Seite. Er wollte von ihrer Brust nicht trinken, es sei denn, dass sein Hunger größer war als die Ablehnung seiner Mutter gegenüber. Er provozierte sie, denn er machte lange Zeit nicht in den Topf sondern immer in die Windeln oder ins Bett. Als er zwei Jahre alt war und schließlich auf dem Topf saß, sagte er zu ihr: "Du warst nicht immer meine Mutti. Ich hab dich nicht lieb." Anstatt betroffen und verletzt zu sein, hätte sie diese Gelegenheit wahrnehmen sollen, den Grund seiner Ablehnung näher zu hinterfragen, denn wir sollten immer bei Äußerungen von Kindern über frühere Leben daran denken, dass mit ihrem Älterwerden oft auch die Erinnerungen verblassen und es immer schwieriger wird, korrekte Informationen aus jenen früheren Leben zu erfahren. Ein halbes Jahr später sagte Peter zu ihr: "Ich möchte zu meinen richtigen Eltern." Edith, die an frühere Leben glaubte und sich nun damit abgefunden hatte, dass ihr Sohn sich an ein früheres Leben erinnerte und sie als jetzige Mutter nicht akzeptieren konnte, fragte nun zurück: "Wie heißen denn deine Eltern?" "Mein Vati heißt Herbert, und meine Mutti heißt Rosalind. Und du bist meine böse Tante." Edith, entgegen wohl vielen anderen Eltern, strafte ihren Sohn nicht mit verweisenden Worten oder einer Handgreiflichkeit. Sie konnte ihm nun vielmehr in Liebe erklären, dass er sich jetzt in einem anderen Leben befinde und dass sie im jetzigen Leben nicht mehr eine böse Tante sondern eine liebe neue Mutti sei.

Mit der Zeit verblassten wohl auch die Erinnerungen des Kindes an sein früheres Leben und damit auch die Erinnerungen an seine böse Tante. Inzwischen hat er Edith voll als seine Mutter anerkannt und hat ihr auch schon gesagt: "Ich liebe dich, Mutti."

Wenn wir als Erwachsene den Aussagen der Kinder mehr Gehör verleihen, das heißt, wenn wir ihre Aussagen ernst nehmen und sie nicht belächeln würden, was übrigens ein Kind sehr verletzt, dann könnten wir von Kindern sehr viel lernen. Darüber wird in diesem Buch noch oft zu sprechen sein. Carol Bowman, die, wie wir noch sehen werden, durch die Berichte ihrer beiden Kinder über deren frühere Leben von der Wahrhaftigkeit der Reinkarnation überzeugt wurde, schreibt: "Denn indem kleine Kinder uns ihre Erinnerungen mitteilen, lehren sie uns Erwachsene etwas, das wir vergessen haben: Das Leben endet nicht mit dem Tod." (1)

Ich bin deine Schwester Silvia

Mit dem Schweizer Heiler Peter Singer verbindet mich schon eine längere Freundschaft. Ich habe in Europa noch keinen anderen Menschen getroffen, der die Aura der Menschen derart präzise sehen und die Krankheitsherde mit dem bloßen Auge erkennen kann. Er gibt seit vielen Jahren Seminare, in welchen er den Teilnehmern beibringt, zu ihrem und auch aller Wohl mit Energien umzugehen und dies auch demonstriert. Er kann z. B. im Nebenraum aus seinem Körper gehen, unsichtbar bei den stehenden Teilnehmern erscheinen und sie anschubsen, sodass sie rückwärts in den Sessel fallen. Der Sänger Roy Black und er waren Freunde. Sie hatten beide ausgemacht, dass derjenige, der von ihnen zuerst stirbt, dem Hinterbliebenen ein Zeichen zukommen lassen würde, um damit einen Beweis zu liefern, dass er unsichtbar weiterlebe. An Roy Blacks fünftem Todestag wachte Peter morgens auf, schaute auf die elektrische Nachttischuhr, auf welcher auch die Wochentage und Monate zu sehen waren, und erkannte auf einmal: "Mensch, heute ist ja der Geburtstag von Roy. Und du hast mir noch immer kein Lebenszeichen von dir gegeben!" Auf einmal war ein großes Krachen vom Flur her zu hören. Peter fuhr aus seinem Bett, eilte hin und entdeckte, dass dort ein großes eingerahmtes Bild mit einer Alpenlandschaft auf den Boden gefallen war. Doch der Nagel befand sich immer noch in der Wand. Wie war das möglich?

Als wir uns einmal über die Reinkarnation unterhielten, erzählte mir Peter folgende Geschichte: Im Jahre 1990 arbeitete er noch in seiner Praxis in Goldach im Kanton St. Gallen. Eine seiner Klientinnen hatte von ihrer hellsichtigen Tochter Ines erzählt und ihm auch berichtet, dass sie sogar Briefe lesen könne, die man ihr aus der Entfernung mit der Rückseite entgegenhalten würde. Peter wollte dieses Mädchen unbedingt kennenlernen, weshalb diese Frau ihre neunjährige Tochter beim nächsten Besuch mitbrachte. Während Peter nun die Mutter behandelte, schaute Ines ihnen zu. Auf einmal sagte sie zu Peter gewandt: "Ich kenne dich von früher her." Die Mutter war entsetzt und wies sie mit den Worten zurück: "Du kannst den Herrn Singer doch nicht einfach duzen. Was fällt dir ein?"

"Doch, ich kenne ihn." Und zu Peter gewandt, sagte sie: "Du warst einmal mein Bruder. Ich war deine Schwester Silvia." Und die Mutter reagierte entsetzt: "Jetzt hör aber auf!" "Ich bin in deinem jetzigen Leben deine Schwester gewesen, bin aber früh verstorben. Jetzt bin ich wiedergekommen, aber bei einer anderen Mutter." Peter konnte sich noch an seine viereinhalbjährig verstorbene Schwester Silvia erinnern, obwohl er selbst damals nur drei Jahre alt war. Er forderte sie auf, noch mehr von ihrem gemeinsamen Leben zu erzählen. Und Ines fuhr fort: "Wir haben damals im Kanton Appenzell gewohnt. Dort bin ich dann auch gestorben." Peter holte aus dem Nebenzimmer ein Bild und hielt es ihr mit der Rückseite zugewandt entgegen. "Du kannst doch, wie deine

Mutter mir sagte, Briefe von der Rückseite lesen. Kannst du auch erkennen, wer auf diesem Bild zu sehen ist?" Und ohne zu überlegen, erwiderte Ines: "Meine Mutti und mein Vati von damals sind darauf, unsere Eltern." "Was erkennst du noch?" "Mutti trägt eine weiße Bluse. Beide halten sich an den Händen." Alles traf genau zu. "Was kannst du noch über unsere Mutter sagen?" "Mutti ist nach meinem Tod ebenfalls zu mir gekommen." Peters Mutter war 1978, zwanzig Jahre nach dem Tod von Silvia, gestorben. Und sie fuhr fort: "Wir hatten noch einen älteren Bruder", sie nannte dessen Namen. "Doch die anderen Geschwister habe ich nicht mehr gekannt. Die kamen erst später."

Ines' Mutter hatte inzwischen mit Spannung den Wortwechsel der beiden verfolgt. Sie war über ihre Tochter wieder einmal sprachlos. Peter forderte die Neunjährige nun auf, ihr Elternhaus zu beschreiben. Alles, was sie sagte, stimmte genau. Nach dem Beruf des Vaters befragt, sagte sie: "Wir hatten ein Textilgeschäft. Aber wir hatten auch ein Freibad, das in einem Tal liegt." Auch das stimmte ganz genau, denn neben dem Laden betrieb Peters Vater damals ein öffentliches Freibad. An der Echtheit der Aussagen dieses Mädchens konnte Peter nicht mehr zweifeln. Trotzdem fragte er immer weiter, und sie konnte ihm, so weit es ihr wieder einfiel, fast alles beantworten. Sie beschrieb auch genau, was unmittelbar nach ihrem Tode passiert war. Da sah sie sich über ihrem Körper schweben. Beider Mutter hatte einen Nervenzusammenbruch erlitten. Die Verstorbene hatte versucht, ihre Mutter zu trösten, indem sie ihr sagte: "Mutti, ich werde dir viele Leute ins Geschäft schicken. Es wird dir dann gut gehen. Du brauchst keine Angst zu haben. Ich bin immer bei dir."

Ines besuchte nach diesem Gespräch nun öfter ihren neuen "alten" Bruder und nahm auch hin und wieder an dessen Seminaren teil. Sie beherrschte inzwischen die automatische Schrift und konnte auch Botschaften von Unsichtbaren direkt im Seminar an die Teilnehmer durchgeben. Peter hat viele voll geschriebene

Seiten ihrer Mitteilungen aufgehoben. Zum Beispiel meldete sich einmal ein verstorbener Handwerker und bat Ines, das ihr von ihm für seine Frau Diktierte jener zu überbringen, was auch dann zur Verwunderung der Witwe geschah. Die medial empfangenen Durchgaben waren genau in der Handschrift ihres verstorbenen Gatten geschrieben. Peter nahm einmal solch einen Brief und legte diesen einem bekannten Grafologen vor, der sagte, dass diese Handschrift von einem sehr bodenständigen Mann sein müsse, er könne z. B. ein Handwerker sein. Wenn Ines sich auf einem Klassenausflug befand oder mit den Eltern in die Ferien gereist war, schickte sie Peter immer eine Karte, die meistens begannen mit "Hallo, mein Bruder!"

Ines war in Insiderkreisen nun sehr bekannt und wurde von allen möglichen Leuten aufgesucht, die entweder mit ihren Verstorbenen in Kontakt treten wollten oder aber auf mediale Weise Antworten auf die verschiedensten Probleme durch sie zu bekommen suchten. Als sie vierzehn Jahre alt war, sagte sie zu ihrer Mutter: "Mama, ich werde in der nächsten Zeit einen schweren Unfall haben. Ich werde von der Schule heimkommen und von einem Motorrad angefahren werden. Ich werde schwer verletzt sein. Aber du brauchst keine Angst um mich zu haben. Ich sterbe nicht, auch wenn der Arzt sagen sollte, dass ich nicht überleben werde." Ein paar Wochen darauf ereignete sich wirklich dieser Unfall. Ines lag lange im Koma, und die Ärzte glaubten nicht, dass sie es schaffen würde. Doch sie wachte tatsächlich wieder auf und genas. Doch etwas hatte sich bei ihr verändert. All ihre medialen Fähigkeiten waren von da an verschwunden.

Ich bat Peter, der Ines schon lange nicht mehr getroffen hatte, mir ihre Telefonnummer zu geben, damit ich von ihr noch mehr über jene damaligen Vorgänge in Peters Praxis erfahren könne. Peter wollte sie jedoch erst einmal selber anrufen, um mich vorher anzukündigen. Dann war sie selbst am Apparat und meinte, dass ich von meinem Anruf absehen solle, denn sie wolle nicht mehr "in diese Geschichte" hineingehen, habe man sie doch früher immer zu den medialen Beratungen gedrängt und hätte sie dadurch ein ihr unliebsames Aufsehen mit ihrer Medialität erregt. Von all dem wolle sie nun Abstand nehmen. Peter sagte mir über die damalige Ines: "An der Echtheit ihrer Aussagen war nicht zu rütteln." Doch könne ein Kritiker noch einwenden: "Vielleicht war sie gar nicht die frühere Schwester von Peter, sondern hatte nur, weil sie so medial war, dessen Gedanken angezapft." Dem ist entgegenzuhalten, dass Peter, als er sie nach dem Beruf seines Vaters fragte, gar nicht an das Freibad gedacht hatte, und dass sie ihm auch Dinge sagte, an die er sich selbst nicht mehr erinnern konnte, die er später aber zum Beispiel durch Befragung seines älteren Bruders bestätigt fand.

Das Mädchen, das dem Präsidenten im früheren Leben einen Blumenstrauß überreichte

Es ist mir schwer gefallen, Fälle von Kindern in Skandinavien aufzufinden, die sich an frühere Leben erinnern. In Schweden hat Babro Karlén ein autobiografisches Buch (2) geschrieben, in welchem sie gesteht, schon als Kind gewusst zu haben, dass sie einmal in Holland gelebt habe, dass sie in ein Tagebuch geschrieben habe und dass sie plötzlich mit ihren damaligen Eltern von Soldaten abgeführt worden sei. Diese Erinnerungen kamen ihr spontan, lange bevor sie zum Beispiel etwas von Anne Frank gehört oder gelesen hatte. Als ihre Eltern mit dem jungen Teenager schließlich nach Amsterdam reisten und das Anne-Frank-Museum besuchten, erkannte sie alles wieder, bemerkte auch, dass ihre Bilder von Schauspielern nicht mehr über ihrem Bett hingen. Ein Museumsangestellter klärte sie darüber auf, dass diese vorübergehend von der Wand abgenommen worden seien. Babro war übrigens schon mit zwölf Jahren eine bekannte schwedische Schriftstellerin, deren Kritiker erstaunt waren, dass ein so junges Mädchen schon so "erwachsen" schreiben konnte. Wann immer ich von irgendjemandem höre, er sei irgendeine bekannte frühere Persönlichkeit gewesen, bin ich äußerst skeptisch. Denn wenn ich solch eine Person zum Beispiel in ein früheres Leben zurückführe, stellt sich oft sehr schnell heraus, dass sie nicht die Marie-Antoinette, Kleopatra, Napoleon oder wer auch immer gewesen ist. Deshalb bat ich auch den Verleger von Babro Karlén, mir ihre Telefonnummer oder ihre Adresse zu geben, damit ich anfragen könne, ob ich sie in Göteborg aufsuchen könne, um dort eine Rückführung mit ihr vorzunehmen, die eventuell eine mögliche Identität mit Anne Frank bestätigte oder widerlegt hätte.

Wir haben aber aus Kopenhagen einen Bericht vor uns liegen von einem Mädchen, das sich an ein früheres Leben erinnert. Sie heißt Luna Marconi und ist die Tochter italienischer Eltern. Eines Tages sagte die Dreijährige zu ihnen: "Ich will wieder nach Hause." Als man sie fragte, wo denn ihr Zuhause sei, antwortete sie, dass es auf den Philippinen liege. Die Eltern waren sehr erstaunt darüber, dass sie solch ein Land nannte, denn sie hatten den Namen dieses Landes ihr gegenüber nie genannt, noch gab es sonst irgendwelche Möglichkeiten, wie sie gerade auf solch einen Namen kommen konnte. Einige Tage später wiederholte sie ihren Wunsch, nach Hause fahren zu wollen. Sie sagte, dass ihr Name Maria Espina sei. Ihr Vater sei ein Restaurantbesitzer und ihr Haus liege an der Bundesstraße 54 ganz in der Nähe der Jesus Christus Kirche. Als man mehr über ihr angebliches philippinisches früheres Leben wissen wollte, sagte sie, dass sie oft und gerne *bokayo* gegessen habe, und sie beschrieb die philippinischen Feste und andere Zeremonien ganz ausführlich. Auch begann sie hin und wieder zu tanzen und dabei ein den Eltern völlig fremdes Lied zu summen. Das waren alles Dinge, welche die Kleine von ihren Eltern nicht gelernt haben konnte. Und eines Tages berichtete sie davon, dass der von seiner Statur her große Präsident Diosdado Macapagal in ihr Dorf gekommen sei. Sie durfte aus Anlass dieses besonderen Ereignisses neue Schuhe tragen, und sie wurde auch dazu ausersehen, dem Herrn Präsidenten einen Strauß roter Blumen zu überreichen.

Und nun geschah das Überraschende. Zeitungsreporter hörten von den Aussagen der kleinen Maria. Sie reisten nach den Philippinen. Ja, es gab jenes *bokayo,* was eine aus Kokosnüssen hergestellte Süßspeise ist. Sie fanden auch an der Bundesstraße 54 jene Jesus Christus Kirche, in deren Nähe sich ein Restaurant befand, das einem Yves Espina und seiner Frau gehörte. Und dieses Ehepaar hatte tatsächlich eine Tochter namens Maria gehabt, die im Alter von zwölf Jahren an einem Fieber gestorben war. Man wusste auch ganz genau, dass man Maria ein neues Paar Schuhe gekauft hatte, nachdem feststand, dass ihrer Tochter die Ehre zuteil werden sollte, dem tatsächlich groß gewachsenen Präsidenten einen Blumenstrauß zu überreichen. [3]

Warum bin ich dieses Mal ein Junge?

In England sind relativ viele Untersuchungen zur Reinkarnation durchgeführt worden, oft mit Beteiligung des Fernsehens, man denke an Dr. Bloxham oder in jüngerer Zeit an die Fernsehberichte, die im Zusammenhang mit Jenny Cockell zu sehen waren, jener Frau, welche die Kinder aus ihrem vorausgegangenen Leben in

Irland wieder findet, die in diesem Leben nun viel älter als sie selbst sind.[4] Im Folgenden schildere ich einen Fall, den das Ehepaar Peter und Mary Harrison in dem Buch *Life before Birth* wiedergegeben hat.[5]

Als Nicola fünf Jahre alt war, hatte sie ihre Mutter, Frau Kathleen Wheater, bereits in mannigfacher Weise davon überzeugt, dass sie in ihrem früheren Leben als Junge in Yorkshire gelebt habe, der vor über achtzig Jahren von einem Zug überrollt worden war. Und alles hätte mit einem Hund begonnen. Denn als Nicola zwei Jahre alt geworden war, hatte man ihr zu jenem Geburtstag einen hölzernen Hund geschenkt, der auf vier Rädern gezogen werden konnte. Ihre Freude über dieses Geschenk war übergroß. Und sie sagte: “Ich nenne ihn Muff.” Als man sie fragte, wie sie gerade auf diesen Namen käme, entgegnete sie: “Ich nenne ihn Muff. So hat mein anderer Hund geheißen, den ich früher hatte.” Die Mutter lachte über die kindliche Fantasie ihrer Tochter, denn einen Hund mit solch einem Namen hatten sie nie besessen. Sie überhörte, wie Nicola häufig mit ihrem Hund schimpfte, weil er sich offenbar nicht mehr an Dinge aus früherer Zeit erinnern konnte. Aber all dieses ließ die Mutter nicht stutzig werden. Doch eines Tages fragte sie ihre Mutter: “Mutti, warum bin ich nicht ein Junge wie früher?” Jetzt fragte die Mutter, was sie eigentlich damit meine. Und das Töchterchen erwiderte: “Früher hieß meine Mutti Frau Benson. Und ich war ihr kleiner Junge und spielte mit Muff.” Frau Wheater wusste nicht, wie ihre Tochter gerade auf solch einen Namen verfallen konnte, denn der Name Benson war in ihrem Haus nie gefallen, gab es doch auch in ihrem Ort niemanden, der so hieß.

Doch von nun an ging Frau Wheater von der Wahrscheinlichkeit aus, dass ihre Tochter tatsächlich über ein früheres Erdenleben berichten könnte, weshalb sie sich ein besonderes Heft zulegte, um alles, was aus dem Munde ihrer Tochter kam und auf Vorvergangenes hindeuten konnte, aufzuschreiben. Obwohl sich Nicola trotz wiederholten Nachfragens nicht an ihren früheren Vornamen erinnern konnte, wusste sie dennoch den Vornamen ihrer damaligen Mutter nebst dem schon erwähnten Nachnamen. Auf den Beruf ihres Vaters hin befragt, berichtete sie, dass er bei der Bahn arbeitete und die Bahnschienen abzugehen hatte. Auch nannte sie Haworth als den Ort, an welchem die Familie Benson gewohnt hatte. Sie konnte zum Beispiel auch eine genaue Beschreibung der Kleider geben, die ihre früheren Eltern trugen. Doch immer wieder kam sie auf Muff zu sprechen und darauf, was sie mit ihm alles gespielt hatte. Aber es gab da noch einen Jungen als Spielfreund. Zu dritt durchstrichen sie die Gegend. Die damalige Mutter warnte sie, nicht auf die Eisenbahngleise zu gehen. Doch dann geschah es. Der Junge wurde von einem Zug erfasst und verstarb kurze Zeit darauf im Krankenhaus. "Aber ich bin nicht wirklich gestorben. Denn ich kam ja zu dir. Und du bist jetzt meine andere Mutti." Auf alles Nachfragen hin blieb Nicola bei den schon gemachten Aussagen und widersprach sich nie.

Frau Wheater war nun selbst neugierig geworden, was alles an den Aussagen ihrer Tochter wohl wahr sein mochte. Sie entschied sich nun eines Tages, mit ihrer Tochter im Auto nach Haworth in Yorkshire zu fahren, eben zu jenem Ort, in welchem Nicola angab, früher gelebt zu haben. Als sie sich diesem Städtchen näherten, erkannte Nicola die Umgebung wieder, erzählte auch, wo sie als jener Junge mit Muff überall spazieren gegangen war. In Haworth selbst gab sie der Mutter an, wie sie zu fahren hätte, um zu ihrem "anderen" Zuhause zu gelangen. Und schließlich hielten sie genau vor solch einem alten Terrassenhaus, wie die Tochter es ihrer Mutter beschrieben hatte. Es war eines von vier gleichartig gebauten Häusern, eben genauso, wie von Nicola vorher angegeben. Auch stimmte ihre Angabe, dass sich hinter diesen vier Häusern Felder anschlossen. Als Frau Wheater sich in jenem Hause nach einer Familie namens Benson erkundigte, wusste niemand, ob hier je eine Familie solchen Namens gelebt haben könnte. Also fragte sie sich jetzt nach dem

Kirchengemeindeamt durch. Dort bat sie, doch einmal in dem Taufregister nachforschen zu dürfen, ob einst eine Familie Benson in Haworth gelebt habe. Doch auch hier versicherte ihr der Beamte, dass es in diesem Ort keine Familie mit diesem Namen gäbe oder gegeben habe. Doch Frau Wheater bestand trotzdem darauf, das Taufregister einsehen zu dürfen. So weit sie auch die vielen Seiten nach hinten hin durchblätterte, der Name Benson wollte sich nirgends finden lassen. Als sie sich schon dazu entscheiden wollte, aufzugeben und nach Hause zu fahren, entdeckte sie plötzlich eine Eintragung unter dem 25. Juli 1875: John Henry Benson, geboren als Sohn des Bahnarbeiters Thomas Benson. Das musste also der vormalige Jungenname ihrer heutigen Tochter sein.

Späterhin konnte Frau Benson noch ein anderes Dokument aus dem Jahre 1881 in einer Bibliothek einsehen. Es handelte sich dabei um die Statistik einer Volkszählung, die laut Gesetz alle zehn Jahre durchzuführen war und alle lebenden Familienmitglieder zu erfassen hatte. Frau Wheater entdeckte, dass die Familie Benson genau in jenem vorher mit ihrer Tochter aufgesuchten Haus gelebt hatte, da der Straßenname und die Hausnummer mit dem heutigen Standort des Hauses übereinstimmten. In dieser Liste ist der Vor- und Zuname jedes Familienmitgliedes einschließlich seines Alters angegeben. Doch der Name John Henry fehlte. Wenn dieser also 1875 geboren war und nach Nicolas Aussage mit fünf Jahren verstorben war, dann konnte er auch nicht mehr in dieser Statistik erfasst gewesen sein.

Doch noch über etwas anderes weiß Frau Wheater zu berichten. Als die Familie sich einen Fernsehfilm ansah, in welchem jemand von einem Zug erfasst wurde, schrie Nicola markerschütternd auf. Sie wälzte sich heulend und nach Luft ringend auf dem Boden und schlug mit den Armen um sich. Man dachte schon, sie litte unter einem plötzlichen Anfall. Doch dann schrie sie immer wieder: "Der Zug! Der Zug!" Erst als man den Fernseher abgestellt hatte, beruhigte sie sich allmählich.

Kritische Kenner könnten einwenden, dass Nicola von einem erdgebundenen Geist besessen wurde, der vormals jener John Henry war und diesem Mädchen nun seine eigenen Eindrücke überstülpte oder zuraunte. Aber noch bessere Kenner werden wissen, dass nur vormals erlebtes Grauenhaftes wie jenes Überrolltwerden von einem Zug solche anfallsartigen Reaktionen bei Personen auszulösen vermag, die wirklich im Emotionalkörper derartige Erlebnisse gespeichert haben, welche bei ähnlichem Erleben wieder aktiviert werden können. Es kann sich also im Fall von Nicola nur um ein echt wiedererlebtes Ereignis aus einem früheren Leben handeln. Ich werde später in einem gesonderten Abschnitt dieses Buches noch auf solche durch ein ähnliches Ereignis evozierte Reaktionen zurückkommen, gehören doch derartige Gefühlsregungen mit zu den beweiskräftigsten Indizien für in früheren Leben tatsächlich Erlebtes und dienen somit der Beweisführung einer Tatsächlichkeit der Reinkarnation überhaupt.

Meine Mutter wohnt in Charles City

In den Vereinigten Staaten von Amerika dürfte die Zahl derer, die an die Reinkarnation glauben, noch etwas höher liegen als in Westeuropa – haben doch viele Fernseh-talk-shows immer wieder Themen über die Reinkarnation im Programm, sodass praktisch all die vielen bekannten Forscher, aber auch Reinkarnations- und Rückführungsexperten schon öfter auf den heimischen Bildschirmen zu sehen waren. Obwohl dort das fundamentale Christentum mit immer neuen Zuwachsraten aufzuwarten scheint, nehmen doch die Anhänger des Reinkarnationsglaubens noch rapider zu. Vieles scheint darauf hinzudeuten, dass sich schon in der ersten

Hälfte des einundzwanzigsten Jahrhunderts die Mehrheit der Amerikaner zur Reinkarnation bekennen wird, vor allem nachdem Professor Ian Stevenson die Reinkarnation praktisch endgültig bewiesen hat. So gibt es in Amerika eine ganze Reihe von dokumentierten Fällen, in denen Kinder, aber vor allem Erwachsene sich an frühere Leben erinnern, deren Aussagen im Nachhinein bestätigt wurden. Aus der Fülle der vorliegenden Fälle habe ich für dieses Kapitel den Fall Romy Crees ausgewählt.[(6)]

Romy ist die Tochter von Barry und Bonnie Crees, die in Des Moines im Staate Iowa leben, wo Romy auch zur Welt kam. Immer wieder sprach die Kleine davon, dass sie früher ein Junge gewesen sei, dessen Name Joe Williams war. Mit der Zeit erfuhren die Eltern immer mehr aus dem Leben dieses Joe. Natürlich hielten sie zunächst jene Aussagen der Tochter für Ausgeburten einer blühenden Kinderfantasie. Sie gab an, in Charles City gelebt zu haben. Nun, vielleicht hatte sie den Namen jener Stadt, die sich etwa 250 Kilometer von Des Moines entfernt befand, im Fernsehen aufgeschnappt. Sie behauptete auch, mit einer Frau namens Sheila verheiratet gewesen zu sein, beide hätten drei Kinder gehabt. Auch das war nichts, was die Eltern alarmiert haben könnte. Nach einiger Zeit sprach sie davon, dass ihre frühere Mutter Louise Williams heiße und dass sie als Joe in ihrem Hause, das rote Ziegel habe, aufgewachsen sei. Einmal habe es durch sein Verschulden dort einen Brand gegeben, und beim Löschen hätte sich seine Mutter die Hand verbrannt. Auch hätte die Mutter am Bein Schmerzen davon getragen, und Romy zeigte ihren Eltern genau die Schmerzstelle am rechten Bein. Immer wieder bat sie ihre Eltern, sie nach Charles City zu bringen, denn sie wollte ihre dortige Mutter besuchen, um ihr zu sagen, dass "alles in Ordnung ist." Ihre Eltern wussten jedoch immer noch nicht, was sie von all dem halten sollten. Doch sobald sie mit dem Kind auf der Straße waren und ein Motorrad vorbeibrauste, bekam Romy Panikzustände. Sie hatte ihnen ja immer wieder beschrieben, wie sie als

Joe ein Motorrad gehabt hatte und wie er und seine Frau Sheila, die hinten drauf saß, bei einem Unfall das Leben verloren hätten. Und als Romy die Eltern immer wieder bat, sie nach Charles City zu bringen, damit sie ihnen alles zeigen und vor allem ihnen Mutter Louise vorstellen konnte, erschien ihnen schließlich das Eigenartige wichtig genug, um Romys eindringlichen Bitten nachzukommen. Wie sollte man aber jetzt dabei vorgehen?

Sie hatten von einem Professor in Kalifornien gehört, der Fällen nachgehe, bei denen sich Kinder an frühere Leben erinnern. Sie verständigten sich mit dem indischen Professor Hemendra Banerjee, der im Winter 1981 mit seiner Frau und zwei schwedischen Journalisten der Zeitschrift ALLERS nach Des Moines kam, um den Fall Romy Crees zu untersuchen. Hier handelte es sich sozusagen um einen Idealfall aus der Sicht der Reinkarnationsforschung, indem ein Forscher einen Fall übernimmt, der nicht schon seitens der Betreffenden gelöst ist, wobei man sich später nur noch auf die Berichte der anderen verlassen kann in der Hoffnung, dass alle Angaben auch korrekt wiedergegeben worden waren. Nachdem Professor Banerjee von den Eltern und natürlich von Romy selbst sich alles noch einmal in allen Einzelheiten berichten ließ, setzten sie sich alle ins Auto und fuhren los.

Als sie sich Charles City näherten, wurde Romy immer aufgeregter. Sie kletterte auf den Vordersitz. Und als sie in die Stadt hineinfuhren, sagte sie: "Wir müssen für Mutter Williams noch Blumen kaufen. Sie mag blaue Blumen am liebsten. Wir können auch nicht durch die Vordertür eintreten. Wir müssen um die Ecke zur Tür in der Mitte gehen." Man kaufte, wie Romy es wünschte, einen Strauß mit blauen Blumen. Auch schaute man nochmals in ein Telefonbuch und fand dort zu aller Freude den Namen Louise Williams samt ihrer Adresse. Und Romy konnte ihnen wie selbstverständlich den Weg zu ihrem Haus zeigen.

Schließlich erreichten sie samt den beiden Reportern das von der Tochter beschriebene Haus in einem Vorort von Charles City.

Es war ein weißer Bungalow, er hatte aber nicht jene roten Ziegel, von denen Romy gesprochen hatte. Doch tatsächlich, auf einem Schild stand geschrieben: "Bitte den Hintereingang benützen". Als man an der hinteren Seitentür klopfte, kam eine ältere Frau zur Tür. Sie stützte sich auf eine Krücke. Um ihr rechtes Bein war ein Verband gewickelt. Man fragte sie, ob sie Frau Louise Williams sei. Sie bejahte. "Hatten sie einen Sohn namens Joe?" "Ja." Man bat sie, sich mit ihr näher unterhalten zu können, doch Frau Williams entgegnete, dass das jetzt nicht möglich sei, denn sie müsse dringend ihren Arzttermin wahrnehmen, doch anschließend in etwa einer Stunde stünde sie gerne zur Verfügung. Romy war sehr enttäuscht, denn sie hatte sich diese erste Begegnung mit ihrer früheren Mutter ganz anders vorgestellt. Und die blauen Blumen waren auch noch nicht überreicht worden. Ihre Augen füllten sich mit Tränen.

Nach einer Stunde kehrte die Siebenergruppe wieder zur Tür von Frau Williams zurück. Sie schien schon auf diese gewartet zu haben und bat sie, einzutreten. Jetzt konnte die kleine Romy Frau Williams die blauen Blumen überreichen. Diese war ganz überrascht vor Freude und sagte, dass sie solch einen Blumenstrauß zum letzten Mal von ihrem Sohn Joe überreicht bekommen hätte. Und nun berichtete man ihr, wer Romy sei, dass sie sich an ein früheres Leben als ihr Sohn erinnern könne. Frau Williams hörte dem allen fassungslos zu. Es mag ihr wohl so zu Mute gewesen sein, wie es jemandem ergehen würde, dem sich auf einmal Außerirdische vorstellen, die Dinge aus dessen Vergangenheit erzählen. Sie musste die ihr berichteten Einzelheiten alle bestätigen und fragte immer wieder: "Woher weiß sie denn das alles?" Ihr war es unverständlich, wie ein kleines Mädchen über sie und ihren verstorbenen Sohn alles wissen konnte, denn sie selbst kannte niemanden in Des Moines, der Romy irgend etwas über sie erzählt haben könnte. Danach befragt, warum Romy ihr Haus mit roten Ziegeln beschrieben habe, entgegnete sie, dass in Charles City vor Jahren ein furchtbarer

Wirbelsturm sein Unwesen getrieben habe, der das Dach dermaßen beschädigt hatte, dass es neu gedeckt werden musste, wobei man keine roten Ziegel mehr benutzt habe. Ihr wurde erzählt, dass Romy wusste, dass man durch den seitlichen Hintereingang das Haus zu betreten hatte. Und Frau Williams erklärte, dass Joe ihnen damals geholfen hatte, das Haus zu bauen. Und er hätte ihnen angeraten, im Winter die Vordertür verschlossen zu halten.

Obwohl Frau Williams nicht an die Reinkarnation glaubte und ihr vieles unglaublich vorkommen musste, fühlte sie sich zu Romy hingezogen. Beide gingen in das Nebenzimmer. Als sie aus diesem wieder zurückkamen, hielten sie sich an der Hand. Frau Williams hielt in der anderen Hand eine eingerahmte Fotografie und sagte freudestrahlend: “Sie hat sie alle wiedererkannt.” Nun zeigte sie den Anwesenden dieses Foto, das an dem letzten Weihnachtsfest vor Sheilas und Joes Tod aufgenommen worden war. Und immer wieder bestätigte Frau Williams, dass Romy im Nebenzimmer ihr all die Namen der auf diesem Foto Abgebildeten richtig genannt hatte.

Frau Williams konnte im Laufe der Unterhaltung vieles von dem bestätigen, was Romy ihren Eltern in Des Moines gesagt hatte. Tatsächlich war sie als Joe mit Sheila bei einem Motorradunfall 1975 ums Leben gekommen, tatsächlich hatten beide drei Kinder. Auch stimmten die Namen der Verwandten, die Romy zu Hause noch genannt hatte. Ebenso bestätigte sie den Brand, von dem Romy gesprochen hatte, bei dem sie sich damals tatsächlich die Hand verbrannte.

Dennoch waren weder Frau Williams noch die Eltern von Romy bereit, an die Reinkarnation zu glauben. Zu sehr waren sie von den Dogmen der Kirche vorbelastet, um die Möglichkeit einer Wiedergeburt von Joe als Romy akzeptieren zu können. Für diese drei bleibt das hier Geschilderte ein unerklärliches Phänomen. Doch Frau Crees schließt einen Betrug seitens ihrer Tochter aus: “Ich weiß ganz sicher, dass meine Tochter nicht lügt.”

Wir sehen an diesem Beispiel, wie schwer sich Menschen von alten Glaubens- und Gedankenmuster zu lösen bereit sind. Im Gegensatz zu diesen drei Betroffenen hätten sich bestimmt viele andere sofort zur Reinkarnation bekannt. Aber vielleicht gärte der Reinkarnationsgedanke weiterhin in den Köpfen von Frau Williams und den Eltern von Romy, und sie brauchten einfach noch mehr Zeit, um den Glauben an die Reinkarnation in sich keimen zu lassen.

Ich vermisse Großmama Alice so sehr

Eine Mutter aus Louisiana berichtete Carol Bowman folgende Geschichte: Das Ehepaar Pirosko hat drei Kinder. Das mittlere ist ein Mädchen und heißt Courtney. Als dieses Kind drei Jahre alt war, saß es in der Küche an einem Tisch und kritzelte etwas auf das Papier, während die Mutter ihren Essensvorbereitungen nachkam. Auf einmal hörte sie, wie die Kleine sagte: "Ich vermisse Großmama Alice so sehr" "Wer ist denn Großmama Alice?" "Großmama Alice ist meine Großmama." "Aber du hast doch schon zwei Großmamas und keine heißt Alice." Nun schaute die Kleine ihre Mutter sehr bedeutsam an und sagte: "Das weiß ich. Großmama Alice war meine Großmama, bevor ich Courtney war." Frau Pirosko bekam, wie sie Carol sagte, auf einmal eine richtige Gänsehaut. Auf weiteres Befragen hin, was ihre dreijährige Tochter wohl noch von Großmutter Alice zu berichten hatte, erzählte die Kleine, dass sie bei Großmutter und Großpapa gewohnt habe, nachdem ihre Eltern verstorben waren. Die Großmutter hätte sie immer geliebt. So hätte diese auch mit ihr auf einem Brett gespielt und sie, die sie noch klein war, immer gewinnen lassen.

Während sie das erzählte, kicherte Courtney. Sie schien sich an ein früheres Leben genauestens erinnern zu können.

Die ganze Zeit über, während sie ihrer Mutter aus dem früheren Leben berichtete, kritzelte sie unentwegt auf dem Papier weiter vor sich hin.

> Dieses Vor-sich-hin-Kritzeln ist ein typischer Anhaltspunkt dafür, dass sich Courtney bei ihrem Erzählen in einer Halbtrance befand. In dieser gelangen wir sehr leicht an unser Unterbewusstsein heran, in welchem alle früheren Erlebnisse, seien es solche aus diesem Leben oder aber aus früheren Leben, gespeichert sind.

Wie Frau Pirosko noch bemerkte, saß Courtney, während sie das alles hervorbrachte, entgegen ihren sonstigen Gewohnheiten ganz still und schien alles vor sich hin zu plaudern. Die Dreijährige fuhr fort. Als sie sechzehn Jahre alt gewesen war, sei Großmama gestorben. Und aufseufzend fügte sie hinzu: "Ich vermisse Großmama Alice sehr." Die Mutter entgegnete: "Aber ich bin froh, dass du jetzt bei mir bist." Und Courtney sagte, was Frau Pirosko sehr beunruhigte: "Ich weiß, dass du mich lieb hast. Deswegen habe ich dich auch für mich ausgesucht." Großmutter Alice hätte ihr Courtneys Mutter als neue Erdenmutter empfohlen.

> Im Jenseits suchen wir uns vor einer erneuten Erdinkarnation die Eltern aus beziehungsweise lassen wir uns bei der Elternwahl gern von Wissenden genau die Eltern empfehlen, die für das, was wir in der Erdenschule lernen wollen, uns die besten Voraussetzungen bieten.

Wann immer Frau Pirosko hörte, wie ihre Tochter über jenes Leben sprach, überfuhr sie eine Gänsehaut. Sie wusste einfach nicht, wie sie mit dieser ganzen Sache umgehen sollte, denn so etwas wie Reinkarnation war jenseits ihrer Vorstellung. So versuchte sie auch immer gleich, sobald die Tochter über jenes Leben sprach, sie abzulenken, oder sie sagte ihr, dass sie ihr ein andermal darüber berichten könne, jetzt aber nicht. Zwei Jahre später bekam sie das Buch (7) von Carol Bowman in die Hand. Darin schreibt die Autorin, wie sie selbst nicht an die Reinkarnation geglaubt habe, jedoch durch die Berichte ihrer Kinder, von denen wir in ihrem äußerst wichtigen Buch erfahren, zu der Überzeugung gelangt sei, dass es doch die Reinkarnation gibt. Nachdem sie nach der Lektüre dieses Buches mehr von den Dingen verstand, konnte sie jetzt mit Gelassenheit zuhören, wenn Courtney über jenes Leben bei Oma Alice berichtete. Noch vieles erzählte ihr die Tochter über ihr früheres Leben. Sie sprach auch davon, dass es dort, wo sie gewohnt habe, Hügel gebe und Bäume, die ihre Blätter verlieren, bevor der sehr kalte Winter käme. Denn dort sei es sehr kalt im Winter und nicht so warm wie hier in Louisiana.

Als Frau Piroskos Kinder einmal alle in der Badewanne saßen, erzählte Courtney, dass sie früher bei Oma Alice keine Badewanne besessen hätten und als Toilette ein Plumpsklo benutzen mussten. Erst später hätte ihr Großvater eine Toilettenschüssel aus der Stadt mitgebracht und diese im Hause installiert. Woher konnte diese damals Fünfjährige dies alles wissen? Schon ein halbes Jahr vorher fragte ihr kleiner Bruder die älteste Schwester Aubrey beim Betrachten von deren Babybilder, wo er denn gewesen sei, als diese Fotos aufgenommen worden waren. Als diese ihm erklärte, dass er damals im Himmel gewesen sei, um darauf zu warten, zu ihnen zu kommen, mischte sich die viereinhalbjährige Courtney ein und entgegnete, dass diese Dinge sich ganz anders verhielten. Sobald man im Himmel angekommen sei, dürfe man sich erst einmal ausruhen. Jedoch habe man nach diesem Urlaub zu arbeiten. Man habe darüber nachzudenken, was man in seinem nächsten Leben auf Erden lernen wolle. Dann suche man sich eine Familie aus, die einem dabei behilflich sein würde, das zu lernen, was man sich zu lernen vorgenommen habe. Und als die erstaunte Mutter sie fragte, ob sie dort Gott gesehen habe, erwiderte die Kleine, dass sie Gott nur mit ihrer Seele gesehen habe.

Als Courtney sechs Jahre alt war, verfolgte sie im Fernsehen mit, wie eine Mutter über ihren Sohn weinte, der wegen eines Verbrechens hingerichtet werden sollte. Und die Sechsjährige erklärte ihrer fassungslos zuhörenden Mutter, dass jene Mutter im Fernsehen gar nicht begreife, dass der Tod ihres Sohnes doch für ihn gar keine Strafe sei, da er doch sein Leben so verpfuscht habe und so eine neue Chance bekomme, nochmals ein Erdenleben als Baby bei einer anderen Familie anzufangen, damit er schließlich lernen könne, was er lernen müsse. Diese Frau brauche also daher nicht traurig zu sein.

Wie würden Sie sich, verehrte Leser fühlen, wenn Sie ein sechsjähriges Kind hätten, das Ihnen solche jenseitigen Dinge offenbarte? Dabei konnte Courtney solcherlei Dinge von keinem Erwachsenen aufgeschnappt haben, hielten sich doch ihre Eltern strickt an ihren presbyterianischen Glauben.

Aber all das, was dieses Kind offenbarte, könnte auch von einem weisen Kundigen gesagt worden sein. Wir werden noch häufig in diesem Buch von Kindern sprechen, die Dinge sagen, die höchstem Wissen entsprechen, Dinge, die sie noch aus dem Zwischenleben, im so genannten Jenseits, mit in dieses heutige Leben gebracht haben.

Der Dreijährige überführt seinen Mörder

Mit dem bekannten israelischen Arzt und Professor der Medizin Eli Lasch bin ich schon seit zehn Jahren in Freundschaft verbunden. Er war lange Zeit der für das Gesundheitswesen im Gazastreifen und vorübergehend für den ganzen von Israel besetzten Sinai zuständige Chefarzt, hatte aber immer mehr auf Grund von eigenen Erfahrungen den Weg über die Kabbala nach innen gefunden, bis er wieder über erstaunliche Fähigkeiten verfügte, die er in einem früheren Leben, wie er herausfand, schon ausgeübt hatte. Nachdem er seine Laufbahn als hochdekorierter Mediziner beendet hatte, unterhielt er in Israel eine Praxis als Rückführungstherapeut und Geistheiler. 1989 kam er nach Berlin, wo ich an seinen Seminaren teilnahm und wir uns schließlich gegenseitig in frühere Leben zurückführten. Wenige Jahre später war er verschiedentlich im Fernsehen zu sehen, wo er über den Bildschirm erfolgreich Fernheilungen durchführte. Er war auf einmal eine im ganzen Land bekannte Persönlichkeit. 1998 ist sein sehr interessantes Buch erschienen *Das Licht kam über mich - Vom Arzt zum Geistheiler*[(8)]. Eli hatte mir einige erstaunliche Geschichten über Reinkarnation berichtet, die auch dabei mitgeholfen hatten, sein ganzes Denken als Schulmediziner zu revolutionieren. Im Dezember 1998 suchte ich ihn in seiner Berliner Wohnung auf, wo er mir u.a. jene Begebenheit wiedererzählte, die ich nun in eigenen Worten wiedergeben möchte.

Die Drusen sind ein Volk von etwa zweihunderttausend Menschen, das sich schon seit langer Zeit im Libanon, in Syrien, Jordanien und im Gebiet des heutigen Israels niedergelassen hat. Sie sind weder Moslems noch Christen, denn sie haben ihre eigene Religion. In Israel sind sie vornehmlich auf den Golanhöhen anzutreffen. Sie dienen als einzige nichtjüdische Israelis in der israelischen Armee. Die Reinkarnation ist das Zentrum ihres Glaubens. Sobald ein Kind geboren wird, sucht man seinen Körper nach Muttermalen ab, denn man ist davon überzeugt, dass diese von Todeswunden herstammen, die man in einem vorausgegangenen Leben erfahren hatte. Hat man solche an einem Kind festgestellt, versucht man, sobald das Kind sprechen kann, von ihm etwas aus dem vergangenen Leben zu erfahren, um Anhaltspunkte seines damaligen Todes zu erhalten. Man weiß, dass Kleinkinder oft die vorausgegangenen und die jetzigen Lebensereignisse nicht genau auseinanderhalten können und folglich alles noch wie in einem einzigen Leben erleben. Sobald sie jedoch drei Jahre alt geworden sind und Vergangenes aus früheren Leben eindeutig von Begebenheiten aus dem jetzigen Leben zu unterscheiden wissen, begibt man sich mit dem Kind zu jenem Ort - so es von diesem gesprochen hat -, von dem es behauptet, dort gelebt zu haben. Dies ist meistens ein besonderes Ereignis, weshalb eine Art einheimischer Untersuchungsausschuss gebildet wird unter Leitung der jeweiligen Dorfältesten.

Als wieder einmal ein Junge drei Jahre alt geworden war, auf dessen oberer Stirn ein langes rotes Muttermal zur Kopfmitte hin führte, bildete sich eine Gruppe von fünfzehn Männern. Diese Gruppe bestand aus dem Vater und weiteren Verwandten des Jungen, einigen Ältesten aus seinem Dorf und auch jeweils aus Vertretern der drei herumliegenden Dörfer. Denn aus den Andeutungen des Jungen ging hervor, dass er in unmittelbarer Nachbarschaft gelebt haben müsse. Zu dieser Gruppe hatte man als einzigen Nichtdrusen Professor Eli Lasch eingeladen, wusste man doch von ihm, dass er sich für die Reinkarnation interessierte. Man kam mit dem Jungen zum ersten benachbarten Dorf. Er wurde gefragt, ob es ihm vertraut sei. Aber er entgegnete, dass er in einem anderen Dorf gelebt habe. Also ging man zum nächsten Dorf. Dort angekommen wiederholte sich die gleiche Antwort. Schließlich gelangte man zum dritten Dorf. Jetzt sagte der Junge, dass es sein Dorf sei. Auf einmal fiel ihm sein eigener früherer Name wieder ein.

Er hatte schon vor Monaten gesagt, dass er von einem Mann mit dem Beil erschlagen worden wäre. Aber sein eigener Name und der des Mörders waren nicht mehr in sein Gedächtnis zurückzurufen gewesen. Doch jetzt nannte er außer seinem früheren Vornamen auch noch seinen Nachnamen, und einer der Ältesten dieses Dorfes, der bei dieser Gruppe weilte, kannte jenen Mann mit dem nun genannten Namen. Er sagte, dass jener vor vier Jahren spurlos verschwunden sei und man ihn für vermisst erklärte, da man geglaubt habe, dass er bei den Kriegswirren in dieser Gegend zu Schaden gekommen sein müsse, denn öfter passiere es, dass Leute zwischen die Linien der Israelis und der Syrer geraten und dann gefangen genommen oder als mutmaßliche Spione erschossen würden. Man ging durchs Dorf. Der Junge zeigte sein Haus. Viele Neugierige hatten sich inzwischen eingefunden. Plötzlich schritt der Junge auf einen Mann zu und sagte: "Bist du nicht (der Name ist Eli entfallen)?" Der Mann antwortete mit einem "Ja." "Ich war früher dein Nachbar. Wir hatten uns gestritten. Und du hast mich mit der Axt getötet." Der Mann, wie Eli sagte, sei auf einmal ganz bleich geworden. Und der Dreijährige sagte: "Ich weiß auch, wo er meinen Körper begraben hat."

Wie kann er gewusst haben, wo jener Nachbar seine damalige Leiche verborgen hatte, wenn er doch tot war? Nach dem Tode geht die Seele aus dem Erdenkörper heraus und sieht in den meisten Fällen, wie ich es in den von mir durchgeführten Rückführungstherapien fast täglich geschieldert bekommen, seinen Körper unter sich liegen. Oft bleibt man noch einige Zeit dort schweben, betrachtet auch ganz genau, was noch weiterhin mit dem Körper geschieht.

Nun zog die ganze Gruppe, begleitet von anderen Neugierigen in die vor dem Dorf gelegenen Felder. Jenen Mann, den der Kleine als seinen Mörder wiedererkannt hatte, forderte man auf, mitzukommen. Der Junge führte sie nun auf ein Feld und sagte, vor einem Steinhaufen stehen bleibend: "Unter diesen Steinen hat er meinen Körper versteckt. Und dort drüben hat er die Axt vergraben." Man deckte nun die Steine ab und entdeckte darunter Bauernkleider und das Skelett eines erwachsenen Mannes. Der Schädel, wie man genau erkennen konnte, war vorn gespalten. Jetzt schauten alle auf den vom Jungen bezeichneten Mörder. Dieser bekannte sich nun vor allen anderen zu dieser Tat. Man ging zu jener Stelle hinüber, die der Junge als den Ort der vergrabenen Axt angegeben hatte. Man brauchte nicht lang zu graben, und man hielt die Axt in der Hand.

Für die Drusen ist die Reinkarnation etwas Selbstverständliches, man braucht keine Beweise mehr, um diesen Glauben zu festigen. Und trotzdem ist es für sie immer wieder erstaunlich, wie sich die Reinkarnation durch Fälle wie diesen bewahrheitet. Übrigens glauben die Drusen daran, dass man immer wieder als Druse wiedergeboren wird. Man sollte vielleicht einmal durch Gruppenrückführungen unter ihnen herausfinden, ob diese Behauptung wirklich stimmt. Eli erkundigte sich auch noch, was mit dem Mörder jenes Ermordeten geschehen würde. Man deutete ihm an, dass man ihn nicht den öffentlichen Behörden überstellen werde, sondern dass man selbst ein Strafgericht über ihn verhängen würde.

Meine Frau war schöner als du, Mama

Und noch einmal sollen die Drusen an dieser Stelle zu Wort kommen, denn im Nachbarland Israels, im Libanon, sind sie als Minderheit von allen anderen drei Ländern zahlenmäßig am stärksten vertreten. Diesmal möchte ich einen Fall wiedergeben, den der berühmte Professor Stevenson, über den wir noch viel in diesem Buch hören werden, recherchierte.[9] Er weilte 1962 in Brasilien, um dort Kinder aufzusuchen, die sich an frühere Leben erinnern. Der dort von ihm angeheuerte Dolmetscher war ein Libanese, der sehr an der Arbeit des Professors interessiert war und ihm sagte, dass es in seinem Heimatdorf im Libanon eine ganze Reihe von Kindern gegeben habe oder noch gebe, die sich an frühere Leben zurückerinnern konnten und deren Angaben sich als richtig herausstellten. Er gab ihm auch die Adresse seines dort wohnenden Bruders. Diesen Hinweisen nachkommend, reiste Stevenson zwei Jahre später in den Libanon. Zu seinem Bedauern war Herr Mohammed Elawar, der Bruder seines brasilianischen Dolmetschers, nicht im Dorf, das Kornayel hieß. Doch Stevenson, der diesmal einen französisch sprechenden Dolmetscher mitgebracht hatte, ließ diesen nun fragen, ob es hier im Dorfe oder in der Gegend Kinder gebe, die sich an frühere Leben erinnern konnten. Und es stellte sich heraus, dass Imad, der fünfjährige Sohn eben jenes abwesenden Herrn Elawar, sich an ein früheres Leben zurückerinnern konnte. Mittels des Dolmetschers fragte er nun die anwesende Frau Elawar, was ihr Sohn denn so alles aus einem früheren Leben erzählt hätte.

Im Alter zwischen eineinhalb und zwei Jahren hatte Imad damit begonnen, über ein früheres Leben zu sprechen. Er erwähnte dabei eine ganze Anzahl von Personen, die aus seiner Familie stammten oder mit ihm selbst als früherer Mann befreundet waren. Doch er wusste sich nur noch an seinen Familiennamen Bouhamzy zu erinnern und nicht an seinen Vornamen. Auch wusste er von dem Dorf zu erzählen, dessen Namen er mit Khriby angab, beschrieb sein Haus, das an einem Abhang liegen solle, in dessen Garten Kirsch- und Apfelbäume wuchsen. Er sprach auch davon, dass er ein gelbes Auto gehabt habe, dass sogar ein Bus und ein Lastwagen sein Eigen gewesen waren. Mit dem Lastwagen habe er Steine transportiert. Der Vater Imads, obwohl Druse, verbat ihm, weiterhin über sein früheres Leben zu sprechen, ja er nannte seinen Sohn einen Lügner. Deshalb erzählte Imad in Gegenwart seines Vaters nichts mehr darüber, doch offenbarte er immer wieder Details daraus seiner Mutter und seinen Großeltern. Er sprach seiner Mutter gegenüber von einer Jamileh, die er sehr geliebt hatte, die sehr schön gewesen sei und gerne Rot getragen hätte, auch habe sie rote Stöckelschuhe angehabt. Ja, er verglich öfter Jamileh mit seiner Mutter, wobei die frühere Frau in der Regel besser abschnitt. Er sprach auch davon, dass er ein zweiläufiges Gewehr und eine Flinte gehabt habe und dass er mit seinem Hund oft jagen gegangen sei. Einmal hätte sein Hund sich mit einem anderen gerauft, sodass er dazwischen gefahren sei und den anderen Hund geschlagen hätte. Immer wieder hatte Imad darum gebeten, ihn nach Khriby zu bringen, damit er alles zeigen könne.

Eines Tages, als Imad zwei Jahre alt war, befand er sich mit seiner Großmutter auf der Straße. Dort erblickte er einen Mann, eilte auf ihn zu und schlang seine Hände um ihn. Jener Mann fragte den Kleinen: "Kennst du mich?" "Ja, du warst mein Nachbar." (Später erst sollte es sich herausstellen, dass dem tatsächlich so war.)

Imads Vater wurde davon benachrichtigt, dass Bekannte seines Bruders aus Brasilien angekommen seien, und kam sogleich in sein Dorf zurück. Er berichtete, dass er vor drei Monaten anlässlich eines Drusenbegräbnisses in Khirby gewesen sei und sich auch nach der Familie Bouhamzy erkundigt habe. Doch seien die Angaben seines Sohnes widersprüchlich, denn sein Sohn berichtete von einem Autounfall und davon, dass er damals nicht mehr gehen konnte. Ja, es gab einen solchen Mann in der Familie der Bouhamzy, der durch einen Autounfall sein Leben schließlich eingebüßt habe. (Wie sich später herausstellen sollte, hatte der Vater fälschlicherweise den berichteten Unfall auf seinen Sohn bezogen und damit ihn mit jener anderen Person verwechselt.) Herr Elawar war mit Herrn Stevensons Vorschlag, am nächsten Tag nach Khirby zu fahren, einverstanden. Stevenson erblickte auf dem Gesicht des Fünfjährigen plötzlich eine große Freude.

Obwohl Khirby nur etwa zwanzig Kilometer Luftlinie von Kornayel entfernt liegt, handelt es sich bei beiden doch um Bergdörfer, die nur auf großen Umwegen und kurvigen Straßen zu erreichen sind. Da nun Stevenson auf Grund der Aussagen annahm, dass jener beim Autounfall umgekommene Said Bouhamzy die mögliche frühere Inkarnation von Imad war, interviewte man, dort angekommen, verschiedene Leute, verwickelte sich dadurch in noch mehr Widersprüche mit dem, was der Junge über sich aus dem früheren Leben berichtet hatte, sodass man mehr oder weniger unverrichteter Dinge wieder zurückkehrte. Man hatte auch Imad dort gebeten, sein Haus zu zeigen. Doch er erkannte es nicht wieder. Wie man später herausfand, hatte sich im Ort seit seinem früheren Tod sehr viel verändert. Doch Stevenson gab nicht auf. Er kehrte schon am nächsten Tag mit dem Dolmetscher nach Khirby zurück, denn er wollte die vielen von ihm notierten Aussagen, die Imad gemacht hatte nochmals in Ruhe vor Ort recherchieren. Er befragte nun mehrere Mitglieder der Familie Bouhamzy und merkte bald, dass die Beschreibungen über Imads früheres Leben gar nicht auf den verstorbenen Said passten. Denn dieser hatte auch keine Frau namens Jamileh gehabt. Außerdem sei schon ein anderer Junge als dessen Wiedergeburt identifiziert worden, nachdem die Angehörigen des Verstorbenen gründliche Überprüfungen vorgenommen hatten.

Dagegen passten nun die Beschreibungen Imads auf den Vetter von Said, einen gewissen Ibrahim Bouzhamzy, denn dieser hatte eine Geliebte namens Jamileh, die er aber nie geheiratet hatte. Ja, dieser besaß ein gelbes Auto, außerdem einen Steine transportierenden Lastwagen und zeitweise auch einen Bus. Ibrahim sei im Alter von fünfundzwanzig Jahren am 18. September 1949 nach langer Lungenkrankheit, die ihn ans Bett fesselte, gestorben. Es handelte sich bei dieser Krankheit um eine Tuberkulose der Wirbelsäule, die sehr ansteckend sein kann. Ibrahim habe in den letzten drei Monaten nicht mehr gehen können. Überzeugt nun davon, wer Imad im früheren Leben gewesen sein könnte, kehrte Stevenson nach Kornayel zurück und überredete Herrn Elawar, ihn mit seinem Sohn nochmals nach Khirby zu begleiten.

Wiederum war Imad sehr erfreut darüber, nochmals nach Khirby fahren zu können, denn er war ja überzeugt, dass er dort früher gelebt hatte. Dort angekommen, suchte man erst das Haus des verstorbenen Said Bouhamzy auf. Man führte ihn durch das Haus, aber alles schien ihm unbekannt zu sein. Als man ihm schließlich ein Fotoalbum zeigte mit den Bildern der Familie des Said, erkannte er ebenfalls niemanden wieder. Er zeigte allerdings großes Interesse an den beiden Rebhühnern im Gehege, die er mitzunehmen bat, was aber sein Vater ihm ausredete. Doch nun gingen sie hinüber zu dem Haus, in welchem Ibrahim gewohnt hatte. Dort begegnete er seiner früheren Mutter, seiner damaligen Schwester und einer Nachbarin.

Dort wusste man, weshalb der Fünfjährige gekommen war. Seine Mutter erkannte er eigenartigerweise nicht wieder. Doch war sie in den letzten zwanzig Jahren dermaßen gealtert, dass sie kaum noch an das Aussehen von früher erinnern mochte. Doch als seine frühere Schwester ihn fragte, ob er wisse, wer sie sei, antwortete er spontan: "Du bist Huda." Das stimmte. Man wies ihn nun auf ein Ölbild an der Wand hin, auf welchem der jüngste Sohn der alten Mutter abgebildet war, und Imad sagte, dass jene Person Fuad sei. Als ihm eine Fotografie gezeigt wurde, erkannte er ebenfalls darauf seinen Lieblingsbruder Fuad. Er drückte diese Fotografie zärtlich an sich. Stevenson erinnerte sich, dass Imad schon früh geäußert haben sollte, dass seine frühere Mutter sich einen Finger in der Tür eingeklemmt hätte. Nun erblickte er an der Hand dieser Frau einen nach unten hin etwas platt gedrückten Finger. Hierauf befragt, erklärte sie genau das, was Imad beschrieben hatte. Man führte ihn durch das Haus und in sein früheres Schlafzimmer. Dort standen zwei Betten. Auf die Frage hin, welches sein Bett gewesen sei, deutete er auf das richtige Bett und sagte, dass es früher allerdings quer gestanden hätte. Dort habe er mit Jamileh geschlafen, die ihn oftmals besucht habe. Die Mutter und die Schwester erinnerten sich noch gut an diese Geschichte, denn es war ein öffentlicher Skandal. Danach befragt, wo denn Jamileh wohnte, deutete er in die richtige Richtung ihres Dorfes. Ibrahim war wegen seiner Krankheit ein Jahr vor seinem Tod in einem Lungensanatorium gewesen, jedoch wenige Tage vor seinem Tod hierhergebracht worden, wo er dann auch starb. Niemand von den Besuchern durfte laut ärztlicher Anordnung in dieses Zimmer treten. Man durfte nur durch ein Fenster hineinschauen und mit ihm reden, weshalb das Bett so gestellt war, dass er die ihn Besuchenden sehen konnte. Somit fragte man ihn jetzt, wie er mit seinen Freunden gesprochen hätte. Und Imad zeigte auf das Fenster.

Da er schon vor langer Zeit davon gesprochen hatte, dass er zwei Gewehre besessen hätte, fragte man ihn, wo er denn seine Gewehre versteckt gehalten habe, denn es war durch Gesetz verboten, Feuerwaffen ohne Erlaubnis zu besitzen. Er ging auf einen Schrank zu, öffnete ihn. Im hinteren Teil befand sich eine Trennwand, hinter der er die Gewehre versteckt hatte. Die dabeistehende Mutter von Ibrahim war, wie sie sagte, die einzige Person, die außer ihm von diesem Versteck wusste. Als man ihn fragte, was seine letzten Worte vor dem Tode waren, sagte er richtig: "Huda, rufe Fuad!" Immer wieder zeigte man ihm Fotos. Manchmal wollte man ihn bewusst in die Irre führen, um ihn zu testen. Somit zeigte man ihm ein Foto und sagte, dies sei sein Vetter. Doch Imad entgegnete: "Nein, das bin ich." Im Hof deutete er auf die Stelle, wo er seinen Hund an einer Leine angebunden hielt. Es gab noch viele richtige Hinweise auf seine frühere Existenz als Ibrahim Bouzhamzy, sodass es für seine früheren anwesenden Verwandten keine Zweifel mehr daran gab, dass er tatsächlich die Wiedergeburt des so früh verstorbenen Ibrahim war.

Von seinem besten Freund erstochen

In der Türkei herrscht der Islam vor. Offiziell gibt es keinen Glauben an die Reinkarnation, obwohl sich islamische Sekten teilweise oder ganz zur Reinkarnation bekennen. Zu diesen gehören die Sufis und die Alleviten. Bei letzteren kommt es häufiger vor, dass sich Kinder an ihre früheren Leben erinnern. Dieses Erinnern von Kindern an ihre früheren Existenzen mag wohl bei allen Völkern dieser Erde vorkommen. Aber nur bei jenen Völkern, die an die Reinkarnation glauben, achtet man auf die frühen Äußerungen der Kinder bezüglich früherer Leben und ignoriert nicht das von ihnen Gesagte, so es sich auf eine angeblich frühere Existenz beziehen könnte.

Professor Hemendra Banerjee berichtet über den Reinkarnationsfall des Jungen Necati aus Adana in der Türkei.[(10)] Sein eigentlicher Geburtsname lautet Malik Unlutaskiran. Doch nur wenige Tage nach der Geburt ihres Sohnes hatte die Mutter einen eindringlichen Traum, in welchem ihr Sohn ihr erschienen war und darauf bestand, Necip zu heißen. Sie wollte seinem im Traum durchgegebenen Wunsch gerne nachkommen, doch wies man darauf hin, dass es in der Familie bereits einen Necip gebe. Somit einigte man sich darauf, den Jungen in Abänderung des Namens Necati zu nennen.

Doch sobald Necati fähig war zu sprechen, redete er über ein vergangenes Erdenleben. Er nannte Namen, die keiner der Familie kannte. Er beschrieb diese Personen und sagte, welche von ihnen er besonders geliebt oder gemocht habe. Schließlich sagte er, dass er Necip Budak heiße und in Mersin (Türkei) wohne, dort mit seiner Frau Zehra verheiratet sei, mit der er eine ganze Anzahl von Kindern habe. Er erzählte auch von seinem Freund Ahmed Renkli, den er oft mit seinem Lieblingssohn Najat besuchte. Doch eines Tages hätte er sich mit Achmed zerstritten. Ihre Auseinandersetzung artete derart aus, dass Achmed schließlich ein Messer zog und wie besessen auf Necip einstach. Daran sei er, Necati, als früherer Necip gestorben.

Die Eltern von Necati hatten nie von einer Familie Budak in Mersin gehört. Necati wurde nun in die über hundert Kilometer entfernte Stadt gebracht. Er fand das von ihm früher bewohnte Haus. Er erkannte seine noch immer dort wohnende Frau wieder und konnte auch all die Namen seiner Kinder nennen bis auf den des jüngsten, dessen Namen er nicht kennen konnte, da dieses erst nach seinem Tode geboren worden war. Man befragte ihn über viele Dinge, die er richtig angab. Leider ist der Bericht über diese Vorgänge zu kurz wiedergegeben, sodass wir über viele Einzelheiten nicht informiert worden sind. Jedoch ein bemerkenswerter Umstand ist noch festgehalten worden. Mecati gestand, mit Zehra einen Streit gehabt zu haben, bei dem er sein Messer gezogen habe und sie am Knie verletzte. Er zeigte auf diese Stelle. Zehra zog darauf den Rock hoch und wies auf ihre große Narbe hin, die sich tatsächlich an der von dem kleinen Jungen bezeichneten Stelle befand. Zehra und ihre Kinder waren bald überzeugt davon, dass Necati die Wiedergeburt ihres Mannes beziehungsweise ihres Vaters war. Auch wurde bestätigt, dass Achmed damals Necip Budak im Streit erstochen hatte. Auf dem Körper von Necati waren viele Geburtsmale zu sehen, die der Art nach von früheren Messerstichen herrühren konnten.

Doch wenden wir uns nun viel besser recherchierten und dokumentierten Fällen zu.

In den Armen seiner früheren Mutter in Tränen ausgebrochen

Indien gilt mit seinen vielen Millionen Menschen als das Zentralland der Reinkarnation und des Karmagesetzes, denn all die drei großen ursprünglichen Religionen, also Hinduismus, Buddhismus und Jainismus, zu denen sich später noch der Sikhismus gesellte, waren aufgebaut auf dem Gedanken der Reinkarnation. Erst der Islam und später das Christentum haben viele Millionen der Reinkarnationsgläubigen wieder abgeworben, was imgrunde nicht allzu schwer fiel, waren doch diejenigen der unteren Kasten, die von den anderen Kasten zu degradierten Menschen abgestempelt wurden, nur allzu willig, einer neuen Religion anzugehören, die sie von dieser Degradierung befreite. In Indien hat es anscheinend zu allen Zeiten viele Kinder gegeben, die sich an frühere Leben zurückerinnern konnten. Dr. Pahricha führte eine Feldstudie in Zusammenarbeit mit Studenten durch, deren Aufgabe es war, in einer ganzen Anzahl von Dörfern herumzufragen, ob es Kinder gab oder gegeben hatte, die sich an frühere Leben erinnern konnten. Es stellte sich heraus, dass sich etwa jedes 420te Kind an frühere Leben zurückerinnerte. Professor Banerjee leitete, bevor er nach Amerika berufen wurde, die parapsychologische Abteilung an der Universität von Rajasthan in Jaipur. Er hat im Laufe seiner langen Tätigkeit viele hunderte von Fällen untersuchen können, in denen sich Kinder an ihre früheren Leben zurückerinnerten. Ihm als Wissenschaftler wie auch Professor Stevenson geht es nicht darum, Leute zum Reinkarnationsglauben zu bekehren, vielmehr sind sie von dem Forschertrieb beseelt, exakte Recherchen durchzuführen und Fälle, die sich nicht eindeutig als schlüssig erweisen, wissenschaftlich nicht zu berücksichtigen. Ja oft weisen sie den Beweissüchtigen des Reinkarnationsglaubens nach, dass es sich bei einigen als "sicher" geltenen Fällen aus den und den Gründen nicht um einen schlüssigen Fall handeln kann. Ihr wissenschaftliches Vorgehen ist sicherlich für eine ganze Reihe von Betroffenen desillusionierend. Aber Wissenschaft ist Wissenschaft. Alle Gefühlsregungen müssen ausgeschlossen bleiben, um eine möglichst große Objektivität bei den Untersuchungen und anschließenden schriftlichen Zusammenfassungen zu wahren. Sie dürfen sich auch offiziell nicht zur Reinkarnation bekennen, denn sonst werden sie als voreingenommen eingestuft und ihre Forschungsarbeit würde diskreditiert. Von den beiden soeben genannten Forschern möchte ich nun aus Indien jeweils einen Fall vorstellen. Der erste Fall ist von Professor Banerjee in Zusammenarbeit mit seinen Mitarbeitern der Universität in Jaipur untersucht und anschließend in Fachblättern beschrieben worden.[11]

Am oberen Ganges liegt das kleine kaum tausend Einwohner zählende Dörfchen Chandgari. Im Jahre 1951 wurde hier einem Ehepaar ein Sohn geboren, dem man den Namen Munesh gab. In seinem vierten Lebensjahr, als er mit Gleichaltrigen spielte, erzählte er ihnen von einem Ort, der Athanni heiße. Doch die Kameraden lachten ihn aus, denn von solch einem Ort hatten sie nie vernommen. Eines Tages, als die Mutter ihn badete und er über Gebühr ungezogen war, gab sie ihm einen gepfefferten Klaps. Und Munesh sagte ihr: “Mutter, schlag mich nicht, sonst gehe ich weg von hier.” “Wohin willst du denn gehen?” “Ich gehe zurück nach Athanni. Das ist mein Dorf. Dort wohne ich. Ich gehöre hier nicht hin.” Von solch einem Ort hatte sie noch nichts gehört. Sie fragte ihn weiter nach diesem Ort aus, und ihr wurde auf einmal klar, dass er Itarni meinte, diesen Namen aber noch nicht richtig ausgesprochen hatte. Und die Mutter sagte ihm: “Du darfst nicht mehr solch einen Unfug reden.” “Es ist kein Unfug”, entgegnete der Kleine. “Ich heiße gar nicht Munesh. Ich heiße Bhajan Singh. Ich wohne in Itarni. Dort gehöre ich hin und nicht hierher.” “Aber hier wohnt doch deine Familie und nicht in Itarni.” “Nein”, sagte Munesh, “meine Familie wohnt in Itarni. Dort haben wir einen Brunnen, einen Garten und Felder. Ich habe eine Frau, einen

Bruder, eine Mutter und auch eine Tochter." Die Mutter verbot ihm, weiterhin solch kindische Dinge zu behaupten. Doch er erwiderte hartnäckig, dass er die Wahrheit sage. Als er ihr Verbot wieder einmal durchbrochen hatte, gab sie ihm eine Ohrfeige. Daraufhin sprach er zu Hause nicht mehr über Erlebtes aus seinem früheren Leben.

Als Munesh zur Schule gekommen war, sprach er zu seinen Klassenkameraden über ein früheres Leben im Dorf Itarni. Er erzählte ihnen viele Begebenheiten als Bhajan Singh. Und die Mitschüler fanden das alles sehr amüsant und zogen ihn mit seinen Geschichten auf. Niemand wollte ihm Glauben schenken. Doch fand er schließlich bei seinem Großvater als einzigem Gehör. Dieser sagte zu sich selbst, dass es am einfachsten wäre, diesen Dingen nachzugehen und dann herauszufinden, dass an der ganzen Sache gewiss nichts dran sei, um somit schließlich seinem Enkel die Fantastereien aus einem früheren Leben ein für alle Mal aus dem Kopf zu schlagen. Er wusste zufällig von einem Mann, der früher in der Umgebung von Itarni gewohnt hatte. Er ging zu diesem und fragte ihn, ob er sich daran erinnern könne, dass in Itarni vormals ein gewisser Bhajan Singh gelebt habe, der laut den Angaben seines Enkels 1951 an einem Fieber gestorben war unter Zurücklassung seiner Frau und seiner Tochter. Und dieser Mann, nachdem er einige Zeit überlegt hatte, antwortete, dass er einen Mann jenes Namens kannte, der gestorben war und eine Frau und Tochter hatte. Er glaube auch, dass diese beiden noch in Itarni wohnen würden. Der Großvater schrieb nun an die Witwe Bhajan Singh einen Brief, ohne die genaue Anschrift zu wissen in der Hoffnung, dass der Postbote jenes Ortes schon wissen würde, wer gemeint sei. Hierin schilderte er, was sein Enkel vorgab im früheren Leben gewesen zu ein, und machte einige Angaben, die er von Munesh erfahren hatte.

Einige Tage darauf kamen der Bruder und der Schwager von Bhajan Singh nach Chandgari, um herauszufinden, was wohl an dieser Sache wahr sein mochte. Als sie im Hause der Familie des Munesh erschienen, war er gerade in der Schule. Man holte ihn sogleich nach Hause. Es seien zwei Männer gekommen, die jedoch nicht ihre Namen genannt hätten. Sobald der Junge die beiden Männer sah, ging er auf den jüngeren zu, blieb vor ihm stehen, faltete seine nach obenhin gerichteten Hände und sagt: "Du bist mein Bruder und heißt Bhure Singh." Den anderen Mann kannte er nicht.

Herr Singh traute der ganzen Sache nicht, denn vielleicht hatte man sich in Itarni nach ihm erkundigt und Munesh ihn beschrieben, sodass er jetzt vorgeben konnte, ihn zu kennen. Somit stellte Herr Singh dem jungen Knaben mehrere Fragen aus dessem angeblichen früheren Leben. Zu seinem und des Schwagers Erstaunen konnte er alle diese Fragen richtig beantworten. Er wurde auch gefragt, ob er früher einen engen Freund gehabt hätte, und Munesh sagte, er habe einen Freund namens Bhagwati gehabt. Nun waren die beiden Männer mehr als überrascht. Als beide Besucher sich schließlich verabschieden wollten, klammerte sich Munesh an jenen früheren Bruder und bat ihn doch zu bleiben. Um das Kind zu beruhigen, sagte er: "Nun gut. In weniger als einer Woche werde ich zurückkehren und dich nach Itarni holen."

Ein paar Tage später erschienen zwei Frauen, um der Familie des Munesh einen Besuch abzustatten. Es handelte sich um Ayodhya Devi, die Witwe von Bhajan Singh, und ihre Schwägerin. Beide waren durch die Berichte der beiden Männer neugierig geworden, ob es sich bei diesem Jungen tatsächlich um die Wiedergeburt von Bhajan Singh handeln könnte. Beide hatten ihre Namen nicht genannt und wollten auch verschleiert bleiben, damit Munesh nicht vorher ihr Gesicht sehen konnte. Man war sich jedoch sicher, dass diese beiden Frauen aus Itarni kommen mussten. So hatte sich denn auch im Dorf schon das Gerücht herumgesprochen, dass jene beiden Männer, die vor ein paar Tagen hier gewesen waren, Verwandte aus Muneshs früherem Leben gewesen sein sollten.

Diese beiden Frauen waren also gekommen, um Munesh zu testen. Somit hatten sich in kürzester Zeit vor dem Haus viele Schaulustige eingefunden. Als Munesh vor diese beiden Frauen geführt worden war und er nur ungenau die Gesichter hinter den Schleiern durchschimmern sah, fragte ihn sein Großvater, der ihn testen wollte: "Erkennst du in einer dieser beiden Frauen deine frühere Mutter?" Und der Junge antwortete, indem er die Hand der einen Frau in die seine nahm: "Diese ist meine Frau." Doch Frau Ayodhya Devi entzog ihm ihre Hand, denn sie argwöhnte, dass sich hier ein abgekartetes Spiel abwickeln würde, denn zu leicht hatte Munesh sie als die Gattin des verstorbenen Bhajan Singh erkannt. Und der Schüler wandte sich an die andere Frau und sagte: "Und du bist Bhabhi." Der Junge begann nun vor Rührung zu weinen. Frau Ayodhya Devi nahm ihn nun zur Seite und sagte zu ihm, was sie späterhin schriftlich bestätigte: "Wenn du also mein verstorbener Ehemann bist, dann kannst du mir doch auch sicherlich etwas aus unserer Ehe sagen, was kein anderer außer uns wissen kann." Und der Junge erinnerte sie daran, dass er einst, aus Agra zurückkehrend, wo er ein Examen ablegte, von seiner Mutter erfahren hätte, dass seine Frau sich mit ihr gestritten habe. Er sei darüber derart wütend gewesen, dass er seine Frau mit einem großen Butterlöffel verprügelte. Die Frau erinnerte sich an jenen unliebsamen Vorfall. Sie fragte ihn über weitere gemeinsame Erlebnisse aus, und Munesh konnte vieles aus ihrer Ehe berichten. Frau Ayodhya Devi war nun voll überzeugt, dass dieser Junge tatsächlich ihr früherer Gemahl war. Sie lud Munesh nach Itarni ein, und der Großvater war bereit, seinen Sohn dort hinzubringen.

Als nun der Junge mit seinem Großvater in Itarni ankam, hatte sich auch hier schon dieses Ereignis einer Wiedererkennung aus einem früheren Leben herumgesprochen, sodass beide nun bald von einer größeren Menge umstanden waren. Unter den Dabeistehenden erkannte Munesh plötzlich einen Mann. Er ging auf ihn zu und sagte: "Du bist mein Freund Bhagwati Prasad." Jener entgegnete, dass er so heiße, und gestand auch, dass ihn früher eine enge Freundschaft mit Bhajan Singh verbunden habe. Jetzt stellte jener viele Fragen an seinen vormaligen Freund und musste erstaunt zugeben, dass sie alle korrekt beantwortet wurden. Bhagwati war nun voll überzeugt, dass dieser Junge sein früherer Freund war. Von hier aus führte der Junge die anderen zu seinem früheren Haus. Als er seine auf einem Stuhl sitzende und auf ihn wartende Mutter sah, rannte er auf sie zu, setzte sich auf ihren Schoß, umarmte sie, während er heftig zu weinen begann. Als er daraufhin durch das Haus geführt wurde, konnte er auf all die Veränderungen hinweisen, die in der Zwischenzeit vorgenommen worden waren. Er erkannte seinen früheren Mantel, seinen besonderen Stuhl und seine Bücher wieder. Und zu seiner früheren Frau gewandt, fragte er sie: "Wo ist dein Dhoti (Sari), den ich dir aus Agra mitgebracht hatte?" Alle waren inzwischen restlos davon überzeugt, dass Munesh wirklich der verstorbene Bhajan Singh war.

Wie viele Kinder mögen sich nicht nur in Indien, sondern auf der ganzen Welt exakt an ihre früheren Leben zurückerinnern, mögen auch darum bitten, sie zu ihrem früheren Zuhause zurückzubringen - und niemand glaubt ihnen, sodass sie mit ihrem Wissen ganz allein auf sich gestellt bleiben? Glücklicherweise hatte der Großvater seinem Enkelkind doch wenigstens halbwegs Glauben geschenkt, was schließlich zu der vollen Bestätigung der Behauptungen dieses Jungen führte. Selbst in Indien, wo man doch an sich an die Reinkarnation glaubt, ist es schwer für solche Kinder, die sich an frühere Leben erinnern, glaubwürdig zu erscheinen und also ernst genommen zu werden. Ich glaube, dass wir Erwachsenen viel mehr hinhorchen sollten, wenn Kinder über etwas Ungewöhnliches sprechen, ja, sie auffordern sollten, wirklich alles, was ihnen an Mitteilungen wichtig erscheint, auch sagen zu dürfen, ohne sie gleich "von oben" her in die Schranken zu verweisen. Die nächste nun zu erzählende Geschichte ist von Professor Stevenson und seinen Mitarbeitern recherchiert worden.

Ebenfalls wollte keiner seiner Verwandten an die Aussagen eines Jungen glauben.

Bisher hat Stevenson mehr als zweitausend Berichte über Reinkarnationsfälle gesammelt und über einige dutzend in Zeitschriften oder in Büchern im Einzelnen berichtet. Doch nun wenden wir uns jenem Fall zu, den der große Forscher schon 1961 recherchierte.

Der Junge, der nachts »nach Hause« lief

Im April 1950 starb der zehnjährige Nirmal, Sohn von Sri Bholanath Jain, an Pocken in der Stadt Kosi Kalan im Staate Uttar Pradesh. Am Tage seines Todes sagte er noch zu seiner Mutter: "Du bist nicht meine Mutter. Du bist eine Jatni. Ich gehe jetzt zu meiner richtigen Mutter." Und er deutete in eine Richtung, die auf die benachbarte Stadt Chhatta wies.

> Ich habe von einer Kindererzieherin vernommen, die in ihrem Kindergarten einen fünfjährigen Jungen hatte, der an einem Gehirntumor erkrankte. Diesen besuchte sie des Öfteren im Krankenhaus. Sie war in Gegenwart der Eltern am Bett des todkranken kleinen Jakobs dabei, als dieser seine letzten Worte sprach, indem er sich an seine Eltern wandte und sagte: "Ich gehe jetzt zu meinen richtigen Eltern." Diese Eltern waren von den letzten Worten ihres verstorbenen Sohnes noch lange betroffen, meinten sie doch, dass dieser sie nicht als seine Eltern anerkannt hatte, dass sie also ihm gegenüber irgendetwas falsch gemacht haben könnten. Sie verstanden nicht, was ihr Sohn ihnen eigentlich wirklich vermitteln wollte. Denn er meinte entweder, dass er jetzt zu seinen früheren

Eltern zurückkehren wolle, die sich eventuell noch in der jenseitigen Welt aufhielten, oder dass er bei anderen Eltern bald wiedergeboren werden würde, bei denen er groß werden durfte. Aus Unwissenheit der eigentlichen wahren Zusammenhänge stürzen wir uns oft selbst in Leid. Sind wir erst einmal nach unserem Tod in die höheren Sphären gelangt und können dann die wahren Zusammenhänge erkennen, werden wir uns sagen: Hätte ich doch bloß schon damals gewusst, wie alles zusammenhängt, dann hätte ich mir früher nicht so große Sorgen machen müssen.

Im August 1951 wurde in eben dieser Kleinstadt dem Ehepaar Varshnay ein Sohn geboren, dem man den Namen Prakash gab. Als er etwa viereinhalb Jahre alt war, stand er mitten in der Nacht des öfteren auf und lief auf der Straße in Richtung jener etwa neun Kilometer entfernten Stadt Kosi Kalan. Sobald man ihn auf dem Weg wieder eingefangen hatte, wehrte er sich, dass man ihn davon abhielt, nach Kosi Kalan zu gehen, denn er sagte immer wieder, dass er dort wohne, eigentlich Nirmal heiße und der Sohn von Bolathan Jai sei.

Auf sein Drängen hin brachte ihn eines Tages sein Onkel nach Kosi Kalan. Jedoch konnte er den Laden seines Vaters nicht wieder erkennen, hatte dieser sich doch vollständig verändert. Trotzdem wollte Prakash immer wieder in jene Nachbarstadt gebracht werden. Denn nun fielen ihm wieder mehrere Namen von seinen früheren Geschwistern, Verwandten und Freunden ein. Prakashs Eltern hatten nun allmählich genug von den ständigen Bitten, ihn nochmals nach Kosi Kalan zu bringen. Sie verbaten ihm, darüber zu sprechen, ja sie schlugen ihn. Als er dennoch weiterhin seine Rückerinnerungen kund gab, band man ihn schließlich auf eine Töpfertretscheibe und ließ sie in Richtung gegen den Uhrzeigersinn drehen, da diese Methode sich schon als probates Mittel in jenen Fällen erwiesen hatte, in welchen Kinder sich an frühere Leben erinnerten und man ihnen diese Erinnerungen auszutreiben beabsichtigte.

Doch fruchtete auch diese sonst wohl erfolgreiche Maßnahme bei Prakash nicht. Erst als man ihn heftiger schlug, erwähnte er nichts mehr aus seinem früheren Leben.

Es war inzwischen Herrn Jai in Kosi Kalan zu Ohren gekommen, dass in der Nachbarstadt ein Junge behauptete, sein verstorbener Sohn Nirmal zu sein. Dieser war tatsächlich zehnjährig vor elf Jahren verstorben. Im Frühsommer 1961 befand sich Jai mit seiner Tochter anlässlich einer Geschäftsreise in Chhatta. Dort begegnete ihm Prakash, der ihn erfreut sogleich mit "Vater" anredete, jedoch in dessen Tochter eine andere seiner früheren Schwestern erkannte. Diese Verwechslung war sicherlich nicht verwunderlich, hatte sich dieses frühere Mädchen doch in den letzten elf Jahren zu einer in manchem anders aussehenden jungen Frau verändert. Der Junge begleitete die beiden hinunter zur Busstation und bat sie immer wieder eindringlich, ihn doch mit nach Kosi Kalan zu nehmen.

Als Herr Jain zu Hause jenes Ereignis mit dem Jungen aus der Nachbarstadt erzählte, wollte auch seine Frau diesen Prakash kennenlernen, um zu sehen, ob er auch sie wieder erkennen würde. Ihre älteste Tochter wie auch ein Sohn begleiteten sie. In Chhatta angekommen, erkannte sie Prakash sofort, als sie in seine Nähe gekommen waren. Er nannte sie beim Namen, und Tränen der Freude rannen ihm aus den Augen. Sie gingen zu den Eltern dieses Jungen und baten diese, ihm nochmals einen Besuch in ihrem Dorf zu erlauben. Dieser Bitte wurde stattgegeben.

Dort angekommen, zeigte ihnen Prakash den Weg zu dem Haus der Familie Jain, wunderte sich jedoch, vor jenem stehend, dass sich in der Zwischenzeit so viel an diesem verändert hatte. Im Hause selbst traf er andere seiner früheren Brüder, nannte sie wie auch andere Freunde des Hauses beim Namen. Er zeigte ihnen, wo er früher geschlafen hatte und wo er auch gestorben war. Die Familie Jain war nun vollends davon überzeugt, in Prakash die Reinkarnation von Nirmal vor sich zu sehen und behandelte ihn wie einen der ihren.

Nachdem Prakash seine frühere Familie wieder kennengelernt hatte, wollte er immer wieder zu dieser zurück. Trotz der strikten Verbote konnte er es nicht unterlassen, nachts aufzustehen und in die Richtung jener Stadt zu laufen. Sein Vater verhinderte weitere Versuche wegzulaufen durch derbe Schläge. Ihn hatte sicherlich die Angst gepackt, er könne seinen Sohn verlieren, weshalb er kein anderes Mittel als Schläge für angebracht ansah, um den Ungehorsamen von weiteren diesbezüglichen Vorhaben abzuhalten.

Der berühmte Reinkarnationsforscher Ian Stevenson weilte zufällig zu dieser Zeit in Indien und hörte von diesem interessanten Fall. Im Sommer 1961 besuchte er mit Nirmals ältestem Bruder die Familie Varshnay. Jene war ihm gegenüber sehr zurückhaltend und antwortete nur zögernd auf seine Fragen hin. Sie mutmaßte, dass Herr Jain seinen ältesten Sohn und diesen Ausländer geschickt hätte, um ihnen Prakash wegzunehmen. Selbst als Stevenson endlich Prakash zu Gesicht bekam, verweigerte dieser ihm jegliche Antwort, obwohl aus seinen Augen zu ersehen war, dass er sich über die Anwesenheit seines älteren Bruders aus dem früheren Leben freute. Sein Vater hatte ihm sicherlich eingebläut, jenen beiden Besuchern auf keinen Fall Rede und Antwort zu stehen. Stevenson, der jedem ihn interessierenden Fall mit äußerster Genauigkeit nachkommt, besuchte drei Jahre später wiederum die Familie Varshnay. Zu seiner Freude hatte sich die Befürchtung des Vaters verflüchtigt, Prakash wolle zu seiner Familie aus einem früheren Leben zurückkehren. Beide Familien tauschten mittlerweile Geschenke untereinander aus, und es war auch Prakash gestattet, hin und wieder seine "andere" Familie in Kosi Kalan zu besuchen. [12]

Solche und ähnliche Berichte von Kindern, die sich an ihre frühere Familie erinnern, gibt es verhältnismäßig viele, vor allem in solchen Ländern, wo man die Möglichkeit, in einem früheren Leben gelebt zu haben, akzeptiert. Wie wir sahen, schaffen solche geäußerten Rückerinnerungen von Kindern oft Unbehagen bei den Erwachsenen, und sie tun deren Äußerungen über Personen, Orte und erlebte Situationen aus früheren Leben als Fantasien ab, ohne ihnen gründlichere Beachtung zu schenken, weshalb in Europa und in den Vereinigten Staaten Berichte über derlei Begebenheiten relativ selten vorkommen. Aber auch dieses voreingenommene Verhalten von Eltern ihren Kindern gegenüber, die über frühere Leben sprechen, wird sich allmählich ändern. Wir lernen immer mehr hinzu, und die Welt ist voller Überraschungen. Im Grunde, wie mir scheint, wissen wir noch sehr wenig von dem, was unsere Welt im Inneren aber auch im Äußeren zusammenhält.

Der Junge, der sich selbst als früheren Mörder bezeichnete

Wijeratne wurde 1947 als Sohn des Herrn Tileratne Hami in dem Dorf Uggalkaltota auf Sri Lanka geboren. Schon bei der Geburt war deutlich zu erkennen, dass sein rechter Brustkorb deformiert war auf Grund eines zu kurz geratenen Wirbelknochens. Auch war der rechte Arm kürzer als der linke. An der rechten Hand waren die Finger teilweise zusammengewachsen. Außerdem war er von einer ganz bestimmten dunklen Hautfarbe, die sonst nicht in der Familie seiner Frau oder in der seinen anzutreffen war bis auf eine Ausnahme. Des Herrn Hami vor neunzehn Jahren hingerichteter Bruder war von gleicher Hautfarbe gewesen. Kurz vor seinem erzwungenen Tod hatte dieser ihm noch gesagt, dass er als sein Sohn wieder geboren werden würde. Da Herr Hami auch noch andere Kennzeichen an dem Körper seines Sohnes zu erkennen glaubte, die denjenigen seines Bruders ähnlich oder gleich waren, verkündete er: "Mein Bruder Ratran ist zurückgekommen."

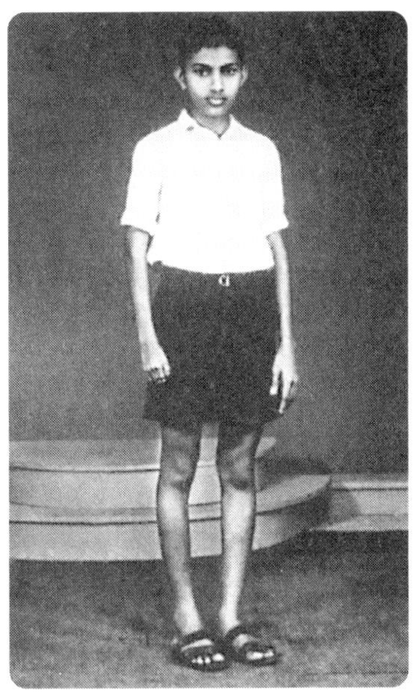

Abb. 1
Foto des achtzehnjährigen Wijeratne von 1965. Sein linker Arm ist auffallend kürzer und unterentwickelt.

Als jener Junge etwa zweieinhalb Jahre alt war, überhörte seine Mutter dessen Selbstgespräche, in welchen er sagte, er habe seine Verlobte umgebracht und sei deshalb nun mit der Deformierung seines Armes bestraft worden. Sie ließ sich nun von ihrem Sohn genauer erklären, was er vor sich hersage. Dieser wiederholte immer wieder, dass er seine Frau (Anmerkung: Die eigentliche Hochzeit stand zwar noch bevor, aber in Sri Lanka ist es Sitte, eine Verlobte schon als eine Ehefrau anzusehen) mit einem Messer umgebracht habe und dass sein Vater eigentlich sein älterer Bruder sei. Die entsetzte Mutter stellte ihren Mann zur Rede, was an den Selbstgesprächen ihres Sohnes wahr sein könnte. Dieser vertraute ihr darauf ein Familiengeheimnis an, von dem sie nun zum ersten Mal erfuhr. Sein verstorbener Bruder Ratran sei gar nicht eines normalen Todes gestorben, sondern eines schrecklichen und gewaltsamen. Aus diesem Grunde habe er seiner Frau die wahren Vorgänge um den Tod dieses Bruders immer verschwiegen.

Obwohl sein Vater ihm verbot, über sein früheres Leben zu sprechen, konnte Wijeratne es nicht lassen, weiterhin vor sich hin zu reden und auch gegenüber jenen, die ihr Bedauern über seinen deformierten Arm aussprachen, zu erklären, dass es die Strafe dafür sei, dass er seine frühere Frau Podi umgebracht habe. Immer mehr Einzelheiten deckte er in den nächsten Jahren über seine damalige Tat auf. So habe seine Frau, als er sie damals zu sich in sein Dorf heimholen wollte, sich plötzlich geweigert, mitzukommen. Er habe bei ihr einen anderen Mann gesehen und auf einmal gewusst, dass sie sich in jenen verliebt hatte, der sie für sich haben wollte. In seiner Wut sei er nach Hause gelaufen, habe sein Messer geschliffen, sei zurückgekehrt und habe sie von hinten erstochen. Jener andere Mann und auch Leute im Haus hätten ihn dann niedergeschlagen, und er sei schließlich von der Polizei abgeführt worden. Vor Gericht hätte man ihm die alleinige Schuld zugesprochen, und er sei infolge dessen gehängt worden. Er beschrieb sogar die Einzelheiten des Gehängtwerdens, denn er habe gesehen, wie man vor seiner Erhängung einen schweren Sack zur Probe an das Seil gehängt habe und dann darunter die Leiter weggezogen hätte. Nachdem dieser Versuch geglückt sei, habe man ihm eine schwarze Kapuze über das Gesicht gestülpt und ihm die Schlinge um den Hals gelegt. Ein buddhistischer Mönch sei ebenfalls zugegen gewesen.

Ein Mönch, der zugleich ein hochverehrter Professor der buddhistischen Philosophie war, hörte von diesem Fall, da die Mutter zu den Mönchen gegangen war, um von ihnen Rat zu holen, wie man mit ihrem Sohn weiterhin umgehen solle, da er immer wieder trotz Ermahnungen seines Vaters über seine frühere Untat redete. Dieser habe sich mit Wijeratne lange unterhalten, woraufhin der Junge aufgehört habe, über sein früheres Leben unentwegt vor sich hin zu sprechen oder anderen darüber zu erzählen. Die Aufzeichnungen dieses Gespräches hatte jener Mönch auch Professor Stevenson zur Durchsicht übergeben. Wijeratne bekannte sich diesem Mönch und auch Stevenson späterhin gegenüber zu dieser Tat, zeigte aber keinerlei Reue, ja vielmehr sagte er, er würde in einem ähnlichen Fall wieder so handeln müssen, denn so verlange es die Ehre eines hintergangenen Ehemannes. Dem Mönch gegenüber berichtete der Junge auch, dass sein damaliger

Bruder und heutiger Vater noch vor der Hinrichtung Almosen an die Armen verteilt hatten, um die böse Tat, die auf der Familie lastete, wieder gutzumachen. Interessant ist noch zu erwähnen, dass er bei dem Besuch eines Verwandten an diesem einen Gürtel wahrnahm, den er früher als Ratran bei seiner Tante liegen gelassen hatte. Die Richtigkeit dieser Angabe wurde ebenfalls bestätigt.

1969 erkrankte Wijeratne an einer Geisteskrankheit. Er wurde vorübergehend in ein psychiatrisches Krankenhaus aufgenommen. Es wurde eine hebephrene Schizophrenie festgestellt. Professor Stevenson hat Wijeratne bei sechs seiner Aufenthalte in Sri Lanka besucht, um immer noch mehr Details über seinen Fall herauszufinden. Was ihn noch davon abhält, diesen Fall als einen eindeutigen Fall, der die Reinkarnation nahe legt, anzusehen, ist die Tatsache, dass eigentlich fast alles, was dieser Junge damals vorbrachte, von dessen Vater gewusst worden war. Es könne sich also, so folgert er, um eine mediale Anzapfung an das Wissen seines Vaters gehandelt haben, also eine Art von telepathischer Übertragung. Dagegen spricht jedoch, dass er zum Beispiel die Einzelheiten seiner Hinrichtung wiederzugeben wusste, von denen sein Vater, der nicht zugegen war, keine Ahnung gehabt hatte. (13)

> Aus meiner Sicht besteht eher die Möglichkeit, dass Wijeratne besessen war von einer verstorbenen und noch erdgebundenen Wesenheit, die eben dieser Ratran, der Bruder seines Vaters war. Dieser hatte durch ihn schon als kleiner Junge gesprochen, denn jener redete ja trotz des Verbotes seines Vaters unentwegt weiter. Vielleicht war es dem Mönch gelungen, diesen Ratran aus dem Körper dieses Jungen zu vertreiben, hatte doch daraufhin schlagartig das beharrliche Vorsichhinsprechen aufgehört. Dass Wijeratne anscheinend anfällig für Besessenheit war, zeigt auch meines Erachtens der Umstand, dass er wohl späterhin wiederum besessen war, weshalb er in eine Anstalt überwiesen wurde. Aus diesen Gründen halte ich diesen Fall, so interessant er auch sein mag, nicht für

beweiskräftig genug, um als Plädoyer für die Reinkarnation zu dienen. Trotzdem, liebe Leserin und lieber Leser, wollte ich Ihnen diesen vorgestellt haben, damit man weiß, dass man mit Schlussfolgerungen, wenn Kinder behaupten, jemand anderes zu sein, vorsichtig umzugehen hat. (14)
In dem nächsten Fall aus Thailand ist diese Lücke nur ganz gering, aber für einen "ausgemachten" Kritiker groß genug, um alles in Frage zu stellen.

Der ermordete Bruder kehrt als Sohn zurück

Als Thiang im Juli 1924 in dem thailändischen Dorf Ru Sai geboren worden war, entdeckten die Eltern seltsame Male an seinem Babykörper. Der Zeh seines rechten Fußes war deformiert. Auch entdeckte man an den Händen und Füßen Markierungen, von denen man meinen konnte, es seien Tätowierungen. Aber wer sollte den Jungen im Bauch der Mutter tätowiert haben? Dem Vater war jedoch sofort klar, wen er vor sich hatte. Es konnte nur die Wiedergeburt seines Bruders sein, der vor drei Monaten mitten in einer Gruppe von Menschen, die ihn verprügeln wollten, von einem Messerstich in den Hinterkopf getötet worden war. Keiner wollte hinterher der Mörder gewesen sein. Sein Bruder Phoh hatte genau wie jetzt sein Sohn diesen deformierten Zeh am rechten Fuß gehabt, und er hatte sich an den Händen und Füßen tätowieren lassen. Es war die gleiche Tätowierung wie bei Thiang, auch wenn sie jetzt nicht mehr so ausgeprägt zu sehen war wie damals. Und richtig, am Hinterkopf war ganz klar die Narbe zu erkennen, welche die tödliche Waffe hinterlassen hatte.

Als Thiang vier Jahre alt war, begann er sich als der frühere Bruder des Vaters erkennen zu geben. Er berichtete den ganzen Hergang seines Todes. Man hatte ihn auf dem Markt angeklagt, Vieh gestohlen zu haben. Die Menge umrundete ihn, beschimpfte ihn. Er versuchte, den Leuten zu beteuern, dass er unschuldig sei. Und dann passierte es, dass ein Mann, den er kannte, sein Messer zog. Thiang wollte dem Stich noch ausweichen und drehte seinen Kopf nach hinten, als die Waffe ihn im Hinterkopf traf. Auf einmal habe er sich außerhalb seines Körpers gesehen. Er schwebte über seinem am Boden liegenden irdischen Körper und sah, wie das Blut aus der Wunde am Hinterkopf herausfloss. Einerseits wollte er wieder in seinen Körper zurückkehren, aber er dachte, dass die Menge, so er wieder erwachte, ihn wiederum töten würde. Da er jedoch bemerkte, dass er sich mit seinem Bewusstsein in einer ihm merkwürdigen Form bewegen konnte, beschloss er, jenen Ort des grauenvollen Geschehens zu verlassen und nach Hause zu gehen. Auf einmal war er zu Hause. Er versuchte sich seinen Angehörigen bemerkbar zu machen, um ihnen zu berichten, was geschehen sei, dass er noch weiterlebte, doch niemand schien ihn zu bemerken. Er besuchte nun andere Verwandte und Freunde, aber auch dort schien keiner seine unsichtbare Anwesenheit wahrzunehmen. Dies alles bekümmerte ihn sehr. Er entdeckte, dass seine Schwägerin schwanger war. Dann fühlte er auf einmal den Zwang, in ihren Bauch hineinzugehen. Schließlich wurde er als ihr Sohn wieder geboren.

Erdgebundene Wesen sind solche, die nach ihrem Tod wie dieser Verstorbene nicht den Übergang in die Zwischenwelt, das sogenannte Jenseits, geschafft haben. Sie können manchmal Jahrzehnte lang oder auch Jahrhunderte lang unter uns Irdischen leben, da sie nicht bereit sind, in die jenseitige Welt hinüberzuwechseln. Selten kommt es vor, dass eine erdgebundene Seele ohne vorher doch noch den Übergang ins Jenseits geschafft zu haben, in einen

Bauch einer werdenden Mutter hineinversetzt wird, um durch sie wiedergeboren zu werden.

Mittlerweile hatte auch die Witwe des ermordeten Phohs erfahren, dass ihr Mann bei ihrem Schwager wiedergeboren sein sollte. Sie sammelte eine ganze Anzahl von Phohs zurückgelassenen Kleidungsstücken und privaten Dingen und entlieh sich bei Nachbarn noch andere ähnliche Sachen. Denn sie wollte gewiss sein, ob es wirklich ihr Mann war, der erneut zurückgekommen war. Solcherlei Vorgehen geschehen hin und wieder. Und alle Leute, die sich zum Buddhismus bekennen, wissen, wie man solch eine Identifikation durchzuführen hat: Jeder weiß hier zum Beispiel, dass man mit nämlicher Methode in Tibet den wiedergeborenen Dalai Lama oder auch einen hohen reinkarnierten Würdenträger des buddhistischen Glaubens in einem Kind wiedererkennen kann. Man zeigt dem Kind mehrere Objekte des gleichen Gegenstandes, wobei nur eines von diesen der seine aus dem vorausgegangenen Leben ist. Greift das Kind nach dem Gegenstand, den es selbst einmal besessen hatte, weiß man, dass das Kind sich noch genau an seine eigenen Dinge wiedererinnern kann. Diesen Test führt man mit den verschiedensten Dingen und Gegenständen durch. Also machte sich Phohs Frau Pai auf und legte die fünfundzwanzig Kilometer von ihrem Dorf Ar Vud nach Ru Sai zu Fuß zurück.

Als sie nun dem Vierjährigen vorgestellt wurde - wir haben leider keinen Bericht darüber, wie das Wiedersehen dieser "Eheleute" verlief, doch kann man davon ausgehen, dass Thiang sofort seine frühere Ehefrau erkannte -, legte ihm diese nun als Test eine ganze Reihe von Gegenständen vor, die einst ihm gehört hatten, die allerdings jetzt unter einer ganzen Anzahl von übrigen Dingen verstreut lagen.

Thiang konnte leicht die Gegenstände in zwei Haufen von einander trennen. Auf dem einen lagen alle Gegenstände, die ihm einst gehört hatten. Er hatte sich kein einziges Mal geirrt. Alle waren vollkommen überzeugt, dass dieser Junge wirklich der wiedergeborene Phoh war. Trotzdem bestand dessen Witwe noch auf weiteren Beweisen. Sie nahm den Kleinen beiseite und fragte ihn über Dinge, die nur sie und er wissen konnten. Nun war auch Frau Pai mehr als überzeugt davon, dass Thiang ihr wiedergeborener Mann war. Jedoch warf die Wiederkehr ihres Mannes ein großes Problem in ihr auf. Einerseits galt sie als Witwe, und als solche konnte sie wieder heiraten. Auf der anderen Seite lebte ihr Mann ja noch. Wie sollte sie mit dieser Situation umgehen? Sie entschied sich in der Folge dafür, in ein Kloster zu gehen und Nonne zu werden. Der kleine Thiang konnte auch, zu seinem früheren Wohnort zurückgebracht, genau angeben, welche Felder früher die seinen gewesen waren. Ja, er konnte sogar schildern, wie er sie unter welchen Umständen und vom wem erworben hatte.

Der Polizeiinspektor dieser Gegend, Herr Pramaun, hörte davon, dass Phoh wieder inkarniert sein sollte. Da er sich damals mit dem Mord an jenem befasst hatte, wollte er sich nun selbst davon überzeugen, ob dem wirklich so war. Er suchte nun also die Familie von Thiang auf. Wie erstaunt war er, als der Junge ihn sofort erkannte und beim Namen nannte. Als der Polizeiinspektor ihn nun darum bat, ihm den Hergang des Verbrechens zu schildern, erzählte er diesem in allen Einzelheiten, was sich damals aus seiner Sicht zugetragen hatte, gab die Namen der Anwesenden an und nannte auch den Namen dessen, der das Messer in seinen Kopf gestoßen hatte. Der Polizist untersuchte auch die Narbe am Hinterkopf des Jungen. Er hatte jene damals am Ort des Geschehens bei Phoh selbst inspiziert. Er gestand nun, dass es sich um das gleiche Wundmal handle. Er war auch heute noch davon überzeugt, dass Phoh zurecht von der aufgebrachten Bevölkerung zu Tode gebracht worden war, hielt er doch jenen für den Viehdieb, hinter welchem er seit langem her gewesen war. Die Leute hatten damals Selbstjustiz verübt, und der Name des eigentlichen Mörders wurde verschwiegen. Für ihn war der Fall damit erledigt. Er drang deshalb in Thiang, doch wenigstens jetzt, wo ihm nichts mehr geschehen könne, seine Tat einzugestehen. Doch Thiang blieb noch immer bei seiner Aussage, dass er nichts mit dem Viehdiebstahl zu tun gehabt hätte. (15)

In diesen ersten Kapiteln sollte Ihnen, verehrte Leser, verdeutlicht werden, dass das Phänomen der Rückerinnerung an frühere Leben bei Kindern auf der ganzen Welt verteilt anzutreffen ist. Wir haben bisher noch nicht alle Länder aufgesucht, bei denen dieses Phänomen im Besonderen auftaucht. Doch im weiteren Verlauf werden wir noch Beispiele aus anderen Teilen dieser Erde anführen.

Das Mädchen, das sich an zehn frühere Leben zurückerinnert

In den meisten Fällen erinnern sich Kinder nur an das dem heutigen vorausgegangene Leben. Doch gibt es Ausnahmen. Berühmt war Joan Grant, die sich schon als Kind an viele ihrer früheren Leben zurückerinnern konnte und diese Rückerinnerungen auch ständig bis zu ihrem hohen Alter präsent hatte. Über sieben ihrer früheren Leben hat sie Bücher geschrieben, die in die verschiedensten Sprachen übersetzt wurden. So konnte sie sich an drei ägyptische Leben derart klar zurückerinnern, dass später Archäologen und Ägyptologen zu ihr kamen, um sich Dinge, die ihnen noch ein Rätsel waren, erklären oder gar lösen zu lassen. Vor allem konnte sie sich an jene verschiedenen Sprachen, korrekten Aussprachen und Hieroglyphen erinnern, und sie war fähig, die religiösen und kulturellen Zusammenhänge richtig darzustellen. Sie war in diesem Leben nur kurz für ein paar Tage in Ägypten gewesen und hatte auch keine geschichtlichen Bücher über Ägypten gelesen. Alles war in ihrem Unterbewusstsein verankert, zu dem sie ständig Zugang besaß, sodass das Längstvergangene ihr immer gegenwärtig blieb.

Mit Joey Verwey verhielt es sich ähnlich. Schon bevor sie in die Schule kam, sprach die weiße Südafrikanerin über ihre früheren Leben. Doch das Interessante ist in jenem Umstand zu sehen, dass sie schon in diesem frühen Alter nahezu perfekt zeichnen konnte. Und zwar zeichnete sie mit Vorliebe Kleider aber auch Gebäude aus ihren früheren Leben, sodass ihre Eltern, über diese phänomenale Begabung mehr als erstaunt, einen Experten der Parapsychologie zurate zogen. Jener Professor Arthur Berksley fasste das Phänomen Joey Verwey in den folgenden Worten zusammen: "Noch bevor sie schreiben konnte, malte sie die Kleidungsstücke aus alten Zeiten, und zwar mit den feinsten Einzelheiten. Später konnte sie Gegenstände, damalige Gewohnheiten und Kleidungen beschreiben, wie es eigentlich nur jemand vermag, der in jener Zeit lebt. Ihre detaillierten Beschreibungen sind einzigartig. Für ihr erstaunliches Wissen über andere frühere Zeiten, kann ich keine andere Möglichkeit sehen als jene, dass sie tatsächlich mehrere Male inkarniert gewesen ist."

In einem ihrer früheren Leben war sie eine schwarze Sklavin in Nordafrika. In einem anderen Leben war sie im Alten Rom und beteiligte sich daran, einen Mann zu steinigen, der die bevorstehende Ankunft des Gottessohnes verkündete. Sie erlebte sich in einem anderen Leben zur Zeit der Renaissance, doch konnte sie sich auch an ein primitives Leben als Eingeborene in einem nicht zu definierenden Land sehen, wo sie Eier aus dem Sand scharrte, die anscheinend Krokodile oder Strauße dort versteckt hatten. Ihre Mutter hatte sich, als Joey sechs Jahre alt war, ein Tagebuch zugelegt, um all die vielen Äußerungen ihrer Tochter bezüglich ihrer früheren Leben aufzuzeichnen. Besonders war Frau Helge Verwey an dem Leben ihrer Tochter interessiert, das sie vor dem jetzigen durchlebt hatte, als sie sogar dem früheren Präsidenten der Burenrepublik Paulus Krüger persönlich begegnete.

Eine dieser Eintragungen, in welcher ihr die Tochter über ein früheres Leben als Sklavin berichtete, lautet folgendermaßen: "Unser Käfig hatte nur einen Eingang, da es der wilden Tiere wegen zu gefährlich war, mehr als eine Öffnung zu haben. Als Sklaven war es uns nie gestattet, in der Öffentlichkeit zu reden. Wenn wir dabei erwischt wurden, konnte uns die Zunge herausgeschnitten werden." Weiterhin beschrieb sie ihrer Mutter, die fleißig alles notierte, dass der damalige König sehr grausam gewesen war. Zum Beispiel befahl er, als er sich über seine sehr schöne Frau ärgerte, dass man sie enthauptete. Ihren Kopf ließ er sich dann auf einer kupfernen Schüssel von einem groß gewachsenen Sklaven bringen. Ihr Haar hing nach allen Seiten hin vom Schüsselrand herunter.

Joey wurde von vielen Neugierigen, aber auch von Experten nach weiteren Details aus ihren früheren Leben befragt. Alle waren verwundert, mit welcher Detailtreue sie diese früheren Dinge und Begebenheiten beschreiben konnte. (16)

Ich habe tausende von Menschen in ihre jeweiligen früheren Leben zurückgeführt, und viele von ihnen haben eine ganze Anzahl von früheren Leben im Detail gesehen bzw. wiedererlebt. Manche von ihnen konnten sich noch nach Jahren an die verschiedenen erlebten und gesehenen Einzelheiten gut erinnern. Doch bei anderen verblassten bald wieder die Erinnerungen an das in meinen Seminaren Erlebte. Darum ist es gut, sich die erlebten Vorgänge nach einer Rückführung aufzuschreiben, so wie es Frau Verwey mit den Erinnerungen ihrer Tochter tat, um auch später nachsehen zu können, was man alles erlebt hatte.

2. Kapitel

WENN KINDER IN DERSELBEN FAMILIE WIEDERGEBOREN WERDEN

Dieses Bild habe ich früher gemalt

Nach dem Tode gelangen die Seelen, wie wir noch aus Kindermund hören werden, in ein Zwischenleben, deren Dauer von unterschiedlicher Länge ist. Als eine Art Faustregel könnte man sagen: Je früher eine Seele den Erdenkörper verlässt, desto schneller kommt sie meistens in einen neuen Erdenkörper zurück. Jedoch Ausnahmen bestätigen die Regel. Selbst bei verstorbenen Erwachsenen kann der Aufenthalt in dem Zwischenleben von ganz unterschiedlicher Länge sein, von wenigen Wochen bis zu vielen hundert Jahren.
In den meisten Fällen kann sich die jenseitige Seele, wie wir schon kurz anmerkten, ihre nächsten Eltern aussuchen, so dieses mit der Planung des erneuten Erdenlebens übereinstimmt. Nur wo eine Seele im Zwischenleben noch nicht "reif" genug ist, die richtige Entscheidung selbst zu ihrem Wohle des spirituellen Wachstums zu treffen, wird von weise Planenden die betreffende Auswahl vorgenommen, wissen diese hohen Wesen doch am besten, was uns "frommt" beziehungsweise was wir auf Erden benötigen, um uns spirituell zu entwickeln und somit zu immer höherem Liebesverständnis heranzuwachsen.

Stevenson [17] berichtet von einer Ehefrau aus Myanmar (Burma), deren Eltern verstorben waren. Als jene Frau schwanger war, hatte sie einen Traum, in welchem ihr mitgeteilt wurde, dass sie Zwillinge zur Welt bringen würde, die ihre wiedergeborenen Eltern seien. Tatsächlich brachte sie zweieiige Zwillingsmädchen zur Welt, die Gyi und Nge genannt wurden. Als die beiden zu sprechen begannen, gab Gyi viele Hinweise zu ihrem Leben als ihr Großvater und Nge zu ihrem Leben als die verstorbene Großmutter. Gyi, obwohl Mädchen, war maskulin ausgerichtet und wollte wie ein Junge gekleidet sein. Aber auch im Aussehen unterschieden sie sich sehr von einander. Nge war und blieb zierlich, während Gyi sehr maskulin aussah, was besonders im Unterschied zu Nge an ihren stämmigen Beinen auffallend zu sehen war.

Im Zwischenleben, das auch häufig das "Jenseits" genannt wird, bereitet sich eine Seele auf ein wiederholtes Erdenleben vor. Meistens stellen sich auf ihren Wunsch hin Berater zur Verfügung, um gemeinsam die Planung für das nächste Erdenleben vorzunehmen. Oft verabreden wir uns dort mit jenen uns vertrauten Jenseitigen, die ebenfalls zu reinkarnieren vorhaben, uns im erneuten Erdenleben wiederzutreffen. Denn wir fühlen uns meistens bei denen am wohlsten, die wir schon kennen. Als jenseitige Seele ist es uns möglich, unsichtbar die Irdischen aufzusuchen und ihnen, so es die höhere Planung erlaubt, helfend und ermutigend zur Seite zu stehen. Sehen wir dann eine inkarnierte Seele, die um unseren Tod sehr trauert, neigen wir dazu, dieser Seele zum Trost bei ihr reinkarniert zu werden. Dies könnte einer der Gründe sein, warum dieses verstorbene Ehepaar es sich ausgesucht hatte, bei der Tochter als deren Zwillinge wieder geboren zu werden. Natürlich gibt es viele andere Gründe, warum diese Wahl getroffen wurde. Aus meinen vielen Erfahrungen durch Rückführungen, die ich bei anderen durchführe, kann ich zumindest bei der weißen Bevölkerung sagen, dass wir uns in etwa fünfundzwanzig Prozent der Fälle eine Wiedergeburt bei jenen aus-

suchen, die im vorausgegangenen Erdenleben zu unserer Familie gehörten, sodass sehr häufig die Groß- oder die Urgroßeltern als Enkel oder Urenkel wiedergeboren werden.
In Afrika beispielsweise ist bei vielen Stämmen das Wiedergeborenwerden in derselben Familie viel höher. Wir haben noch sehr, sehr viel zu lernen, um diese Zusammenhänge alle zu verstehen. Und die Kinder helfen uns, diese Dinge zu verstehen, wenn wir ihnen nur mehr Aufmerksamkeit schenken, sie und ihre Aussagen also ernst zu nehmen uns bemühen. Elisabeth Kübler-Ross sprach immer wieder davon, dass die Kinder ihre großen Lehrmeister seien. Wir werden sicherlich im Verlauf dieses Buches noch besser verstehen, was sie damit wohl meint.

Der Autorin Carol Bowman, von der wir in diesem Buch schon gesprochen haben und auf die wir noch eingehender zu sprechen kommen werden, wurde folgende Begebenheit von einer Großmutter zugetragen.[18] Diese Frau heißt Hilda Swiger. Ihr Vater war Geistlicher der Gottes-Kirche in Indiana. Reinkarnation käme also für sie auf Grund ihrer Erziehung überhaupt nicht in Frage, und trotzdem glaubte sie immer an diese Möglichkeit. 1977 kam bei einem Autounfall ihr Sohn Richard ums Leben. Sie bat Gott inständig darum, dass er wieder zu ihr zurückkommen möge. Sie begegnete ihm einmal im Traum und flehte ihn an, doch zu ihr zurückzukehren. Doch er entgegnete: "Nein, ich bin jetzt schon zu lange auf der anderen Seite. Ich will nicht zurückkommen."

Wenn man einmal eine Ahnung von der Schönheit der jenseitigen Welt bekommen hat, kann man sicher Richards Grund, nicht zurückkommen zu wollen, gut verstehen. Wer sich ein ungefähres Bild der jenseitigen Welt verschaffen will, dem empfehle ich, sich den Film "Jenseits des Horizonts" mit dem Schauspieler Robin Williams anzusehen.

Und Frau Swiger versicherte ihrem Sohn: "Du wirst es auch ganz bestimmt gut bei mir haben."

Und dann wurde ihrer Tochter ein Sohn geboren, dem man den Namen Randy gab. Zwei Wochen später besuchte Frau Swiger ihre Tochter, um den kleinen Bub selbst in Augenschein zu nehmen. Als sie sich ihm nahte, streckte er seine Hände nach ihr aus, und sie sagte zu ihrer Tochter: "Ich weiß, wer diese Seele ist. Es ist Richard."

> Man könnte jetzt mit Recht sagen, dass das Wunschdenken der Frau Swiger ihr suggerierte, dass ihr Enkelkind der wiederinkarnierte eigene Sohn sei. Doch diese Argumentierung wird man nicht mehr vorbringen können, wenn man nun erfährt, was weiterhin passierte.

Frau Swiger war gerade umgezogen und kramte in Gegenwart ihres Enkelkindes ein Engelbild hervor, das einst ihr Sohn Richard gemalt hatte. Randy sah das Bild, nahm es in die Hand, lief zu seinem Vater hinüber und sagte: "Schau mal Papi, schau mal! Hab' ich gemalt, vor langer Zeit!" Als er dreieinhalb Jahre zählte, sagte er zur Großmutter: "Ich war in deinem Bauch, bevor ich zu Mami ging. Aber dann bin ich gestorben und in den Himmel gekommen, und da habe ich Großpapa John getroffen. Aber ich wusste, dass du mich brauchst, und so bin ich hinunter in den Bauch meiner Mami gekommen, um bei dir sein zu können." John war Richards Großvater.

> An diesem Beispiel sehen wir, wie eine irdische Liebe nach dem irdischen Tod einer geliebten Person auch im Jenseits noch andauert, ja diese dazu bewegen kann, zu der auf Erden weilenden liebenden oder auch geliebten Person in anderer Gestalt wieder zurückzukehren. Wie oft geschieht es, dass jemand in die Augen eines Neugeborenen schaut und sagt, dass dieser Junge wie der (verstorbene) Großvater, Vater, Onkel und dergleichen ausschaut? Dabei könnte die Augenfarbe ganz anders beschaffen sein. Es ist eine ganz be-

stimmte individuelle Vibration, die jeder Seele zu eigen ist und die man in sämtlichen Erdenleben behält, welche sich dem Betrachter auf einmal mitteilt, sodass dieser unwillkürlich an die betreffende verstorbene Person erinnert wird.

Doch die Geschichte ist noch nicht zu Ende. Als Randy vier Jahre alt war, betraten seine Eltern mit ihm ein ganz bestimmtes Restaurant, in welchem die beiden Erwachsenen vor fünf Jahren zum letzten Mal gewesen waren. Und Randy sagte, dass sein Vater jetzt einen anderen Tisch ausgewählt hätte als damals, denn früher hätten sie an jenem anderen Tisch gesessen, auf den der Kleine nun wies. Dem Vater wurde klar, dass sein Sohn die Wahrheit sagte. Aber wie konnte er das wissen, er war doch damals noch gar nicht geboren? Und auf dessen Frage hin, woher er denn wisse, wo sie früher gesessen hätten, antwortete Randy: "Oh, ich bin dir und Mami den ganzen Tag, als ihr hierher kamt, gefolgt, bevor ich geboren wurde." Die vielen Aussagen Randys über das Leben Richards hatten diese Familie schon lange davon überzeugt, dass ihr Sohn der Bruder und Schwager war. Und Frau Hilda Swiger konnte sicherlich sagen: "Ich wusste es ja schon von Anfang an."

Interessant ist, aus Kindermund zu erfahren, dass diese Seele, bevor sie als Randy wiedergeboren wurde, schon vorher die ausgesuchten Eltern begleitete. Bevor wir gezeugt werden bzw. bevor wir uns entscheiden, in den heranreifenden Fötus ganz einzutreten, bleiben wir oft im Umfeld unserer Eltern, um uns schon an diese zu gewöhnen. Mit unseren geistigen Augen können wir die Eltern wie auch alle physischen Dinge erkennen. Besonders bekommen wir die Gedanken, Gefühle und die Gespräche der Eltern mit. Wenn wir zum Beispiel hören oder fühlen, dass die Eltern sich miteinander noch in Disharmonie befinden, mögen wir noch warten wollen, bis wir uns dazu entscheiden, in den Körper der Mutter zu gehen. So die Mutter schon schwanger geworden ist, weigern wir uns dort hineinzugehen, weshalb diese Leibesfrucht unbeseelt bleibt und sicher bald stirbt, um als Abortus aus dem Bauch zu gelangen.

Das ist meine Uhr!

Professor H. N. Banerjee, den wir ebenfalls schon kennengelernt haben und der neben Professor Stevenson der bemerkenswerteste Forscher auf dem Gebiet der Reinkarnation ist, hat folgenden Fall in seinem Buch *Lives Unlimited* [(19)] wiedergegeben: Unter den Indianern Nordamerikas ist der Glaube an die Reinkarnation weit verbreitet. William George war ein Fischer der Tlingit-Indianer. Er wusste, dass er nach seinem Tod wieder inkarnieren würde. Ja, er hatte den Wunsch, als sein Enkel wiedergeboren zu werden. Deshalb ging er auch zu seinem Sohn Reginald und sagte zu ihm: "Pass einmal ganz genau auf, was ich dir jetzt sagen will. So irgendetwas an diesem Glauben an die Reinkarnation wahr sein sollte, dann werde ich als dein Sohn zurückkehren." Und der Sohn entgegnete: "Aber Vater, wie soll ich denn erkennen, dass du derjenige sein wirst?" "Du wirst mich daran erkennen, dass ich genau die gleichen Muttermale wieder haben werde, die ich jetzt habe." Und er wies auf sein Muttermal auf der linken Schulter und auf jenes auf seinem linken Unterarm. Immer wieder im Laufe der nächsten Wochen erinnerte er seinen Sohn an das, was er ihm gesagt hatte, und Reginald versprach ihm jedes Mal, es nicht zu vergessen, obwohl er selbst nicht daran glaubte, dass es so etwas gebe wie ein erneutes Erdenleben.

Unter den Tlingit-Indianer-Stämmen kommt es häufig vor, dass Seelen sich bei derselben Familie reinkarnieren und manches Mal auch vorher noch zu Lebzeiten wissen, bei wem sie reinkarniert werden beziehungsweise reinkarniert werden wollen. Woher sie diese innere Zuversicht und dieses Wissen haben, mag auf verschiedene Gründe zurückgehen. Ein Grund mag darin bestehen, dass man ihnen diese Hinweise während des Traumes von höherer Seite zukommen ließ, ein anderer mag darin zu finden sein, dass sie dieses Wissen intuitiv, eventuell von ihrem Geistführer oder verstorbenen Familienmitglied mitgeteilt bekommen haben.

Und Reginalds Vater gab ihm seine Uhr und sagte: "Bewahre sie mir auf!"

Einige Tage darauf fuhr der Fischer William George mit seinem Boot bei ziemlich ruhigem Wetter auf den See hinaus. Er kehrte nicht mehr zurück. Man wusste nicht, wo er verblieben war, denn er galt als guter Fischer, dem so leicht auf dem See kein Fehler unterlaufen würde. Alle Suchtrupps kehrten, ohne eine Spur von ihm gefunden zu haben, zurück. Etwa auf den Tag genau neun Monate später am 5. Mai 1950 kam Reginalds Frau Susan mit einem kleinen Jungen nieder. Kurz bevor das Baby aus dem Bauch der Mutter gekommen war, fiel Susan, wie sie berichtete, in eine Art Koma. Dabei sah sie plötzlich die Gestalt ihres Schwiegervaters William George. Dann war sie wieder bei vollem Bewusstsein.

Obwohl die Seele des verstorbenen William George sich schon im Körper des aus dem Bauch herauskommenden Babys befindet, sieht Susan in jenem bewusstlosen Zustand die Gestalt ihres Schwiegervaters. Es gibt wiederum mehrere Möglichkeiten, wie dieses gemäß den höheren Gesetzen möglich ist. Eine Möglichkeit besteht darin, dass William George seine Geistfreunde im Zwischenleben gebeten hatte, ihr kurz vor der Geburt seine Gestalt zu zeigen, damit sie und ihr Mann ganz sicher wären, dass er es sei, der durch Susan wieder das (viel trübere) Licht dieser Welt erblicke.

Und Reginald, der sogleich den Körper nach Muttermalen absuchte, entdeckte jene beiden Male, die ihm sein Vater an dessen Körper gezeigt hatte. Ja, sie befanden sich exakt an gleicher Stelle. Er und seine Frau waren nun überzeugt, dass William George zu ihnen zurückgekehrt war, und tauften ihn auch deshalb William George Junior.

> Wie viele Eltern geben den Kindern die Namen der verstorbenen Eltern oder anderer verstorbener Familienmitglieder! Sie meinen, damit das Andenken der verstorbenen geliebten oder geschätzten Personen zu erhalten, und wissen doch nicht, dass eventuell – was sicherlich in vielen Fällen genau zutrifft – derjenige, dem sie den betreffenden Namen geben, eben der ist, von dem sie diesen Namen übernommen hatten.

Während der kleine William heranwuchs, offenbarte er immer mehr Charaktereigenschaften, aber auch äußerliche Merkmale des Großvaters. So hatte dieser sein rechtes Fußgelenk derart verletzt, dass es nie wieder ganz geheilt war und er deshalb seinen Fuß etwas nachzog. Und der Enkel, obwohl er sich in diesem Leben nie verletzt hatte, zog ebenfalls den rechten Fuß in gleicher Weise nach. Auch sah er dem Großvater äußerlich sehr ähnlich, was natürlich nichts besagt, kommt es doch häufig vor, dass ein Enkel seinem Großvater ähnelt. Doch auch in den Gesten und im Ausdruck des Gesichtes entsprach er jenem Verstorbenen. Er zeigte einerseits Angst, mit dem Boot aufs Wasser hinauszufahren, andererseits wusste er zum Erstaunen der anderen die besten oftmals wechselnden Fischfangplätze zu orten. Letztere Eigenschaft hatte man auch dem Großvater zugeschrieben. Doch jener hatte nie Angst, mit dem Boot auf den See zu fahren.

> Seine Angst, auf das tiefe Wasser hinauszufahren, mag wohl daher kommen, dass er als Großvater auf dem See ertrank und diese

Angst in seine Seele einprogrammiert worden war. So wir einen traumatischen Tod erleiden, speichern wir die Umstände, die zu diesem Tod führten in unserem Unterbewusstsein, wobei die Seele sie auch in eine neue Inkarnation mitnimmt. Somit steigen, sobald diese Seele in einem neuen Körper mit einer gleichen oder ähnlichen Situation konfrontiert wird, die Mechanismen der Angst in einem hoch, die Ausdruck von Warnsignalen oder einer Art Schutzvorrichtung sind, nicht nochmals ein gleiches zu erleben. Aber darüber werden wir noch mehr an eingehenden Beispielen erfahren.

Gegenüber Personen zeigte William ein sonderbares Verhalten. Die Schwester seines Großvaters behandelte er, als ob jene auch in diesem Leben seine Schwester sei. Und er redete auch seine Onkel und seine Tanten - also die Söhne und die Töchter seines Großvaters - mit “mein Sohn” und “meine Tochter” an. Eines Tages kam er in das Zimmer, als seine Mutter Susan sich an ihrem kleinen Schmuckkästchen zu schaffen machte. Er sah plötzlich jene Uhr, die der Großvater seinem Sohn Reginald zur Aufbewahrung gegeben hatte, und sagte, indem er sie erfasste und in die Höhe hob: “Das ist *meine* Uhr!” Als die Mutter sie ihm wieder abnehmen wollte, weigerte er sich, diese zurückzugeben, indem er immer wieder beteuerte, dass diese Uhr nur ihm gehöre. Schließlich konnte Susan ihn doch dazu überreden, die Uhr in das Schmuckkästchen zurückzulegen, als sie ihm klargemacht hatte, dass er diese Uhr ja haben könne, und dass sie nur beabsichtige, diese für ihn aufzubewahren.

Weißt du noch, als du auf meinem Schoß saßest?

Diane Williams trauerte sehr über den Tod ihrer geliebten Großmutter Nanny Wyatt, die am 4. Oktober 1974 das Zeitliche segnete. Beide waren einander sehr zugetan. Erst die Geburt ihres dritten Kindes, eines Mädchens namens Kelly, am 4. Mai 1975, konnte Diane über den Tod der Großmutter hinwegtrösten. Jedoch erst als ihre Tochter zwei Jahre alt war, gab diese den ersten Beweis, dass sie tatsächlich ihre eigene verstorbene Urgroßmutter war. Pam, die Schwester ihrer Mutter, weilte zu Besuch bei ihnen. Sie nahm die Kleine auf den Schoß, als diese sich ihr zuwandte und sagte: "Weißt du noch, als du auf meinem Schoß saßt, wie ich jetzt auf deinem Schoß?" Diane und Pam lachten, denn sie dachten, es sei ihre kindliche Fantasie, die Purzelbäume schlug. Doch ihr Lachen versiegte bald, als Kelly fortfuhr: "Und ich habe dir die Haare gekämmt." Sie beschrieb nun im Einzelnen, welche Frisur damals Pam gehabt hatte. Sie, die Zweijährige, sagte, dass das Haar im "Kleopatra-Stil" getragen wurde. Woher hatte sie dieses Wort? Denn heute war dieser Haarstil außer Mode und keiner sprach mehr davon. Und beide Schwestern erinnerten sich, dass sie damals vor etwa zwanzig Jahren als Mädchen genau diese Frisur getragen hatten und bei ihrer Großmutter auf dem Schoß saßen, um von ihr gekämmt zu werden. Doch die Kleine hörte noch nicht auf mit ihrem Erzählen. Sie erinnerte Pam daran, wie sie ihr früher ein weißes Kleid mit roten Punkten geschenkt hatte. Auch das stimmte ganz genau.

Sowohl in ihrer Gestik als auch in ihren Eigenheiten betrug sich Kelly in vieler Hinsicht genauso wie ihre Urgroßmutter. Obwohl sie niemanden je darum gebeten hatte, ihr etwas von dieser Urgroßmutter zu erzählen, schien sie diese in vielem direkt kopieren zu können. Wenn sich die Kleine in den Sessel setzte, legte sie ihr Kinderhandtäschchen immer zwischen ihr Bein und dem Stuhlbein auf den Boden, genau wie Nanny Wyatt es mit ihrer Handtasche zu tun pflegte. Und auch wie diese musste Kelly dauernd ihr Handtäschchen aufräumen, damit alles genau an seinem Platz war. Es handelte sich hierbei schon fast um einen Zwang. Und die älter werdende Kelly sprach immer wieder gern von ihren viktorianischen Kleidern, die sie früher getragen hatte. Sie konnte sie ganz genau beschreiben, obwohl keine Abbildungen ihr irgendwelche Hinweise gegeben haben konnten. Und danach befragt, woher sie dieses Wissen habe, sagte sie: "Ich habe damals heimlich den Tanzenden im Ballsaal zugesehen." Sie sprach immer in der ersten Person, wenn sie von jener Urgroßmutter berichtete. Sie veränderte auch nie ihre Aussagen, mochten sie auch Wochen oder Monate zurückliegen. Sie benutzte Wörter wie "Ballsaal" oder "Kleopatra-Haar-Stil" nebst vielen anderen, die heute kein Mensch mehr gebraucht, weil sie einfach nicht mehr aktuell sind. Sie berichtete, in einem Bungalow gelebt zu haben, dessen Einrichtung sie ganz genau beschrieb. Diane konnte sich lange nicht daran erinnern, ob es sich wirklich so verhielt. Aber dann fiel ihr wieder ein, dass dem tatsächlich so war.

Als Kelly sieben Jahre alt war, verstarb die Großmutter. Darüber herrschte in der Familie große Trauer. Doch Kelly tröstete die Trauernden, indem sie sagte: "Großmutter weilt jetzt bei all denen, die sie liebt, wie sie uns geliebt hat. Sie ist jetzt bei Großopa Wyatt." Alle waren darüber erstaunt, dass eine Siebenjährige solch ein Wissen haben konnte. Woher hatte sie das? Niemand hatte mit ihr über ein Leben nach dem Tod gesprochen.

Kinder erinnern sich oft nicht nur an das vorausgegangene Erdenleben, sondern sie wissen oft auch Bescheid, was nach ihrem Tod mit ihnen passiert war, wer sie abgeholt hat und was sich im Einzelnen danach in der Zwischenwelt ereignete. Wenn ein Kind über derlei Dinge sprechen sollte, dann möge man es weiterhin ermutigen, noch mehr davon zu berichten. Die Afrikaner, so ihr Wissen durch das Christentum noch nicht abhandengekommen ist, lauschen gerade auf die Aussagen der Kleinsten, da diese doch von drüben gerade zur Erde zurückgekehrt sind und eventuell noch Wichtiges von dort mitzuteilen haben, sind die Jenseitigen doch mit einem größeren Wissen als die Irdischen begabt.

Eines Tages bekam Diane Besuch von einer ehemaligen Freundin, und sie unterhielten sich über ihre gemeinsamen Erlebnisse. Dabei kam Diane auf eine Ferienreise zu sprechen, wusste aber nicht mehr, ob es im Jahre 1958 oder 1959 war. Und die Siebenjährige, welche die beiden gar nicht mehr beachtet hatten, sagte auf einmal: “Ich kann mich daran erinnern. Es war das Jahr, in welchem wir die Marienkäferplage hatten.” Kellys Mutter war schon daran gewöhnt, dass ihre Tochter so ganz unvermutet aus früheren Zeiten etwas Zutreffendes einstreute. Doch ihre Freundin horchte verwundert auf: “Hast du gehört, was sie gerade gesagt hat?” Diane entgegnete lachend: “Nun, sie bringt manchmal solche Dinge hervor.” Doch ihre Freundin wollte es nicht damit bewendet sein lassen und drang weiter in sie: “Aber wie kann sie denn das alles über die Marienkäferplage wissen?” Nun übernahm die Tochter das Wort und erklärte: “Ich weiß, dass es das Jahr der Marienkäferplage war, weil du damals, als du in die Ferien an die See fuhrst, unter deinem Kleid so eine eigenartige Ausbuchtung getragen hast, um es mehr hervorzuheben. Und deine Mutter und ich zogen dich damit auf. Weißt du noch, wir nannten dich eine laufende Glocke.” Jetzt war selbst Diane perplex. Sie erinnerte sich nun ganz genau an damals, als sie unter ihr Kleid so eine Art Hula-hup-Reif gesteckt hatte, was damals modisch und schick unter Teenagern war. Und tatsächlich, ihre Großmutter und ihre Mutter hatten sich darüber lustig gemacht.

Während man sich im Wohnzimmer mit Gästen über den Falklandkrieg unterhielt und über die Bombardierung sprach, sagte auf einmal Kelly: “Genau das Gleiche geschah im letzten Weltkrieg, als die Bomben fielen. Es war furchtbar. Birmingham wurde damals schwer mitgenommen."

Späterhin sollte Diane gestehen: "Ich habe vor der Geburt von Kelly nicht an ein Leben nach dem Tod oder an die Reinkarnation geglaubt. Doch seitdem ich Kelly habe, glaube ich daran. Clive, mein Ehemann, und ich sind nun voll davon überzeugt, dass meine Großmutter in Kelly weiterlebt. Denn Kelly spricht so, als ob sie wirklich Nanny Wyatt ist, als ob sie ein und dieselbe Person mit den gleichen Erinnerungen ist." Und Kelly sei, wie ihre Mutter meinte, als Siebenjährige schon derart erwachsen, dass sie sich mit jedem Erwachsenen auf gleicher Ebene unterhalten könne. [(20)]

3. Kapitel

WENN KINDER IM ANDEREN GESCHLECHT WIEDERGEBOREN WERDEN

Das Mädchen, das sich weigert, Mädchenkleider anzuziehen

Im Herbst 1972 nahm Herr U Tha Hla seinen vierjährigen Neffen Maung Pho Zaw an die Hand und schritt mit ihm über einige Felder, die im Hochland Myamars (Burma) gelegen waren. Beide gingen barfuß, wie es eben Brauch bei der ländlichen Bevölkerung ist. Auf einmal schrie der Junge auf. Der Onkel dachte zuerst, der Junge hätte sich an einem Dorn verletzt. Doch dann sah er, wie sich eine Schlange eiligst entfernte. Bauern kennen diese Art Schlangen. Es handelte sich um die äußerst giftige Feldviper, deren Bisse meist tödlich enden. Einige Frauen, die sich auf dem Feld befanden und den Schrei gehört hatten, eilten herbei. Sie hatten gerade eine selbst gedrehte Zigarre geraucht, welche die eine von ihnen noch in der Hand hielt. Und ohne sich lange zu besinnen, nachdem sie vernommen hatten, was passiert war, drückten sie das glühende Ende dieser Zigarre auf die Wunde, die sich auf dem unteren Spann des linken Fußes abzeichnete. Diese Methode des Ausbrennens einer Schlangenbisswunde ist ein althergebrachter Volksbrauch, die jedoch nur seltenst die erwünschte Wirkung erzielt. Der Onkel brachte nun den vor Schmerz bibbernden Jungen in das nächste Krankenhaus. Dort gab man dem Jungen Spritzen, und die Ärzte zeigten sich ungehalten über die unnötig vergrößerte Wunde, die durch die Brandverletzung noch zusätzlich verursacht worden war. Alle Rettungsversuche halfen nichts. Der Junge starb noch am selben Abend. Die Trauer war bei den Eltern sehr groß, war er doch ihr einziges Kind.

Diese Trauer mag ein wenig gelindert worden sein durch den Besuch eines Nachbarn, der den Eltern offenbarte, dass er im Schlaf ihrem Sohn Pho Zaw begegnet sei, der ihm mitteilte, dass er versuchen wolle, wieder nach Hause zu seinen Eltern zu kommen.

> Im Schlaf gehen wir oft mit unserem Astralkörper aus unserem physischen Körper heraus. Wir können mit diesem sogar durch die Wände und durch das Dach des Hauses gehen und uns im Nu über weite Entfernungen hin bewegen, ja wir können sogar die jenseitige Welt besuchen. Während wir uns außerhalb des leiblichen Körpers befinden, begegnen wir oft auch anderen, die ebenfalls einen Ausflug aus ihrem physischen Körper unternommen haben. Aber wir können gegebenenfalls, ohne einen Ausflug in die jenseitige Welt zu unternehmen, auch in der irdischen Zone Jenseitigen, also Verstorbenen, begegnen, die ihre Ebene verlassen haben und sich auf Erden für Irdische im Allgemeinen unsichtbar aufhalten, um zum Beispiel sich den von ihnen Betreuten zuzuwenden und ihnen in deren Träumen gute Hinweise oder gar Trost zu geben. So sich eine nichtinkarnierte Seele wieder anschickt, auf Erden wiedergeboren zu werden, besucht sie meistens schon vorher die Eltern und die Umgebung, wo sie inkarnieren möchte. Nun hatte also der Nachbar den verstorbenen Sohn gesehen und dessen Eltern mitteilen können, dass er den Wunsch habe, bei ihnen wieder zu inkarnieren. Das ist also eine erfreuliche Nachricht, weiß man doch, dass der Verstorbene, wenn auch unsichtbar, bei einem ist und die Möglichkeit andeutet, bei ihnen neu geboren zu werden.

Wenig später begegnete der Verstorbene auch seinem Vater in dessem Traum und versicherte ihm, dass er bei ihm und der Mutter wiedergeboren werde. Kurze Zeit darauf wurde seine Frau schwanger. Als die Tochter geboren wurde, bemerkte man auf dem Spann ihres linken Fußes ein rundes Muttermal, das sich an der gleichen Stelle befand, an der ihr verstorbener Sohn gebissen worden war. Dieses Mal hatte auch die gleiche Größe jener Wunde, die damals durch die glühende Zigarre noch vergrößert worden war. Die Eltern waren sich einig darüber, dass ihr Sohn zurückgekommen sei, jedoch leider nicht als Sohn, auf den sie sich schon gefreut hatten, sondern als Tochter, der sie nun den Namen Myint gaben.

> Hin und wieder entscheiden wir uns, auf Erden im anderen Geschlecht wiedergeboren zu werden, um bestimmte Dinge zu lernen, die im anderen Geschlecht nur möglich sind (z. B. Mutterschaft, Vaterschaft) oder besser zu lernen sind. Als Geistseele sind wir an sich geschlechtslos. Durch die vielen Inkarnationen hindurch wollen wir möglichst alle Aspekte des auf Erden möglichen Menschendaseins ausprobieren. Meistens ist es so, dass wir uns in den Zwischenwelten überlegen, als was wir auf Erden wiedergeboren werden wollen. Wenn wir uns also einmal dazu entscheiden, viele Aspekte der Mutterschaft zu erfahren, werden wir eventuell für zehn Inkarnationen Frau sein wollen. Wenn wir dieses "Programm" abgeschlossen haben, könnten wir uns dafür entscheiden, einmal auszuprobieren, wie man mit Macht auf Erden umgehen kann. Dazu werden wir uns in den meisten Fällen eine Reihe von männlichen Inkarnationen aussuchen. Außer den Neulingen auf Erden gibt es wohl nur ganz wenige Inkarnierte, die nicht auch schon in früheren Leben irgendwann zum anderen Geschlecht gehört haben.

Als Myint zwei Jahre alt war und zusammenhängend zu sprechen begonnen hatte, sagte sie, indem sie auf die Unterseite ihres linken

Fußes deutete, dass sie dort eine Schlange gebissen hätte. Sie nannte bei anderer Gelegenheit auch den Namen jenes Jungen, der sie vormals gewesen war. Sie hatte eine große Furcht vor Schlangen.

Wie wir schon kurz angemerkt hatten, sind tödliche Wunden sehr häufig Auslöser für Phobien oder Allergien in späteren Leben. Ist man in einem früheren Leben von einem Abhang hinuntergefallen, hat man heute meist eine Angst vor steilen Abhängen oder überhaupt vor Höhe. Ist man von einer Raubkatze angefallen worden und dabei zu Tode gekommen, wird man in den meisten Fällen heute eine Allergie gegen Katzen und deren Haare entwickelt haben. In solchen Fällen ist eine Rückführungstherapie sehr angebracht, da sie oftmals innerhalb einer einzigen Therapiesitzung das Problem aufzuheben vermag. (21)

Was jedoch von Anfang an sehr deutlich auffiel, war das maskuline Gebaren dieses Mädchens. Als man ihr im Alter von zwei Jahren Ohrringe anheften wollte, weigerte sie sich energisch, diese am Ohr tragen zu sollen. Die Eltern mussten von ihrem Vorhaben ablassen. Schon in einem früheren Alter bestand sie hartnäckig darauf, die Kleidungsstücke ihres verstorbenen Bruders zu tragen. Schließlich mussten die Eltern auch hierin nachgeben, denn sie wussten ja, dass die Tochter ihr früherer Sohn war und dass er sich nur jetzt in einem anderen Körper befand.

Gott sei Dank hatten die Eltern ein Verständnis für die Andersartigkeiten ihrer Tochter. Somit hatte sie Glück, in solch einer Familie wieder geboren worden zu sein. Vielleicht war es auch einer der Gründe, warum dieser Junge bei seinen vorigen Eltern wiedergeboren werden wollte, weil er wohl wusste oder erfahren hatte, dass diese tolerant sein würden, wenn er als Mädchen inkarnierte und Jungentendenzen an den Tag legen sollte. Wir können uns denken, dass die meisten Kinder gerade in der westlichen Welt, vor allem wenn sie in strikt religiös orthodoxen Kreisen aufwachsen sollten, größte Schwierigkeiten zu erwarten hätten, was nachmals bei den Betroffenen zu vielen psychischen Störungen führen könnte.

Nachdem man sich daran gewöhnt hatte, dass sie nur Knabenkleidung tragen wollte, musste man mit ansehen, dass sie sich nur bei Knaben ihres Alters wohlfühlte, mit denen sie spielte. Ihr Gang war auffallend männlich. Auch setzte sie sich in der Schule auf jene Bänke, die den Jungen vorbehalten waren. Der Lehrer, der von den Eltern wohl die Zusammenhänge erfahren hatte, ließ sie auch dort unter den Jungen sitzen. Doch als Myint neun Jahre alt war, bekam die Klasse Besuch vom Schulinspektor. Dieser war empört, das Mädchen unter den Jungen zu sehen, und ordnete an, dass sie sich sofort umzusetzen und fortan Mädchenkleider zu tragen habe. Myint begann auf einmal furchtbar zu weinen. Denn sie wollte par tout nicht als Mädchen gelten. Alles in ihr und vieles an ihr war Junge. Die Eltern, denen der Schmerz ihrer Tochter nahe ging, suchten den Schuldirektor auf und erklärten ihm die betreffenden Umstände. Man kam nun überein, dass ihre Tochter wenigstens an zwei Schultagen in Mädchenkleidung erscheinen müsse. Aber Myint hielt sich auch nicht an diese Vereinbarung. Sie zog einfach keine Mädchenkleidung an. Der Direktor und der Lehrer gaben nun nach und übersahen es einfach, dass dieses Mädchen ihren Anordnungen nicht nachkam. Erst mit siebzehn setzte bei ihr die Menstruation ein. Mit achtzehn heiratete sie. Anscheinend hatten die weiblichen Hormone sich durch ihre folgende Mutterschaft sich derart vermehrt, dass sie immer fraulicher wurde, sodass schließlich auch ihre männlichen Merkmale immer mehr abnahmen. Professor Stevenson fragte einmal den Vater dieses Mädchens, wie er damit umgegangen sei, dass seine Tochter alles andere als ein Mädchen sein wollte. Und er gab zu verstehen, dass er sich eigentlich einen Jungen gewünscht hatte und diese Tochter ihm also die Illusion eines Sohnes gab. Doch er tolerierte ihre besondere Art deshalb, um sie nicht unnötigen Schmerzen auszusetzen. [(22)]

> Ich wünschte, dass sich viele Eltern die Einstellung dieses Vaters zu Eigen machen könnten. In den westlichen Ländern zwingt man ja immer noch Linkshänder dazu, mit der rechten Hand zu schreiben. Wie geht man aber dann erst mit Kindern um, die homosexuelle Tendenzen haben? Sicherlich ist man in heutiger Zeit gegenüber solchen Angelegenheiten schon viel toleranter geworden. Aber wenn man zurückdenkt, was solche Kinder in früheren Zeiten alles zu erleiden hatten, die sich zum gleichen Geschlecht hingezogen fühlten aus Gründen, die uns nun endlich durch die Reinkarnationsforschung offenbart werden, dann wird uns klar werden, wie viel Unrecht man diesen Kindern und Jugendlichen angetan hatte. Wäre die Reinkarnation schon damals Allgemeingut gewesen, dann wäre man sicherlich mit denjenigen, die sich zum anderen Geschlecht hingezogen gefühlt hatten, sicherlich umsichtiger umgegangen. Es wird also höchste Zeit, dass wir nicht nur die Reinkarnation als solche anerkennen, sondern sie auch bewusst in unser tägliches Leben integrieren.

Professor Stevenson und sein Mitarbeiter Dr. Jürgen Keil haben öfter Myint und deren Eltern besucht, um nicht nur diesen Fall von Grund auf zu erforschen, sondern auch zu verfolgen, wie sich das Leben dieses Mädchens weiterhin gestalten würde. Wir müssen Professor Stevenson und seinen vielen Mitarbeitern immer wieder danken für die hervorragende und oft sehr mühselige Forschungsarbeit, die nicht nur der Beweisbarkeit der Reinkarnation dient, sondern auch viele medizinische und zwischenmenschliche Rätsel zu lösen verhilft. Auch die weiteren Beispiele über den Geschlechterwechsel von einer Inkarnation zur anderen sind dem Monumentalwerk *Reincarnation and Biology* Stevensons entnommen.

Eine der vielen von Stevenson durch seine Forschung nun vorläufig beantworteten Fragen ist diejenige: Wann findet bei einer Seele ein Geschlechterwechsel statt? Zumindest für Myanmar hat er schon auf Grund des ihm vorliegenden Materials eine Antwort gefunden. Bei 26% aller von ihm dort untersuchten Fälle stellte es sich heraus, dass bei der Seele ein Geschlechtswechsel vorliegt.[(23)] Das hieße, wenn wir dieses Ergebnis nun auf die ganze Menschheit beziehen würden, dass wir bei jeder vierten Wiedergeburt das Geschlecht wechseln.

Dies würde auch in etwa mit meinen Rückführungserfahrungen übereinstimmen. Doch ist es sehr unterschiedlich. Es kann sein, dass jemand zwanzig oder gar dreißig Erdenleben durchlebte, ohne dabei das Geschlecht gewechselt zu haben. Und wenn jemand bisher schon in achthundert Erdenleben inkarniert war, können davon eventuell sechshundert, vierhundert, zweihundert oder auch in Ausnahmefällen nur einhundert weiblich beziehungsweise männlich gewesen sein.

Der Bruder, der als seine Schwester zurückkehrt

Im Herbst 1967 fuhr der dreizehnjährige Apirak mit seinen Eltern und anderen Familienmitgliedern in ihrem Wagen nach Pakchong, einer Stadt, die sich etwa 180 Kilometer nordöstlich von Bangkok befindet. Ihr Auto kollidierte mit einem Lastwagen. Der Dreizehnjährige fand sofort den Tod, sein Großvater wurde schwer verletzt, während die übrigen Insassen mit dem Schrecken davonkamen. Auf dem Gesicht des Toten und auf dessen Kopf war Blut zu sehen, das entgegen der dortigen Gepflogenheit nicht abgewischt wurde. Es dauerte eine ganze Woche, bis man den toten Jungen nach Bangkok zurücktransportiert und schließlich verbrannt hatte.

Apirak war ein eigenartiger Junge. Schon als Kind spielte er nur mit Mädchen, ja er wollte ganz Mädchen sein und zog deshalb nur selten Jungenkleider an, während er lieber Mädchenkleider trug. Er liebte es, seine Lippen anzumalen und seine Augenbrauen mit dem Schwarzstift zu färben oder seine Wangen mit Rouge zu tönen. Er hatte den Gang eines Mädchens und später denjenigen einer jungen Frau. Er hatte öfter zum Ausdruck gebracht, dass er einst als Mädchen wieder geboren werden wolle. Die Schwierigkeiten, die ihm auf Grund seiner Andersartigkeiten begegneten, ließen ihn öfter zu Depressionen neigen. Er äußerte sich dahingehend, dass er gerne wissen wolle, was nach dem Tode passiere. Vielleicht spielte er auch schon mit dem Gedanken an einen Suizid. Seine Leidenschaft entdeckte er im Trommeln. Hier schien er seinen ganzen Kummer zu vergessen. Nun war er gestorben.

Etwa drei Monate später hatte Nitaya, die Mutter des Verstorbenen, einen Traum, in welchem sich ihr Sohn zeigte und sie bat, wieder zu ihr und der Familie zurückkommen zu dürfen. Ebenfalls träumte ihre Schwester zur gleichen Zeit, dass ebenfalls Apirak ihr gesagt hätte, dass er zu seiner Familie zurückkehren wolle. Am 7. November 1968 gebar Nitaya ein Mädchen, dem man den Namen Ariya gab. Zu ihrer und aller Schrecken war auf ihrer linken Wange ein großes portweinfarbiges Muttermal zu sehen. Auch oben auf dem Kopf befand sich ein ähnlich großes Muttermal derselben Farbe. Auf dem Rücken entdeckten sie eine Kerbe. Diese befand sich an der gleichen Stelle, an welcher Apirak einst ein Muttermal der gleichen Größe und Tiefe hatte. Die Familie wusste ja bereits, dass der verstorbene Sohn seine Rückkehr bei der gleichen Mutter schon angemeldet hatte, gab ihm doch die Mutter damals im Traum die Erlaubnis, kommen zu dürfen. Nun war also Apirak zurückgekehrt und hatte endlich seinen erwünschten Mädchenkörper.

Manchmal wird man auch in den "falschen" Körper inkarniert, um karmisch etwas ausgleichen zu müssen. Denn eventuell hatte Apirak in einem früheren Leben sich einmal lustig gemacht über einen Jungen, der sich in seinem Körper unwohl fühlte und sich dementsprechend Mädchenkleider anlegte. Das Karmagesetz als eine ausgleichende Gerechtigkeit sieht immer vor, dass dort, wo wir in Lieblosigkeit gegen jemanden vorgegangen sind, uns ein gleiches meist in einem zukünftigen Leben passiert. Apirak sollte eventuell schon mit dreizehn Jahren sterben, da er durch seine bisherigen schmerzlichen Erfahrungen im "falschen" Körper bereits genug gelitten hatte. Jetzt durfte er zurückkommen in seinem Wunschkörper. Doch nun war sein Gesicht verunstaltet. Er hatte sich also dafür entschieden, auch im Mädchenkörper Karma abzutragen, denn eventuell hatte er sich in einem früheren Leben über jemanden lustig gemacht oder jenen gar geschädigt, der ein sehr benachteiligtes Aussehen hatte, indem sich jetzt ein ähnlich entstellendes Mal auf dem Gesicht des Mädchens als deutlich sichtbares Zeichen zeigte, über das sich bestimmt noch viele Kinder lustig machen würden.

Man grübelte nun darüber nach, wie wohl diese beiden großen widerlichen Muttermale auf das Gesicht und den Kopf des Kindes gekommen sein mochten. Schließlich schien man den triftigen Grund dafür herausgefunden zu haben. Denn der Aberglaube in ihrem Land besagt, dass dort, wo eine blutbefleckte Stelle am Körper eines Toten nicht abgewaschen wird, sich im nächsten Leben ein Muttermal bilden kann. Man erinnerte sich nun daran, dass an den gleichen Stellen, wo sich auf dem Töchterchen Ariya diese Male abzeichneten, sich auf dem toten Körper von Apirak Blutspuren ausgebreitet hatten, die tatsächlich bis zu seiner Verbrennung nicht abgewaschen worden waren.

Als die Tochter erst wenige Wochen alt war, wurde dieser Fall schon in der Presse als ein interessantes Ereignis beschrieben, das die Reinkarnation nahelegt. Stevenson erfuhr nun von diesem Mädchen auf Grund dieser Pressemitteilung und suchte die Familie auf, um alle Details zu erkunden. Immer wieder kehrte er bei mehreren Thailandaufenthalten bei dieser Familie ein, um den Werdegang Ariyas zu verfolgen. Natürlich war man gespannt darauf, ob das Mädchen in irgendeiner Form zu erkennen gab, dass es der verunglückte eigene Bruder sei. Der Forscher hatte, um einen echten Fall der Reinkarnation auch recherchieren zu können, den Familienmitgliedern sicherlich vorher nahe gelegt, dem Mädchen nichts von dessen verstorbenem Bruder zu erzählen, um eventuelle Aussagen ihrerseits nicht vorher zu belasten. Jedoch schon zweieinhalb Jahre nach ihrer Geburt sprach Ariya von sich als dem verstorbenen Apirak. Gefragt, woher sie dieses Mal auf der Wange habe, antwortete sie: "Wunde von Auto." Als man ihr nun Fotos zeigte, deutete sie auf eines, auf dem der verstorbene Bruder zu sehen war, und sagte: "Ut." Das war der Spitzname dieses Jungen gewesen. Die Tante wollte nun sichergehen, ob ihre Nichte der wiedergeborene Neffe sei. Sie bediente sich dabei eines allgemein anerkannten und uns bereits bekannten probaten Mittels, indem sie Spielsachen und Kleidungsstücke Apiraks zusammensuchte, diese mit vielen andern ähnlichen Sachen von anderen Kindern und Teenagern vermengte und nun die Kleine vor diesen aufgetürmten Haufen stellte mit der Aufgabe, alle jene Dinge, die vormals "ihr" gehört hatten, herauszusortieren. Und tatsächlich, wie man Stevenson versicherte, hatte sie genau jene Sachen herausgefunden und auf einen Haufen gelegt, die vormals ihrem Bruder gehört hatten.

Späterhin bemerkte man bei ihr eine Angst vor Lastwagen. Aber das Merkwürdige ist nun Folgendes: Hatte man gemeint, dass jetzt Ariya endgültig voll ihr Mädchendasein ausleben konnte, so hatte man sich kräftig geirrt. Denn dieses Mädchen bewegte sich wie ein Junge und bevorzugte es, Jungenkleidung anzuziehen.

Wir sehen, dass noch viel Unerklärliches zu entdecken ist, um all die Gesetze zu erforschen, nach denen wir hier angetreten sind.

Sobald in die Reinkarnationsforschung öffentliche Gelder hineinfließen würden, könnte man sicherlich noch viele Rätsel lösen. Alles braucht eben seine Zeit. Vorerst müssen wir sehr dankbar sein für das, was wir durch Stevensons Forschungsarbeit an neuen Rätselaufgaben vorgesetzt bekommen haben. Übrigens hatte schon die zweieinhalbjährige Ariya eine Leidenschaft für das Trommeln entwickelt, für eben jene Passion, die ihrem verstorbenen Bruder ganz zu eigen gewesen war. [(24)]

Die weiblichen Zwillinge, die vormals zwei Freunde waren

Nun kommen wir zu einem der interessantesten Fälle wohl überhaupt der gesamten Reinkarnationsforschung. Und wem haben wir diesen Fall zu verdanken? Keinem anderen als wiederum Professor Stevenson. Und die Geschichte beginnt in einem früheren Leben und ereignete sich im Süden von Sri Lanka.

Johnny und Robert waren schon seit Kindheit zwei unzertrennliche Freunde, die auch zusammen in die Schule gingen. Sie zeigten, als sie heranwuchsen, keinerlei Interesse an dem weiblichen Geschlecht, sodass man ihnen nachsagte, dass sie homosexuell seien, was ihren Familien und auch den Dorfbewohnern kein Geheimnis geblieben sein dürfte. Jedoch legten sie keinerlei Spur irgendeiner Verweiblichung an den Tag, nein ganz im Gegenteil. Sie waren schon als Jungen aktive Kletterer, die mühelos die Kokusnusspalmen bestiegen, und sie waren ausgezeichnete Schwimmer, die auch in tieferen Gewässern nach Hummern tauchten. Johnny arbeitete in einer Fabrik, die Brillenrahmen herstellte, während sein Freund als Gelegenheitsarbeiter auf dem Bau Zementsäcke und Steine schleppte. An dieser Stelle sei auf ein für unsere Geschichte wichtiges Ereignis hingewiesen. Einer der Arbeitskollegen von Johnny in der Fabrik war ein Mann namens Amaralpa Hettiaratchi, der sich mit ersterem angefreundet hatte. Zu seiner Hochzeit mit Yasawathie am 20. Oktober 1966 hatte er Johnny und dessen Freund Robert eingeladen. Als diese sich in ihren Zwanzigerjahren befanden (Johnny war 26, Robert 25 Jahre alt), verbreitete sich Ende der Sechzigerjahre gerade unter Jugendlichen eine immer größer werdende Unzufriedenheit gegen die Regierung. Es gab direkte Auseinandersetzungen zwischen den Aufbegehrenden und der Polizei. In der Gegend von Galle war Johnny ihr Anführer und Robert sein Stellvertreter. Heimlich schlichen sich nachts die von ihm und Robert geleiteten Gruppen zu Polizeistationen und überfielen die schlafenden und überraschten Staatsdiener. Ziel dieser Aktionen war es, sich Waffen zu verschaffen, um wirkungsvoller ihre rebellischen Vorhaben voranzutreiben. Auch stellte man mit den einfachsten Mitteln Bomben her. Gegen diese überraschenden Überfälle setzte sich die Regierung massiv zur Wehr. 1971 kam es zur größten Konfrontation mit den Regierungstruppen. Innerhalb weniger Wochen waren die Aufstände beigelegt. Etwa 1200 Tote waren insgesamt bei diesem Aufstand auf beiden Seiten nach offiziellen Angaben zu betrauern. Und nach Johnny und Robert wurde gefahndet. Beide hielten sich in Johnnys Haus auf, das in den Hügeln lag, in welchem der Aufstand schon seit einem Jahr vorbereitet und Rebellen für die geplante Erhebung ausgebildet worden waren. Als die Soldaten dieses Gebäude stürmten, konnten die beiden Freunde sich noch rechtzeitig in dem Steingewirr dieser Gegend in einer Höhle verstecken. Jemand gab einige Tage später der Polizei einen Hinweis, wo sich die beiden aufhielten, sodass jene die dringend Gesuchten schließlich auf dem Busbahnhof von Galle festnehmen konnten.

Auf dem Polizeirevier wurden die beiden verhört. Robert hatte sich einen Plan ausgedacht, wie er fliehen könnte. Er behauptete, der Polizei ein Waffenversteck direkt am Meer zeigen zu wollen. Fünf Polizisten führten ihn am 19. April, die Hände auf dem Rücken mit Handschellen gefesselt, zu der von ihm bezeichneten leicht erhöhten Stelle, von welcher es einige Meter steil ab zum Meer hinunterging. Robert hatte vor, da er ein ausgezeichneter Schwimmer war, sich aus der Bewachung der Polizisten zu befreien und in das Meer zu springen, um davonzuschwimmen, auch wenn er die Arme dabei nicht bewegen konnte. So schubste er auch einen der Polizisten zur Seite, rannte mit dem Kopf gegen einen anderen und war gerade im Begriff ins Wasser zu springen, als ihn ein Schuss rechts in den Bauch bei der Leber traf, sodass sein lebloser Körper vornüber ins Meer fiel. Über dieses Täuschungsvorhaben Roberts erbost, führten die Polizisten jetzt ein verschärftes Verhör mit Johnny durch, an dessen Folgen er zu Tode kam. Seinen toten Körper hängte man mit dem Kopf nach unten auf. Später wurde er verbrannt.

Sieben Jahre nach dem Tod der beiden Freunde wurde im Krankenhaus zu Galle dem Ehepaar Amarapala und Yasathie Hettiaratchi - wir erinnern uns, dass zu deren Hochzeit Johnny und Robert eingeladen worden waren - am 3. November 1978 ein zweieiiges Zwillingspaar geboren, zwei Mädchen, wobei man der um fünf Minuten Älteren den Namen Sivanthie und der Zweitgeborenen den Namen Sheromie gab. Sivanthie hatte ein markantes Muttermal unterhalb der letzten rechten Brustrippe, während am Körper ihrer Schwester keine mitgebrachten Male zu entdecken waren. Die Familie wohnte in Pitadenyia, einem Dörfchen, das vierzehn Kilometer nördlich von Galle gelegen ist. Als beide etwa zweieinhalb Jahre alt waren, sprach die ältere von ihrem anderen Zuhause, wo sie einen Vater, eine Mutter und eine Schwester habe. Sie erzählte, wie sie sich mit "Johnia" in einer Höhle versteckt halten musste. Sie schilderte weiterhin, wie man sie beide festgenommen und ihnen auf dem Rücken Handschellen angelegt hatte und wie sie selbst schließlich erschossen worden war - sie zeigte dabei auf das Muttermal auf ihrer rechten Bauchseite –, als sie in das Meer springen und entkommen wollte. Auch brachte Sivanthie die Bitte vor, doch wieder nach Hause gehen zu dürfen. Sie sagte auch, dass ihre Mutter Mary Akka und ihr Vater Kalu Mahattaya hießen. Sie erwähnte einen Tempel mit dem Namen Yatigala, den sie früher besucht habe. Mit dreieinhalb Jahren brachte man die beiden zu diesem fünfzehn Kilometer entfernten Tempel, an dem Sivanthie eine Veränderung bemerkte. An diesem Tempel fielen ihr auf einmal noch weitere Einzelheiten über ihr früheres Leben ein. Hier erwähnte sie zum ersten Mal, dass sie früher Robert geheißen habe. Ihre Schwester Sheromie hatte bisher noch keinerlei Äußerungen zu früheren Leben von sich gegeben.

Jetzt hatte man einen Namen bekommen. Und die Eltern erinnerten sich an jenen Robert, der in eine Rebellion gegen die Regierung verwickelt und bei einem Fluchtversuch im April 1971 erschossen worden war. Das Gerücht, dass sich in einem der Hettiaratchizwillinge Robert reinkarniert haben sollte, verbreitete sich rasch, denn in der ganzen Gegend waren Robert und Johnny so eine Art Nationalhelden, deren Geschick wohl jedem bekannt war. So kamen im Mai und Juni 1982 nun mehrere aus der Familie des Robert und dessen Freunde zu der Familie Hettiaratchi, um Fragen an Sivanthie zu stellen. Als einer der Ersten suchte sie ein früherer Freund von Robert namens Gnananadasa auf, welcher ein Bruder von Johnny war. Als nun der jüngere Zwilling, der bisher noch keinerlei Äußerungen hinsichtlich seiner früheren Identität gegeben hatte, diesen Mann erblickte, sagte die Vierjährige: "Mein jüngerer Bruder ist gekommen."

Oft geschieht es, dass uns Plätze oder Personen aus früheren Zeiten, denen wir uns plötzlich irgendwo ausgesetzt sehen, unsere Erinnerung an frühere Leben hervorrufen. So ist auch das Dejà-vu-Phänomen zu erklären. Wir gelangen plötzlich in eine uns noch unbekannte Stadt, und uns kommt alles bekannt vor, weil wir in vielen Fällen uns schon in einem früheren Leben dort aufgehalten haben. Begegnen wir plötzlich einer Person, zu der wir in einem früheren Leben eine positive oder negative Resonanz gehabt haben, so können unsere heutigen Reaktionen bei solch einem Wiedertreffen entweder positiv oder negativ sein. Hiermit sind auch die so genannte "Liebe auf den ersten Blick" zu erklären oder die Vorurteile, die wir gegenüber einer Person haben, der wir zum ersten Mal begegnen. Wie jeder Ort, so hat auch jede Seele eine bestimmte Schwingung, die in uns gespeicherte Schwingungen zum Resonieren bringt, so sie nur stark genug ausgesendet wird. Im Falle von Sheromie hatten sich die spezifischen Schwingungen von Gnananadasa stark genug übertragen, sodass plötzlich eine Wiedererkennung möglich wurde.

Jetzt mit einem Mal schien auch bei Sheromie eine Blockierung ihres Wissens über das frühere Leben geplatzt zu sein. Nun erinnerte sie sich daran, jener frühere Johnny gewesen zu sein, und erblickte auch in ihrer Zwillingsschwester ihren früheren Freund Robert. Beide erkannten nun mehrere Besucher aus ihrem früheren Familien- und Bekanntenkreis wieder und nannten ihre Namen. Am 4. Juli kamen Johnnys Mutter und dessen jüngere Schwester herbei, um Sheromie zu prüfen, ob diese sie erkennen würde. Und die Vierjährige sagte zu den anderen, als der Besuch eintrat: "Dies ist meine Mutter, und das ist meine Nangi (Name für eine jüngere Schwester)." Zwei Zeitungen berichteten über diese sensationellen Zwillinge. Ein Forscher namens Godwin Samararatne nahm sich des Falles an und befragte elf der Verwandten und Bekannten dieser Zwillinge und führte sie an die Schauplätze ihres früheren Lebens. Sheromie sollte ihm und den anderen den Weg zu Johnnys Haus zeigen. Und die Kleine schritt unbeirrt in die steinige Gegend bergan, bis sie vor einer Lehmruine standen. Jawohl, hier hatte Johnny sein verstecktes Lehmhaus gehabt, das später eingerissen worden war. Auch Sivanthie konnte den sie Begleitenden genau den Weg zeigen, den sie damals als Robert gegangen war, um den

Polizisten das angebliche Waffenversteck zu zeigen. An Ort und Stelle erklärte sie genau den Vorgang, wie Robert dort ums Leben gekommen war. Dieser Weg, den Stevenson später selbst zurückgelegt hat, als er drei Monate später während einer fünftägigen Untersuchung dieses Falles herbeigereist war, ist sehr versteckt und beschwerlich zu gehen, sodass es erstaunlich ist, wie die kleine Sivanthie diesen Weg den anderen mit solch einer Sicherheit gezeigt haben konnte. Natürlich bestand nicht nur bei der Familie der Zwillinge, sondern auch bei den Familien der beiden damals Zu-Tod-Gekommenen und all ihren Nahestehenden kein Zweifel mehr daran, dass es sich bei beiden um die Reinkarnationen von Johnny und Robert handeln müsse.

> Als ich mich im Dezember 1998 in jener Gegend nach diesen Ereignissen erkundigte, wusste jeder Erwachsene von den damaligen Vorgängen mit Johnny und Robert samt ihrer Wiedergeburt als Zwillingsschwestern, die zu einer Art lokalen Berühmtheit aufgestiegen waren.

Bei beiden waren Phobien zu bemerken. Sie hatten Angst vor Personen, die ein Khaki-Hemd trugen, wie sie von Polizisten in Sri Lanka getragen werden. Sie zuckten jedes Mal ängstlich zusammen, wenn sie einen Jeep sahen, in welchem sich Polizisten oder Soldaten befanden.

> All das, was zu einem sehr schmerzhaften Ereignis oder gar zum Tode in einem früheren Leben geführt hatte, bleibt im Unterbewusstsein beziehungsweise im Emotionalkörper, den wir von Leben zu Leben als Gefühlsspeicher mit uns herumtragen, gespeichert. Diese gehorteten negativen Energien können durch ein gleichartiges oder ähnliches heutiges Erlebnis wieder zum Reagieren gebracht werden. In dem vorliegenden Fall sind Polizisten, ihre Uniformen samt Hemden (denn dort wird man der Wärme wegen selten Poli-

zisten sehen, die ihre Jacken tragen) und auch Polizei- und Militärjeeps Auslöser für die in dem Unterbewusstsein bzw. im Emotionalkörper gespeicherte Angst, die sich auf einmal unwillkürlich bei erneuter Konfrontation in Angstreaktionen kund tut. Solcherlei Ängste sind eine aus früheren Erfahrungen resultierende Schutzvorrichtung zur Warnung, um sich nicht nochmals den gleichen Situationen auszusetzen. Oft sind sie eigentlich schon längst unnötig (z. B. Angst vor dem Gehängtwerden), und man tut gut daran, sich von diesem Ballast schnellstmöglich (z. B. durch eine Rückführungstherapie) zu befreien. Denn jene freigesetzten Energien, die an diese gespeicherten Angstanhaftungen geklammert waren, können wir nun für substanziellere Dinge verwenden, die unserem Leben und Lebensgefühl positiv entgegenkommen.

Roberts und Johnnys Eigenheiten und sogar ihr Äußeres hatte sich bis zu einem gewissen Grade auf Sivanthie und Sheromie ausgewirkt. So war die ältere der Zwillinge, die sich an das Leben als Robert erinnerte, robuster von Statur als ihre Schwester, so wie es sich ebenfalls zwischen den beiden Freunden verhalten hatte. Denn Robert war der stärker Gebaute von beiden. Und Sheromie besaß eine dunklere Hautfarbe als Sivanthie, wie auch Johnnys Hautfarbe dunkler als diejenige von Robert war. Beide Mädchen liebten es, aus Ton oder Sand Bomben herzustellen, wie sie es in ihrem vorausgegangenen Leben mit scharfer Ladung getan hatten. Ja, sie erklärten auch, was man alles für deren Herstellung benötigte, natürlich alles in kindlicher Sprache. Auch steckten sich beide Schwestern Hölzer in den Mund, taten so, als ob sie diese anzündeten und rauchten. Die beiden verstorbenen Freunde waren leidenschaftliche Raucher. Aber nun kommt ein wichtiger Umstand, weshalb dieses Kapitel unter der Rubrik *Geschlechterwechsel* an dieser Stelle des Buches eingefügt worden ist.

Beide Schwestern legten deutliches Männergehabe an den Tag. Sie urinierten schon als Kleinkinder im Stehen, was auf den Unwillen der Eltern stieß. Erst allmählich legten beide diese Gewohnheit wieder ab. Beide trugen T-Shirts, was damals nur Jungen vorbehalten war. Und beide rollten ihre T-Shirts vom Bauch aus nach oben, sodass der Bauch, aber auch Teile der Brusthöhe aufgedeckt lagen. Johnny und Robert hatten es genauso gehandhabt. Beide Mädchen entwickelten eine Leidenschaft darfür, auf Bäume zu klettern oder mit dem Fahrrad zu fahren, was sich damals für ein Mädchen einfach nicht schickte. Und schon in einem frühen Alter bestrichen sie ihr Kinn und sagten, sie hätten Bärte. Und solche hatten die beiden jungen Männer auch getragen. [(25)]

> Genau an dieser Stelle beim Schreiben dieses Buches angekommen, machte ich eine Pause und ging hinüber ins Restaurant. Ich hatte schon von einem fließend mehrere Sprachen sprechenden Ceylonesen (er war lange Zeit Kapitän der Luxusjacht des Waffenhändlermillionärs Adnan Kashoggi und jetzt hier in der Nähe ansässig) gehört, dass der Bruder von Johnny hier am Strand von Unawatuna – also nur einige Hundert Meter von meiner Strandhütte entfernt, wo ich an diesem Buch schrieb – eine Tauchschule betrieb. Ich äußerte mein Interesse, ihn kennenlernen zu wollen. Im Restaurant stellte er mir Chandra Soma vor, der hier praktisch sein ganzes Leben zugebracht hatte und mir bestimmt über Johnny und Robert etwas erzählen konnte. Chandra setzte sich nun zu mir, während ich meine Bestellung aufgab. Dieser dreiundfünfzigjährige Mann mit einem weißen Bart besaß an seiner linken Hand nur vier Finger, die ihm beim Einschreiten in eine gewalttätige Auseinandersetzung abhanden gekommen waren. Er erzählte mir, dass er ein enger Freund sowohl von Johnny als auch von Robert gewesen sei. Ende der Sechzigerjahre habe sich kommunistisches Gedankengut in die radikalen Köpfe vor allem von Jugendlichen geschlichen, denn man wollte eine gerechtere Vermögensverteilung und Arbeitschancengleichheit durch einen Umsturz der herrschenden Privilegierten herbeiführen. Johnny wie auch andere, vor allem Lehrer, hielten öf-

fentlich Vorträge. Er war ein Linksradikaler und forderte jeden auf, an dem Sturz des Systems mitzuwirken. Chandras Vater wie auch sein Bruder waren Polizisten, gegen die Johnny in ihren gemeinsamen Gesprächen seine Stimme erhob. Chandra unterstützte die Aufständischen mit Geld. Er selbst ging für einige Jahre nach Colombo, wo er auch seine Kinderjahre verbracht hatte, und arbeitete in einer Fabrik, die Batterien herstellte. Robert als die rechte Hand von Johnny hatte für Waffen und vor allem Bomben zu sorgen. Durch Chandras Vermittlung arbeitete Robert ebenfalls in jener Batteriefabrik in Colombo mit dem einzigen Zweck, sich das nötige Wissen anzueignen und an benötigtes Material heranzukommen, um Bomben herstellen zu können. Am Strand von Unawatuna wurden die ersten Bomben getestet. Die Bevölkerung, die wohl hin und wieder eine Explosion hörte, schwieg, denn die armen Teile der Bevölkerung standen zum größten Teil hinter den kommunistischen Umtrieben. Bei solch einer Betätigung seien Robert einmal die Hände verbrannt und sein Gesicht zu Schaden gekommen, sodass er lange Zeit an Augenproblemen zu leiden hatte. Chandra, der beide also sehr gut kannte, meint im Widerspruch zu anderen Aussagen, dass sie nicht homosexuell gewesen seien. Den Grund, dass sie sich nicht für Mädchen interessiert hatten, sieht er darin, dass beide derart von der kommunistischen Idee gepackt waren, dass sie für private Angelegenheiten überhaupt keine Zeit verschwenden wollten, lag doch ihr Hauptinteresse an einem viel größeren Ziel, nämlich der Auflösung der Klassengesellschaft, wofür es sich lohnte, sein Leben unter Aufopferung der Privatinteressen einzusetzen. Bis zum Ausbruch der großen Rebellion im Frühjahr 1971 stand die Mehrheit der Bevölkerung an der Südküste Ceylons hinter den Rebellen. Und Johnny war einer der Anführer. Chandra schätzt, dass damals mindestens dreitausend Menschen im Süden des Landes bei den Aufständen ums Leben gekommen waren. Und eine ganze Reihe von später geborenen Kindern in dieser Gegend erinnern sich, Wiedergeborene dieser Umgekommenen zu sein.

Chandra habe von wenigstens zehn Fällen gehört, bei denen Kinder genaue Nachweise geliefert haben über ihre frühere Identität als einer der in jenen Auseinandersetzungen Getöteten. Forscher, die sich auf dem Gebiet der Reinkarnationsbeweise ertüchtigen wollen, hätten hier in der Umgebung von Galle ein großes Aktionsumfeld ausgebreitet vor sich liegen, das nur darauf wartet, in allen Details untersucht und ausgewertet zu werden. Chandra versprach noch, mir in den nächsten Tagen die in der Nähe liegenden Orte von Roberts und Johnnys Aktivitäten zu zeigen.

Doch er kam schon am gleichen Nachmittag dieses 22. Dezembers und fragte mich, ob ich bereit für einen Spaziergang sei. Den Strand in westlicher Richtung verlassend, führte uns ein schmaler Weg bergauf. Wir waren schließlich an seinem Elternhaus angekommen, das er inzwischen verkauft hatte. Er führte mich auf die Rückseite dieses Hauses und erklärte mir Folgendes: Im Sommer 1970 saß er mit Robert und Johnny, jenen zwei von der Polizei schon damals Gesuchten, im Zimmer, als sie Geräusche von außen hörten. Da sie immer auf unerwünschten Besuch von Polizisten gefasst sein mussten, sprangen sie aus dem Hinterfenster, hasteten auf Stegen über Bach- und Sumpfgelände und versteckten sich in dem Gestrüpp. Die Polizisten mussten sie wohl noch gesehen haben, denn sie schickten viele Gewehrsalven in die Richtung, wo man sie vermutete. Doch keiner der Polizisten wagte es, ihnen in das Sumpfgebiet nachzugehen, wusste man doch auch, dass die beiden Gesuchten bewaffnet waren. Weiterhin führte mich nun Chandra zu jenem abgerissenen Haus, das einst Johnnys Eltern gehörte, wo Johnny selbst bis kurz vor seiner Verhaftung gelebt hatte und zu welchem die vierjährige Sheromie jene Gruppe geführt hatte, die ihren Fall überprüfen wollte. Übrigens war auch in diese Gruppe die andere Schwester mitgenommen worden, denn von hier aus ging man nun zum etwa einen Kilometer entfernten Haus, in welchem Robert aufgewachsen war und wo er ebenfalls bis kurz vor seinem Tod die meiste Zeit seines Lebens gewohnt hatte. Dieses Haus steht jetzt verwaist, ist aber noch bewohnbar. Hier war es, wo Sivanthie noch über weitere Einzelheiten aus ihrem früheren Leben berichtet haben sollte. Chandar sagte mir auf meine Frage hin, ob ich die beiden besuchen könnte, dass sie keinen Besucher mehr empfangen wollten, der sich für ihre Vergangenheit und Vorvergangenheit interessiere. Sie hatten damals genug Aufregungen erleben müssen und wollten nun deshalb ungestört bleiben. Doch er gab mir zu verstehen, dass er mal sehen wolle, was sich machen ließe. Er deutete auf das sehr zerklüftete Gelände, das zum Meer hinüberführt, und sagte, dass dort in Höhlen die Bomben und Waffen versteckt gewesen seien. Doch Johnny und Robert, obwohl seine guten Freunde, hatten ihm diese Verstecke nie gezeigt, war doch Chandar als Grundbesitzer nur mit halber Sache bei ihrer Aktion beteiligt. Außerdem war sein Vater bis zu seinem Tod 1965 Polizeiinspektor in Colombo gewesen, während Chandras Bruder als Polizist tätig war. Man hatte also bei aller Freundschaft trotzdem vorsichtig vor jeglichen Mitwissern zu sein. Trotzdem wurde nach Roberts und Johnnys Tod Chandra verhaftet und zu einer Gefängnisstrafe von eineinhalb Jahren verurteilt.

Am 3. Januar begegnete ich schließlich Johnnys jüngerem Bruder Gnananadasa, der in Unawatuna eine internationale Tauchschule betreibt. Wir hatten uns für acht Uhr abends verabredet und saßen uns nun in seinem Tauchschulenrestaurant gegenüber. Seine Geschichte, wie ich sie aus vielen Fragen erkundigte, war folgende: Er wusste damals von den Umsturzplänen seines älteren Bruders, war dieser doch in Wort und Tat aktiv, was dem drei Jahre jüngeren Gnananadasa nicht verborgen bleiben konnte. Er war ebenfalls von der kommunistischen Idee begeistert, weshalb er sich, als der Aufstand gescheitert war und die Polizei energisch nach Mittätern fahndete, nach dem Norden der Insel absetzte, von wo er erst ein Jahr nach dem Tod von Johnny zurückkehrte. Dort nahm man ihn fest und verurteilte ihn zu zwei Jahren Haft.

Einige Jahre darauf berichtete ihm eine Frau, die aus Unawatuna stammte und dort Familienmitglieder besuchte, dass sich in ihrem etwa vierzehn Kilometer entfernt liegenden Dorf ein Zwillingspaar befinde, das angab, die wieder geborenen Johnny und Robert zu sein. Gnananadasa, äußerst neugierig geworden, stieg auf sein Fahrrad und fuhr nach Pitadenyia zu jenem ihm beschriebenen Haus, wo die Zwillinge wohnten. Als die dreieinhalbjährige Sheromie ihn erblickte, eilte sie erfreut auf ihn zu und umschlang seinen Unterleib. Der Besucher glaubte eine gewisse Ähnlichkeit mit Johnny in ihrem Gesicht erkennen zu können. Und obwohl er die ganze Zeit kein Wort mit ihr wechselte, war er überzeugt, in diesem Mädchen seinen wiedergeborenen Bruder vor sich zu haben. Er musste sehr weinen. Die Eltern hatten die Aussagen beider Zwillinge auf eine Kassette aufgenommen, auf der sie ausführlich darüber berichtet hatten, dass sie beide Johnny und Robert seien, dass sie an jenem Aufstand beteiligt gewesen waren, Bomben gefertigt hatten, und sie berichteten ebenfalls über ihren früheren Tod. Nachdem Gnananadasa alles gehört hatte, versprach er, bald wieder zurückzukehren. Schon einen Tag später brachte er seine Mutter zu diesen Zwillingen. Als Sheromie diese sah, eilte sie auf sie zu, umarmte sie, indem sie ausrief: "Sisel Hamy" (dies ist der Name dieser Frau) und "Ama", was "Mutter" bedeutet. Und nun mussten alle weinen. Nachdem man sich von dem Tränensturz erholt hatte, begann Johnnys Mutter mit vielen Fragen an Sheromie, zum Beispiel: "Wo bist du an jenem Morgen vor deinem Tod gewesen?" Während all dieser Zeit befand sich Sheromie auf dem Schoß ihrer früheren Mutter. Als Gnananadasa nach etwa drei Stunden ein Zeichen gab, dass man wieder gehen solle und demzufolge Johnnys Mutter Anstalten machte, die Kleine wieder von ihrem Schoß herunterzuheben, wollte Sheromie sich nicht von ihrer früheren Mutter trennen und wiederholte immer wieder: "Nimm mich mit." Schließlich hob ihre heutige Mutter sie herunter. Die beiden Mädchen weinten herzzerreißend, als die beiden Besucher wieder das Haus verließen mit dem nur halbwegs tröstenden Versprechen, bald wieder zurückzukehren. Inzwischen hatte sich diese Begegnung in jenem Dorf herumgesprochen, sodass sich vor dem Haus eine ganze Anzahl von Neugierigen versammelt hatte. Schon drei Tage später kehrte Gnanadasa nach Pitadenyia zurück. Er hörte sich die Kassette, die auch heute noch existieren soll, nochmals an. Auf seine Fragen hin berichtete Sheromie ihm unter anderem, dass sie, als sie kurz vor ihrem Tod bei der Folterung mit dem Kopf nach unten im Verhörzimmer hing, ein Buddhabild an der Wand hängen sah, das sie in umgekehrter Richtung wahrgenommen hatte.

Einige Tage später, als die Presse schon über das Zwillingspaar berichtete, wurden die Dreieinhalbjährigen nach Unawatuna gebracht in Begleitung von etwa zwanzig Leuten, worunter sich auch einige neutrale Beobachter befanden, die außer den Pressereportern alles genauestens registrieren sollten. Wie gerne wäre Stevenson wohl dabei gewesen, aber ihm sollte es vergönnt sein, viele solcher Erstbesichtigungen mit anderen sich wiedererinnernden Kindern durchzuführen. Gnananadasa schloss sich diesem Erkundigungsgang an. Die beiden Mädchen schritten voran. Zuerst gelangten sie zu Johnnys Haus, wo an die beiden viele Fragen gestellt wurden. Sodann zeigte Sivanthie den Weg zu jener Stelle, wo Robert den Tod auf dem Felsen gefunden hatte. Danach suchten sie das Haus von Robert auf. Überall beantworteten die beiden Mädchen die vielen Fragen, wobei Sheromie diejenige war, die nur knappe Antworten gab, während Sivanthie detaillierte Angaben machte.

Heute sind beide Mädchen zwanzig Jahre alt. Etwa zwei- bis viermal pro Jahr kommen sie Gnananadasa in Unawatuna besuchen, während er, wie er mir berichtete, etwa vier- bis sechsmal im Jahr sie besuchen fährt. Immer werden Geschenke ausgetauscht. Natürlich befürchtete deren Mutter lange, dass sie wieder ganz zu ihrer früheren Familie zurückkehren wollten. Aber inzwischen hat sich diese Furcht schon längst gelegt. Sivanthie, der frühere Robert also, ist wie jener an einer höheren Ausbildung interessiert und besucht noch eine Schule, während Sheromie ihrer Mutter im Haushalt behilflich ist. Wenn sie einmal heiraten sollten, so meinte Gnananadasa, würden er und seine Mutter natürlich bei ihrer Hochzeit dabei sein, denn man sei ja eine einzige Familie. Und noch jedes Mal, wenn die Zwillinge zu Besuch nach Unawatuna kommen und Sheromie ihre frühere Mutter besucht, sind beide noch immer gerührt. Mein Gesprächspartner meinte, dass beide immer noch viel Jungenhaftes an sich hätten. Er versprach mir, dass er mich nach meiner Rückkehr in einigen Wochen zu den Zwillingen mitnehmen wolle. Auch wolle er mich auf meine Bitte hin seiner Mutter vorstellen.

Am 26. Januar suchte ich mit meiner Partnerin bei meiner erneuten Rückkehr nach Unawatuna Gnananadasa wieder auf. Ich wollte noch verschiedene Fragen klären. So hatte er jene Kassette sowohl beim ersten Besuch der beiden Zwillinge als auch beim zweiten Besuch mit seiner Mutter wie auch beim dritten mit seiner Mutter und seiner Schwester gehört, wie er auch in den folgenden Wochen häufig die beiden besuchte, hatten sich doch viele Freunde und Verwandte aus Johnnys und Roberts Familie eingefunden, die ihn baten, sie mit zu jener Familie mit den Zwillingen zu nehmen. Auf jener Kassette waren die Stimmen sowohl von Sivanthie als auch von Sheromie zu hören. Als ich Gnananadasa fragte, wo denn die genaue Einschussnarbe auf Sheromies Körper zu finden sei, sagte er, dass er diese damals wohl gesehen hätte, jedoch seitdem schon so viele Jahre verstrichen seien, sodass er sich nicht mehr genau daran erinnern könne, ob diese sich nun rechts oder links befände. Und als ich fragte, ob er denn nicht einmal wieder nachschauen wolle, sobald er beide Zwillinge wieder aufsuchte, meinte er, dass es nicht schicklich für einen Mann sei, eine Frau zu bitten, ihren Bauch für ihn freizumachen, um dort etwas zu betrachten.
Bei seinem ersten Treffen, als Sheromie ihre Arme um seinen Bauch legte, hatte Sivanthie ihn ebenfalls erkannt. Sie lächelte erfreut

und sagte auch irgendwelche Worte, die Gnananadasa jedoch vergessen hatte. Als er bei seinem zweiten Besuch mit seiner Mutter bei den Zwillingen erschien, nannte ihn Sheromie "mein Bruder" und seine Mutter "Mutter". Beide Zwillinge wie auch Gnananadasa und seine Mutter waren gerührt. Gnananadasa meinte, dass die Tränen meist aus Trauer darüber geflossen waren, dass man nicht mehr Mitglieder derselben Familie war.

Er war besonders aufgebracht, als ich ihm mitteilte, dass Stevenson auf Grund von Befragungen ermittelt hätte, dass Robert und Johnny homosexuell gewesen seien. Er selbst verehrte seinen Bruder. Dieser schien für ihn so eine Art Vorbild zu sein. Johnny trug bis drei Jahre vor seinem Tod immer vornehme Sachen, soweit es seine Geldbörse erlaubte. Er und Robert rauchten. Sie traten wie zwei Gentlemen auf. Doch 1968 wurden sie von der kommunistischen Idee gepackt. Sie traten dieser verbotenen Partei bei und lasen deren Untergrundzeitschrift. Das Arbeiterkomitee der kommunistischen Partei organisierte eine besondere Abteilung von "jungle fighters" (Dschungelkämpfer), die folgende Regel zu erfüllen hatten: keine Freundinnen, denn diese könnten verräterisch für die geheimen Aktionen werden, kein Alkohol, keine Drogen, kein Sex weder zwischen Hetero- oder Homosexuellen. Noch nicht einmal Zigaretten und Kinobesuche waren erlaubt, galt so etwas doch als kapitalistischer Einfluss. Auch musste man sich einfach kleiden. Das somit ersparte Geld sollte der kommunistischen Organisation zugute kommen. Wenn also Johnny und Robert homosexuell gewesen wären, hätten sie sich freiwillig bestimmt nicht zu dieser Eliteausbildung gemeldet, zumal Johnny seines Redetalentes wegen bald zum Anführer in der Gegend von Galle wurde.

Zum Schluss gab Gnananadasa uns noch die Adresse seiner Mutter, die ich ebenfalls noch gern aufzusuchen trachtete, wie er uns auch versprach, dass wir den Zwillingen noch begegnen durften, er wollte aber selbst erst beide aufsuchen, um von ihnen die Einwilligung zu holen und den Termin zu vereinbaren.

Am 10.2.99 besuchte ich Johnnys Mutter. Sie lebt schon seit Jahren in dem Haus ihrer Tochter in Unawatuna. Diese weißhaarige achtundachtzigjährige Frau ist halb blind und wird von der Parkinsonkrankheit an ihren Händen heimgesucht. Sie glaubte zuerst, dass wir – mein Übersetzer Aki, meine Partnerin und ich – gekommen seien, um uns nach der kommunistischen Vergangenheit Johnnys zu erkundigen, weshalb sie, als sie auf dessen Tod zu sprechen kam, weinte und sagte, dass Johnny sich einmal dahingehend geäußert habe, dass er darum allein für eine soziale Gerechtigkeit kämpfe, damit einmal seine Kinder und Enkelkinder ein besseres Leben haben sollten.
Ich war in erster Linie jedoch daran interessiert, wie ihre erste Begegnung mit dem wiedergeborenen Sohn verlaufen war. Sie fuhr mit Gnananadasa und ihrer Tochter am nächsten Tag, nachdem ihr Sohn ihr von den besuchten Zwillingen berichtet hatte, im Bus nach dem Dorf jener beiden. Als sie ins Haus eintraten, kam Sheromie auf sie erfreut zugelaufen und nannte sie "ama" (Mutter). Die Kleine erkannte in der anderen weiblichen Person die frühere Schwester und nannte sie "nangi" (jüngere Schwester).
Danach nahm Johnnys Mutter ihren als Mädchen wiedergeborenen Sohn auf den Arm, wie auch ihre Tochter Sheromie dann auf ihren Schoß setzte. Damals waren außer den beiden Kindern und den Besuchern noch der Zwillinge Eltern und die Großmutter anwesend. Die Rührung war sehr groß, sodass bei allen reichlich Tränen flossen. Im Nu hatte sich diese Begebenheit herumgesprochen, sodass bald Dutzende von Neugierigen das Haus belagerten. Als kurze Zeit darauf die Zwillinge nach Unawatuna kamen, um von dort jene sie begleitende Truppe, zu der auch der Zwillinge Eltern, Gnananadasa und eine Anzahl Neugieriger gehörten nach Rumasala, jenem Buschdorf außerhalb von Unawatuna, zu führen, war Johnnys Mutter Zeugin, wie die beiden Mädchen die hinter ihnen Hergehenden sicher zu Johnnys nun zerstörtem Haus führten und dann auch den Weg zu Roberts Haus. Interessant ist die Aussage, dass die Zwillinge auf dem Weg durch dieses Dorf mehrere Dorfbewohner wiedererkannten

und auch kommentiert haben sollen, wer unter ihnen ihr Feind gewesen war.

Auch Sivanthie hatte die Mutter von Johnny als solche schon bei ihrem ersten Besuch erkannt und nannte diese, wie Robert es ihr gegenüber auch früher schon getan hatte, ebenfalls "ama", ist es doch, wie Aki mir erklärte, in Sri Lanka üblich, dass enge Freunde die Verwandten des jeweilig anderen bei eben denselben Namen nennen, als ob sie selbst deren Verwandte seien.

Sheromie aber auch Sivanthie hatten ihren jeweilig früheren Müttern gegenüber oft den Wunsch geäußert, doch wieder bei ihnen ganz zu Hause sein zu dürfen, was natürlich ihre Eltern unterbunden hatten. Auch heute noch nennt Sheromie ihre frühere Mutter, die sie noch häufig besucht, immer noch "ama". Vor drei Tagen sei sie wieder bei ihr zu Besuch gewesen und habe sie gebeten, ihr bei der Suche nach einer Tätigkeit behilflich zu sein, habe sie doch noch mehrere Verwandte an der Küste, die vielleicht von irgendeiner Arbeitsmöglichkeit erfahren würden. Angeblich wird die Einundzwanzigjährige bald in einer Fabrik an der Südküste eine Anstellung finden.

Was Johnnys Mutter noch bei der ersten Begegnung auffiel, war der bestimmte Ausdruck auf Sheromies Gesicht, der dem ihren in vielem ähnlich war. Ein Ähnliches wusste später die Mutter von Sivanthie über ihren wiedergeborenen Sohn zu sagen.

Da ich schon bald Unawatuna wieder verlassen wollte, wusste ich nicht, ob wir noch Gelegenheit haben würden, einen der Zwillinge zu Gesicht zu bekommen und tatsächlich ist es auch nicht mehr zu der Begegnung mit einer dieser beiden jungen Frauen gekommen.

Chandra Soma führte mich noch am Tage vor meiner Abreise durch den Wald zu jener Stelle am Meer, wo Robert beabsichtigt hatte, in die Fluten zu springen, um sich somit möglicherweise retten zu können. Dieser Weg war beschwerlich zu finden, und ich wüsste nicht, ob ich ihn selbst wieder finden könnte. Wie erstaunlich also, dass die dreieinhalbjährige Sivanthie damals die ganze Begleitmannschaft sicher zu jenem mit großen Felsenblöcken umlagerten Ort geführt hatte.

Der Leser wird bemerkt haben, dass sich einige Aussagen widersprechen, was jedoch in Anbetracht der langen inzwischen verflossenen Zeit verständlich sein mag. Dennoch dürfte die Bedeutung der damaligen Begebenheiten dadurch nicht geschmälert sein.

Die Frau, die einen Bart trug

José Martins Ribeiro wurde 1872 geboren. Seine Verwandten und Freunde nannten ihn Zeca. In seinem frühen Mannesalter ereiferte er sich in politischen und sogar revolutionären Aktivitäten, wurde dann aber ein Geschäftsmann, der sich in Dom Feliciano im Süden Brasiliens niederließ und dort heiratete. Während seine Frau schwanger war, wurde er plötzlich krank und verstarb, ohne sein Kind noch gesehen zu haben. Seine Kusine Georgeta, verheiratet mit Patricio de Albuquerque, gebar 1919 in Dom Feliciano eine Tochter, der man den Namen Dulcina gab. Diese Tochter war anfangs kränklich, obwohl sie körperlich stark genug schien. Mit fünf Jahren begann sie zum ersten Mal über ihr früheres Leben zu sprechen, und zwar in ausführlichsten Details. Sie sagte, dass sie ein Mann sei und Zeca hieße, weiterhin, dass sie verheiratet sei, und bestand auch darauf, so von den übrigen Familienmitgliedern genannt zu werden. Und sie fragte ihre Mutter: "Warum habe ich mein Geschlecht gewechselt? Ich bin ein Mann gewesen, und nun bin ich ein Mädchen."

Kinder haben oft große Schwierigkeiten, mit einem Geschlechtswechsel umgehen zu können. Ihr vergangenes Leben ist noch so stark in ihnen, dass sie es auch weiterhin ausleben wollen oder müssen. Doch nun werden sie gezwungen, anders zu sein, als sie sind. Manchmal wissen sie selber nicht, was sie eigentlich sind, denn einmal überwiegt eventuell die eine Gewissheit und dann wieder die andere. Ihnen erscheint alles unerklärbar, vor allem wenn Erwachsene ihnen nicht die Zusammenhänge erklären beziehungsweise erklären können. Viele Eltern halten die diesbezüglichen Aussagen ihrer Kinder für Erfindungen, obwohl ihnen selbst zu denken geben mag, wenn diese mit der Zeit eindeutige Merkmale im Aussehen oder in ihrer Art und Weise zu sein offen legen. Die meisten Mediziner, in dieser Angelegenheit befragt, werden solche "Spinnereien" der geschlechtsverirrten Kinder mit einem Überschuss an andersgeschlechtlichen Hormonen erklären wollen. Man weiß ja alles besser. Doch die Frage bleibt unbeantwortet: Warum haben manche Kinder eben mehr von den andersgeschlechtlichen Hormonen? Haben sie von diesen nicht darum mehr, da sie im früheren Leben eben zum anderen Geschlecht gehört hatten? Das Geheimnis bleibt noch zu klären, wie die Prägungen der im vorausgegangenen Leben spezifischen Geschlechtlichkeit in einem neuen Körper des anderen Geschlechts sich trotzdem durchsetzen können.

Die fünfjährige Dulcina schaute in den Spiegel und sagte betrübt zu ihrer Mutter: "Warum habe ich jetzt eine andere Augenfarbe?" Sie saß auf dem Pferd wie ein Junge. Ja ihr ganzes Aussehen war maskulin. Sie bekam Muskeln wie ein Mann. Nach ihrer Pubertät wuchsen ihr Haare, und zwar auf den Armen, den Beinen und auch oberhalb ihrer Lippen, wo sich bald ein Schnurrbart deutlich abzeichnete. Ihre Brüste jedoch zeigten keine weiblichen Formen. Ein Mann begehrte sie zur Frau und heiratete sie. Jedoch bei der Geburt verstarben sie und das Neugeborene, obwohl man noch einen Kaiserschnitt durchgeführt hatte. [26]

Was werden wir, die wir die Gründe für solche geschlechtsspezifischen Abweichungen kennengelernt haben, nun denken, wenn wir eine Frau mit einem Schnurrbart sehen? Wie werden wir uns jetzt verhalten, wenn wir Transvestiten begegnen? Können wir dann noch wie Unverständige uns abfällig über solche Menschen äußern? Eines aber sollten wir bedenken: Alles, was wir in Gedanken, Worten und in den Taten anderen zum Nachteil oder gar zum Leide antun, müssen wir selbst einmal an uns vollzogen sehen. So will es das göttliche Karmagesetz. Menschen, die sich äußerlich sichtbar im "falschen" Geschlecht befinden, mögen einmal diese Erfahrung als karmischen Ausgleich über sich ergehen lassen müssen (obwohl sie sich dieses Schicksal in der Zwischenwelt aus höherer Einsicht heraus selbst verordnet haben mögen), und zum anderen dienen sie uns zum Test, wie weit wir es bisher schon in der Liebe zum Nächsten gebracht haben.

Aus Stevensons unvergleichlich reicher Sammlung der Fälle von Kindern, die sich an ein früheres Leben erinnern, wollen wir an dieser Stelle uns noch einen interessanten Fall ansehen, denn das Mädchen im folgenden Bericht ist nicht nur in einem anderen Geschlecht, sondern sogar in einer ganz anderen Kultur zur Welt gekommen.

Das Mädchen, das im vorausgegangenen Leben ein japanischer Soldat war

In der burmesischen Stadt Pyawbwe, im oberen Myanmar gelegen, wurde dem Ehepaar U Aye Kyaw und Daw Hkin Win am 17. Februar 1962 eine Tochter geboren, der man den Namen Ma Win Tar gab (im folgenden Ma Win genannt).

Wie entsetzt müssen die Eltern gewesen sein, als sie fehlende und verkrüppelte Finger an ihren Händen erblickten, von denen

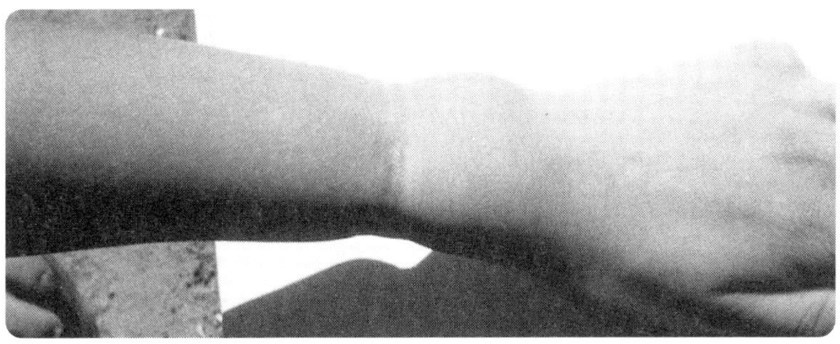

Abb.2
Der linke Unterarm von M Win Tar, von 1978. Man sieht das Muster von drei getrennten, rund um den Arm verlaufenden Vertiefungen.

der Mittel- und der Ringfinger sogar nur lose an der Hand hingen. Und sie entdeckten an den Handgelenken eigenartige Verengungen, als ob dort diese wie von einem Seil eingeschnürt gewesen seien. Ein Arzt befand, dass man wenigstens die beiden nur lose an der Hand hängenden Finger amputieren sollte, was dann auch geschah.

Als Ma Win drei Jahre alt war, begann sie den Eltern zu berichten, dass sie früher als japanischer Soldat von Burmesen gefangen genommen, gequält und schließlich lebendigen Leibes verbrannt wurde. Zur Erklärung seien hier folgende Zwischenbemerkungen angebracht. Im Jahre 1945 eroberten die vorstoßenden britischen Truppen Burma zurück. Die japanische Armee hatte in den Jahren davor Burma erobert und war oftmals sehr rücksichtslos mit der einheimischen Bevölkerung umgegangen, sodass in dieser ein großer Hass gegen jene entflammt war. Mit dem Vordringen der britischen Truppen wurden viele Einheiten der Japaner von einander getrennt, die darum nicht mehr den Rückzug in ihr Land schafften und sich deshalb in die Wälder zurückzogen, um hier so lange wie möglich zu überleben. Viele japanische Soldaten hatten auch den Anschluss an ihre verstreuten Kompanien verloren und versuchten darum, auf eigene Faust durchzukommen. Sie mussten sich vor der einheimischen Bevölkerung besonders dort hüten, wo vonseiten der Japaner Grausames an der Bevölkerung geschehen war, nahm diese doch nun erbarmungslos Rache an jenen, die sie von den ehemaligen Besatzungstruppen in ihre Gewalt bringen konnte. In ihre Händen müssen damals hunderte, wenn nicht tausende von ihnen geraten sein, denen ein grausames Ende bereitet worden war. Viele von den damals in Burma umgekommenen japanischen Soldaten sind in jenem Land wiedergeboren worden und haben sich an ihr vorausgegangenes Leben erinnert, wobei einige von ihnen sogar mit heller Hautfarbe auf die Welt gekommen waren und als Albinos galten, worüber Stevenson zu berichten weiß. [(27)]

> Ebenso geschieht es, dass in Ländern mit einer weißen Bevölkerung dunkelhäutige Kinder geboren werden können, deren leibliche Eltern weißer Hautfarbe sind, einschließlich aller Vorfahren. Aus welchen Gründen Kinder manchmal mit unterschiedlicher Hautfarbe trotz genetischer Unbescholtenheit geboren werden, bleibt für die Wissenschaft sicherlich noch lange ein Geheimnis. Ich könnte mir wohl denken – und die Rückführungstherapie könnte hierbei sehr hilfreich sein –, dass auch hier karmische Gründe vorliegen, denn jene, die sich in früheren Leben über Andersfarbige lustig gemacht, diese diffamiert oder ihnen aus Böswilligkeit geschadet haben, werden in irgendeiner Form einmal ein ähnliches Schicksal erleben müssen.

Tatsächlich, wie man sich noch gut erinnerte, wurden auch in der Gegend von Pyawbwe japanische Soldaten Ende des Krieges und darüber hinaus zu Tode gequält und manchmal auch lebendig verbrannt, und zwar in gleicher Weise, wie es mit jenem japanischen Soldaten geschah, über den die dreijährige Ma Win zu sprechen begann.

> Was für ein furchtbares Karma musste sich jener Soldat in vorausgegangenen Leben aufgeladen haben, um solch ein grausames

> Ende zu finden? Aber auch all jene, die sich bei seiner Folterei und Tötung beteiligt hatten, haben sich somit eine karmische Last aufgeladen, die sie in irgendeinem zukünftigen Leben in ähnlicher Form auszugleichen haben werden. Denn wie es scheint, kann dieses in dem Menschen zumal während seiner anfänglichen Erdenleben noch in ihm lebende grausame Verhalten nur zum allmählichen Abklingen gebracht werden, wenn die Seele in den Folgeleben genau das an sich selbst zugefügt bekommt, was sie anderen in einem früheren Leben aus Liebelosigkeit und Grausamkeit angetan hat. Wir scheinen über die vielen Erdenleben hinweg zu einer liebevollen Erdenseele hin konditioniert zu werden. Somit bin ich fast geneigt zu sagen: An dem Grad ihrer Liebe erkennt man das Alter einer Seele. [(28)]

Allerdings hatte Ma Win anscheinend nie einen japanischen Namen in ihrer Jugend erwähnt oder aber, man hat diesen der Andersartigkeit der Laute wegen nicht verstanden und somit im Gedächtnis behalten. In ihrem Verhalten war sie ganz japanisch. Sie mochte das burmesische Essen nicht, denn es war ihr zu scharf. Sie bevorzugte süße Speisen und Schweinefleisch, das für die strengen Buddhisten ein absolutes Verbot bedeutet. Sie war überhaupt nicht wehleidig, im Gegenteil, sie ertrug Schmerzen mit Tapferkeit. Sie liebte es, wie ein Japaner pflichterfüllend und hart zu arbeiten, ganz im Gegensatz zu ihren Altersgenossen. Ihr war auch, wie Stevenson herausfand, eine Tendenz zur Grausamkeit eigen, und sie scheute sich nicht, anderen Kindern ins Gesicht zu schlagen, was in Myanmar höchst verpönt ist, da diese Art der Züchtigung einer ganz schlimmen Beleidigung entspricht. Diese wurde anscheinend, wie sich Burmesen mit Schrecken erinnerten, mit Vorliebe von Japanern in ihrem Land an Einheimischen gehandhabt. Ma Win konnte sich auch nicht an den Buddhismus gewöhnen und ließ es an dem Respekt Mönchen gegenüber fehlen, wenn sie diesen begegnete, obwohl die Eltern sie zu dem Falten der Hände und der Verbeugung vor Mönchen immer wieder anhielten. Auch kauerte sie sich mit Vorliebe hin und saß dabei auf ihren Versen, wie es Japanern eigen ist, während man sich in buddhistischen Ländern ganz anders hinkauert oder hinsetzt.

> Wenn wir also Kinder haben, die ein ganz anderes Benehmen, Verhalten oder gar Betragen an den Tag legen sollten, so darf das nicht unbedingt als Aufsässigkeit gegen die Erwachsenen oder als Ausprobierenwollen der möglichen Verhaltensgrenzen aufgefasst und dementsprechend bestraft werden. Es könnte also sein, dass sie ihr Verhalten und Betragen samt anderen Eigenheiten aus einem früheren Leben mitgebracht haben und demzufolge nur langsam eine Umstellung in ihre jetzige Kultur oder ihr soziales Umfeld vollziehen können. Deshalb empfehle ich allen Eltern, bei andersartigem Verhalten ihrer Kinder Umsichtigkeit, Verständnis und Toleranz zu üben.

Sie war auch unter ihren Spielkameraden darauf bedacht, als Japaner zu gelten, und wenn man es anzweifeln wollte, entgegnete sie stolz: “Ich bin Japaner. Was glaubst du denn von mir?” Und als nach Jahren eine japanische Delegation der Kriegsgräberfürsorge nach Pyawbwe kam, sagte Ma Win zu ihren Kameraden. “Die gehören zu unserer Nation.”

Wie wir uns nach den vorhergehenden Berichten vorstellen können, legte Ma Win vollkommen jungenhafte Züge an den Tag. Sie kleidete sich, wie Jungen es zu tun pflegen, zog also Hose und Hemd an, sie ließ sich das Haar, wie Jungen es lieben, schneiden, bis schließlich sich auch hier ihre Eltern mit Macht durchsetzten und ihr verboten, sich wie ein Junge zu benehmen. Mit der Zeit gewöhnte sie sich daran, eine Frau zu werden, und die dann Zweiundzwänzigjährige äußerte sich Stevenson gegenüber, dass sie keinen Wunsch mehr wie früher habe, nach Japan zurückzukehren. [(29)]

4. Kapitel

WENN KINDER PLÖTZLICH PANISCHE ANGST BEKOMMEN

Die Phobie vor Kanonendonner aus einer Schlacht im Bürgerkrieg mit in dieses Leben gebracht

Carol Bowman erzählt in ihrem Buch *Ich war einmal* - das ich allen Eltern zu lesen empfehle - wie sie zu der Akzeptanz der Reinkarnation durch die panischen Ängste ihrer Kinder gekommen war. Außer ihrer neunjährigen Tochter Sarah hatte sie einen Sohn mit dem Namen Chase. Der 4. Juli als der Tag der Gründung der Vereinigten Staaten wird hier jedes Jahr groß mit Paraden, Volksbelustigungen, Tänzen und Feuerwerk gefeiert, wobei die Kinder nie zu kurz kommen. So wurde auch in Ashville, North Carolina, wo Carol und ihr Mann Steve mit den Kindern zu Hause waren, dieser Nationalfeiertag jedes Jahr mit großem Pomp begangen. Der Tag klingt für die Kinder gewöhnlich aus, indem bei anbrechender Dunkelheit Jugendliche Kracher und Leuchtkugeln entzünden, bevor ein gigantisches Feuerwerk über der Stadt die Augen aller an den nächtlichen Himmel bannt. Und während nun mit kanonenartigem Getöse die Leuchtkörper in die Höhe geschickt werden und die Menge ihr Erstaunen in Ausrufen kundgibt, beginnt auf einmal der kleine Chase furchtbar zu weinen. Auf die Frage der Mutter hin, was geschehen sei, gibt er keine Antwort. Sie drückt ihn nun tröstend an sich. Doch das Weinen hört nicht auf, es verschlimmert sich immer mehr. Carol hat auf einmal das Gefühl, ihren Sohn sofort nach Hause bringen zu müssen, und sagt zu ihrem Mann, dass sie schon mit Chase vorausgehen wolle. Der Fünfjährige schluchzt weiterhin dermaßen, dass sie sich genötigt sieht, ihn auf den Arm zu nehmen und nach Hause zu tragen. Dort angekommen, setzt sie sich in den Schaukelstuhl und hält Chase auf ihrem Schoß. Sie fragt ihn, als das Weinen etwas nachgelassen hat, was ihm fehle, ob er einen Schmerz verspüre. Doch er schüttelt nur den Kopf. Jedoch als sie ihn fragt, ob der Kanonendonner ihn so erschreckt habe, beginnt er wieder heftig zu weinen. Es dauert eine ganze Weile, bis er schließlich einschläft. Die Mutter schiebt seinen Weinausbruch auf die Überanstrengungen des sehr langen Tages zurück, hatte er doch in den vorausgegangenen Jahren bei gleichem Fest nie solches Verhalten gezeigt.

Doch einige Wochen später wiederholt sich der gleiche Vorgang. Carol ist mit ihren beiden Kindern des heißen Wetters wegen in ein Schwimmbad gegangen, wo hunderte von Kindern ihren Badefreuden durch lautes Rufen, Schreien und Gejohle Ausdruck geben. Plötzlich beginnt Chase wieder unbändig zu weinen, ja vor Schluchzen nahezu hysterisch zu kreischen und fordert die Mutter auf, ihn sofort weg von hier zu bringen. Vor dem Schwimmbad beruhigt sich der Fünfjahrige allmählich wieder, doch kann er seiner Mutter auf ihre Frage hin nicht sagen, was ihn eigentlich zu diesem Schreikrampf veranlasst hat. Auf ihren Vorschlag hin, wieder ins Schwimmbad zurückzugehen, weigert er sich, mitzukommen. Carol erinnert sich an seinen Weinkrampf bei jenem Fest. Sie fragt ihn nun, ob die lauten Geräusche der vom Sprungbrett Herabspringenden samt den dröhnenden Echoeffekten in dieser Halle ihn so erschreckt hätten, und er nickt. Nun, das war es also! Chase hatte eine Phobie vor lauten Geräuschen entwickelt. Wie konnte diese auf einmal in ihm entstanden sein? Was würde geschehen, wenn er solch einen Weinanfall irgendwo bekäme, wo sie als Mutter nicht zugegen wäre, um ihn in den Arm zu nehmen? Was also unternehmen, um diese Lärmphobie bei ihm wieder schnellstens aufzulösen?

Wie es der Zufall so will, hatte sie einige Wochen später bei sich zu Hause einen Hypnotherapeuten zu Gast, der in der Stadt Seminare abhielt und auch Privatkunden in die Wohnung des Ehepaares Bowman kommen ließ, um sie dort zu behandeln. Er führte auch Rückführungen in frühere Leben durch, und Carol war nun neugierig, darüber mehr zu erfahren. Als sie mit Norman, so hieß dieser Mann, und ihren Kindern allein am Küchentisch saß, berichtete sie ihm über das eigenartige Verhalten ihres Sohnes bei lauten Geräuschen. Sie fragte ihn, ober er ihr nicht einen Rat geben könne, damit ihm, dem Sohn, geholfen werde. Und Norman fragte sie und auch ihren Sohn, ob sie einverstanden wären, wenn er mit Chase auf der Stelle ein Experiment durchführen würde. Und da sie ihm vertrauten, willigten beide ein.

Norman ordnete an, dass sich der Junge auf den Schoß der Mutter setzen und seine Augen schließen solle. “Sage mir, was du siehst, wenn die lauten Geräusche dir Angst machen.”

Es ist ein Phänomen, dass viele Kinder sofort in sich gehen können und Zugang haben zu ihrem Unterbewusstsein, aus welchem sie sich die dort gespeicherten Informationen über frühere Leben hervorholen können. Während Erwachsene oft eine längere Phase des Versenkens nach innen benötigen, um im sogenannten Alphazustand an die Speicherungen in ihrem Unterbewusstsein heranzukommen, können Kinder, so sie nicht motorisch zu aktiv, also zu energiegeladen sind, sich sehr schnell auf ihre inneren Bilder einstellen. Das mag darin liegen, dass wir Erwachsenen uns nicht vorstellen können, dass solch ein schneller Zugang zu den Speicherungen im Unterbewusstsein überhaupt möglich ist, weshalb wir automatisch eine Blockierung aufbauen, die bei Kinder einfach noch nicht vorhanden ist.

Und Chase begann auch sofort sein Leben als Soldat zu beschreiben. Er hielt ein Gewehr in seiner Hand, an dessen Ende eine Schwertspitze angebracht war, wie er das Bajonett mit seinen Worten beschrieb. "Was hast du an?" fragte Norman weiter. Und Chase beschrieb nun mit geschlossenen Augen, dass er zerschlissene Sachen trage und braune Stiefel anhabe. Er schilderte, dass er sich mitten in einer Schlacht befinde, sich im Augenblick hinter einem Felsen verborgen halte, hin und wieder hinter diesem vorsichtig hervorschaue und dann mit seinem Gewehr auf einen Feind schieße.

Carol und Sarah sahen sich erstaunt über diese Aussagen an. Nie hatte sich bisher Chase über Krieg oder Kampf geäußert, hatte er doch auch gar kein Interesse daran, mit Spielzeuggewehr und Spielzeugpistole, wie andere Jungen es schon in seinem Alter taten, herumzuschießen. Er berichtete nun weiter, was er gerade erlebte. Überall krachte es und zuckten Blitze aus Gewehrläufen und Kanonenhälsen. Rufe und Geschrei vermischten sich mit dem Schlachtgetöse. In dem aufgewirbelten Staub und in dem Pulverdampf konnte er bald nicht mehr erkennen, wer nun Feind oder Freund war. Er hatte große Angst und schoss nun auf alles, was sich bewegte. Und er beteuerte, dass er sich gar nicht in dieser Schlacht befinden mochte, wo er auf andere Leute zu schießen hätte. Es war erstaunlich, was auf einmal durch den Mund des Fünfjährigen herauskam, denn er beschrieb jene Schlacht, als ob er wirklich diese jetzt erleben würde. Woher konnte er das alles wissen, da er sich doch nie im Fernsehen Kriegsfilme ansah? Und in jenen Filmen wurde doch meistens der Krieg auch noch verherrlicht, während Chase alles andere als begeistert über den Krieg sprach. Und plötzlich zuckte er auf dem Schoß der Mutter zusammen, als er schilderte, wie ihn eine Kugel in die Hand traf. Er hielt nun als dieser frühere Soldat seine schmerzende Hand, aus der, wie er beschrieb, Blut hervorquoll. Weiterhin berichtete er, wie ein anderer Soldat ihn nun zu einem Verbandsplatz, einer Art Feldlazarett, führte, wo die Verwundeten auf Holzpritschen zu liegen hatten. Jedoch, notdürftig verbunden, wurde er sogleich wieder in die Schlacht zurückgeschickt mit dem Befehl, bei der Bedienung der Kanone mitzuhelfen. Er schilderte nun seine Ängste und gestand auch, dass er seine Familie vermisse. Doch nun wurde er auf einmal unruhig, öffnete seine Augen, schaute umher, während seine Augen leuchteten, als ob er erfreut sei, aus dieser Schlacht gesund entkommen zu sein. Dann sprang er vom Schoß seiner Mutter herunter, und auf die Frage hin, wie er sich fühle, sagte er "bestens", ergriff einen Keks und lief in sein Zimmer hinüber. Alles soeben Vorgefallene hatte nur zwanzig Minuten gedauert.

Norman war sich sicher, dass Chase wirklich ein früheres Leben wiedererlebt hatte und dass sicherlich seine Phobie vor Lärm aus diesem Leben stammen konnte, denn war er nicht ganz spontan dort hineingeraten, als er aufgefordert worden war, zur Ursache seiner Angst zu kommen? Doch meinte Norman, dass man abwarten solle, um zu sehen, ob sich an dem Verhalten des Jungen etwas ändern würde. Er selbst habe noch nie mit einem solch jungen Menschen gearbeitet, und es sei für ihn ebenfalls überraschend, wie leicht es war, den Fünfjährigen in eine frühere Zeit zu versetzen, ohne irgendeine hypnotische Induktionsmethode als Hilfsmittel zu verwenden, welche er doch sonst bei seinen anderen Klienten für notwendig ersieht. Und Sarah bemerkte, dass Chase doch an jener Stelle, wo er in seinem früheren Leben von jener Kugel getroffen worden war, heute ein Exzem habe. Auch Carol musste jetzt verwundert daran denken, denn Chase hatte seit seiner Geburt an seiner Hand einen juckenden Ausschlag, der ihm immer wieder Anlass gab, daran zu kratzen, bis es blutete. Deshalb sah sich Carol öfter genötigt, diese Stelle zu bandagieren. Sie hatte wegen dieser Kratzwunde schon mehrere Ärzte mit ihrem Sohn aufgesucht, aber alle Mittel bewirkten nichts. Auch Allergietests blieben ohne Hinweise auf die Ursache dieser unliebsamen Kratzwunde.

Wir werden noch mehr erfahren über Wundmale, die Kinder aus früheren Leben mit in das heutige Leben gebracht haben. In kurzen Worten gesagt, was in meinem "Das große Handbuch der Reinkarnation" ausführlichst beschrieben ist, gehen Muttermale, seien sie in diesem Leben inaktiv oder – wie in Chases Fall – aktiv, auf ein Leben zurück, in welchem diese Stelle mit einer schmerzlichen oder gar traumatischen Erfahrung verbunden ist. Meistens geschieht dieses in einem so genannten Opferleben. Bitten wir dann in der Rückführungstherapie den Betreffenden, dorthin zurückzugehen, wo die Ursache dafür zu finden ist, warum er – bleiben wir bei dem Beispiel – einen Schuss in die Hand erhalten musste, dann gelangen wir in ein anderes, sogenanntes Täterleben, in welchem dieselbe Seele in einer anderen Gestalt eben mit dieser Hand etwas liebloses ausgeführt hat. Er hatte vielleicht einem anderen die Hand abgehackt, oder er hatte mit dieser einen Mord oder eine sonstige Untat verübt. Jeder Rückführungstherapeut weiß aus seiner Praxis, dass das Karmagesetz überall für einen gerechten Ausgleich sorgt. Hatte also Chase in sein heutiges Erdenleben ein aktives Muttermal mitgebracht, das ihn wegen eines früheren leiden ließ, so war sein Karmaausgleich durch jene Schussverletzung in jenem Krieg noch nicht abgegolten, es gehörte also noch ein "Nachschlag" an Leiderfahrung hinzu, um es nun endgültig auszugleichen. Sollte nun das Wiedererleben jener früheren Verletzung die in jener Hand gespeicherte frühere Schmerzerfahrung aufgelöst haben, dann ist zumeist gleichzeitig auch jene karmische Verschuldung aus früherem Leben mit aufgelöst.

Und das Erstaunliche geschah. Innerhalb von nur wenigen Tagen hatte das hässliche Exzem sich völlig aufgelöst und kehrte auch nie wieder zurück. Und ein noch größeres Wunder geschah: Die Angst vor lauten Geräuschen war von da an für immer verschwunden.

Beides überrascht mich keinesfalls, erleben wir Rückführungstherapeuten doch fast täglich solcherlei Wunder. Klienten mit allen möglichen Krankheiten und Störungen psychischer, psychosomatischer und somatischer Art erleben in den Rückführungen die Ursachen ihrer heutigen Beschwerden, die meistens in ihren früheren Leben aufzufinden sind. Sie können sich in vielen Fällen sofort von diesen durch ein vom Therapeuten gezielt vorgegebenes Vergebungsritual samt Affirmationen befreien, sodass oftmals nur eine einzige Rückführung notwendig ist, um eine solche Heilung herbeizuführen. [30]

Aber noch ist die Geschichte von Chase nicht zu Ende erzählt. Sarah hatte bei Norman eine weitere offenbarende Rückführung erlebt, über welche im nächsten Kapitel zu berichten sein wird. Carol hatte ihren Kindern ausdrücklich gesagt, dass sie über das in den Rückführungen Erlebte niemandem gegenüber etwas verlauten lassen dürften, damit keiner sie damit aufzog, was ihnen sicherlich Schmerzen verursacht hätte, waren doch die meisten Menschen in ihrem Land noch nicht bereit, Reinkarnation und die mögliche Erinnerung daran zu akzeptieren.

Aber in dieser Hinsicht wird sich auf der Welt bald viel ändern, denn die Wahrheiten drängen immer schneller ans Tageslicht, genau wie Keime, die auf einmal durch die Erdkruste sich emporgearbeitet haben und nun schnell immer größer werden wollen. Und sie wachsen mit immer größer werdender Freude heran, wenn Gärtner vorhanden sind, die diese jungen Sprossen liebevoll gießen und ihnen ermutigend zusprechen.

Die Familie Bowman zog ein Jahr später nach Philadelphia in Pennsylvania. Als sie sich in ihrem neuen Zuhause eingerichtet hatte und auch die beiden Kinder unter den Gleichaltrigen Anschluss gefunden hatten, fragte der sechsjährige Chase seine Mutter eines Tages: "Mutter, weißt du noch, wie ich mit Norman gesehen hatte, dass ich ein Soldat war?" Carol überkam auf einmal eine Gänsehaut. Seit jener Rückführung mit Norman hatte ihr Sohn nie wieder über sein früheres Leben gesprochen, und sie glaubte daher, dass er schon alles wieder vergessen haben könnte. Doch er erklärte ihr, dass er während der Rückführung sein früheres Leben in allen Einzelheiten erlebt habe und dass er in einem eigenartigen Dialekt gesprochen habe, eben genauso wie Schwarze reden. Und dann fügte er hinzu: "Ja, ich war schwarz." Und die erschrockene Carol fragte, ob er denn mit Schwarzen zusammen gekämpft habe. Und Chase antwortete: "Ja. Schwarze und weiße Soldaten haben gemeinsam gekämpft." Und auf die Aufforderung seiner Mutter hin, noch mehr über jene Erlebnisse zu erzählen, meinte er, dass dies alles sei.

Das, was in Rückführungen gesprochen wird, ist oft nur ein Auszug von dem vielen, was tatsächlich gesehen, gerochen, gehört, geschmeckt und gefühlt wird. Deshalb rate ich auch allen, dass sie nach einer Rückführung sich sogleich Notizen anfertigen über das soeben Erlebte, da sonst das meiste wieder dem Vergessen anheim fällt. Und trotzdem mögen auf einmal wieder vergessene Bruchstücke hervortreten, wie es auch bei Chase gewesen ist. Hätte man ihn damals bei Norman ausführlicher befragen können oder ihn gleich darauf nochmals zurückgeführt, wären diese Einzelheiten auch sicherlich noch berichtet worden.

Nach dieser Äußerung ihres Sohnes grübelte Carol darüber nach, in welchem Krieg denn wohl Schwarze mit Weißen zusammen gekämpft hatten. Den Beschreibungen ihres Sohnes nach müsste sich der von ihm erlebte Krieg im Bürgerkrieg 1861 bis 1863 abgespielt haben. Aber hatte man damals schon Schwarze als Soldaten rekrutiert? Wie der Zufall es so will, brachte zufällig am nächsten Tag die Zeitung einen Bericht, in dem ausführlich über eine Ausstellung mit Bildern berichtet wurde, in welcher dargestellt wurde, inwiefern schwarze Soldaten im großen Bürgerkrieg mitgekämpft hatten. Carol zeigte diese Bilder ihrem Sohn und fragte ihn, ob ihm das bekannt vorkomme, worauf er ein lakonisches Ja verlauten ließ.

Ein Jahr darauf, als gerade die Bodenoffensive im Golfkrieg gegen den Irak begonnen hatte, kam Chase von der Schule nach Hause und sagte zu seiner Mutter: "Ich werde mich nie wieder zwingen lassen, Soldat zu sein!" Denn die Jungen in seiner Klasse hatten den Krieg mit aller Begeisterung im Fernsehen mitverfolgt und erzählten sich aufgeregt die letzten Ereignisse. Sie identifizierten sich mit den dort kämpfenden Landsleuten als ihren vorbildlichen Helden. Ihr Sohn bat sie nun, mit ihr eine erneute Rückführung vorzunehmen, damit er noch mehr über jenes Leben erfahren könne. Carol hatte inzwischen die Rückführungstechniken bei Norman und Roger Woolger gelernt. Sie hatte sich seitdem insgeheim gewünscht, ihren Jungen nochmals zurückzuführen, wollte aber warten, bis er selbst jenen Vorschlag vorbrachte. Nun wusste sie, dass die Zeit dafür gekommen war.

> Hier handelt es sich um einen Idealfall, indem eine Mutter, welche die Technik der Rückführung erlernt hat, ihr eigenes Kind in frühere Leben zurückführen kann, um somit viele Rätsel aufzulösen. Und wem kann sich normalerweise ein Kind mehr anvertrauen als seiner eigenen Mutter? Erst später, wenn die Kinder Teenager geworden sind und ihre Geheimnisse haben, vertrauen sie sich eventuell einer neutralen Person eher an als der eigenen Mutter.

Carol schreibt in ihrem auch für die Reinkarnationsforschung wichtigen Buch *Ich war einmal:* "Ich wusste aus meinen eigenen Regressionen, dass Rückführungen ungefährlich sind. Das Unbewusste, in dem die Reinkarnationserinnerungen gespeichert sind, wählt genau aus, was es dem Wachbewusstsein zugänglich macht, und was nicht; es lässt die Menschen so weit und so tief gehen, wie es notwendig ist, aber auch nicht weiter."[31] Sie ließ Chase sich hinlegen, die Augen schließen und sagte: "Gehe zurück zu jenen Bildern, die du damals mit Norman gesehen hast, aus der Zeit, als du Soldat warst." Diesmal hatte Carol einen Schreibblock auf ihrem Schoß, um sich alles notieren zu können. Und schon war ihr Sohn mitten in der Schlacht, beschrieb wieder, wie er sich hinter einem Fels versteckt hielt und es nur ab und zu wagte, hervorzuschauen und gelegentlich, wenn er etwas Feindliches zu erblicken vermeinte, mit seinem Gewehr darauf zielte und schoss. Er hatte große Angst. Und schließlich traf ihn der Schuss in sein Handgelenk. Auf einmal wurde alles schwarz um ihn herum. Bis jetzt hatte er kurze Hinweise von dem vielen wiedergegeben, was er erlebte. Doch nun verstummte er.

> Er war damals durch die Handverwundung bewusstlos geworden. Wenn man als Rückführungstherapeut nun ohne weitere Anstöße zu geben, ihn dort belassen würde, könnte es lange dauern, bis er wieder etwas erlebt, hatte doch eventuell diese Bewusstlosigkeit eine halbe Stunde gedauert. Ich sage darum bei solchen Situationen auch: Ich zähle gleich bis drei, und dann befindest du dich wieder dort, wo du anschließend wieder etwas erlebst.

"Was passiert als Nächstes?", fragte nun Carol. Und ihr Sohn beschrieb, wie er mit einer Bandage um die Hand gewickelt zurück in die Schlacht geschickt wurde. Man wies ihn einer Einheit zu, die sich mit einer Kanone zu beschäftigen hatte, welche auf einem Wagen festgebunden war. Anscheinend hatten sich die Kämpfe im Augenblick gelegt. Er beobachtete, wie Hühner auf der Straße herumliefen. Und er fühlte wieder die Angst, im Krieg sein zu müssen. Die anderen um ihn herum fürchteten sich genauso wie er. Aus einer Eingebung heraus, wie Frau Bowman schreibt, bat sie ihren Sohn beziehungsweise jenen schwarzen Soldaten jetzt, dorthin zurückzugehen, wo er vor dem Krieg gelebt hatte.

> Diese sogenannten Eingebungen werden uns von unseren unsichtbaren Begleitern – in den meisten Fällen von unseren Geistführern – eingegeben, denn diese sind sehr daran interessiert, uns bei Bewusstseinserweiterungen behilflich zu sein. Und eine jede Rückführung ist eine Bewusstseinserweiterung.

Und nun berichtet jener schwarze Soldat über sein Leben, das ich hier kurz skizzieren möchte. Er sieht sich im Jahre 1860 *(Er bekommt sogar die richtige Jahreszahl!)* in einer Stadt, deren Namen so ähnlich lautet wie "Colosso". Dort wohnt er in einem Vorort, in welchem noch andere Schwarze angesiedelt sind. Er besitzt eine Holzhütte mit einer kleinen Veranda, auf der ein Schaukelstuhl steht. Er ist dort als etwa Dreißigjähriger glücklich. Er hat eine Frau und zwei Kinder. Er raucht gerade eine Pfeife. Als Kind ist er in einem Planwagen hierher gekommen. Er ist von Beruf Anstreicher und Tischler. In seiner Freizeit stellt er aus Ton Töpfe her. Und dann sieht er aufgeregt Menschen um ein Plakat versammelt, auf welchem in großen Buchstaben steht "Krieg". Obwohl er nicht lesen kann, weiß er, was dieses Wort bedeutet. Er weiß auch, um was es dabei geht. Es wird auf diesem Plakat aufgerufen, in die Armee einzutreten und mitzukämpfen. Er ist sehr aufgeregt. Schließlich findet dieser Krieg statt, um den vielen Hunderttausenden seiner schwarzen Hautfarbe in den Südstaaten die Freiheit zu bringen. Er meldet sich freiwillig und unterschreibt das Papier, obwohl er den Inhalt nicht zu lesen vermag, das ihn nun zum Kriegsdienst verpflichtet. Der traurigste Moment seines Lebens, wie er jetzt sagt, ist nun gekommen, als er Abschied von seiner Familie nehmen muss. Die Kinder weinen. Schließlich kommt er wieder auf das schon bekannte Kriegsgeschehen zu sprechen. Und dann wird er hinter der Kanone von einem Geschoss getroffen und ist auf der Stelle tot. Und nun schildert er, was weiterhin nach dem Tod mit ihm passiert: “Ich schwebe über dem Schlachtfeld. Es ist ein gutes Gefühl, alles hinter mir zu haben. Ich sehe die Schlacht und den Rauch unter mir.”

> Die meisten derer, die ich den Zustand unmittelbar nach dem Tod erleben ließ, schwebten über dem Erdenkörper. Auf einmal sind alle vorausgegangenen Schmerzen vorbei, selbst dann, wenn man noch vorher gefoltert worden war. Es ist ein herrlicher Zustand, den man dann ganz besonders genießt, wenn man noch kurz vorher große Todesschmerzen zu ertragen hatte. Man nimmt nun alles wie aus einer höheren Perspektive wahr. Und das besondere Erlebnis besteht nun darin, dass man mit Gedankenschnelle sich überall dorthin bewegen kann, wo immer man sein möchte. Wie viele der im Krieg gefallenen Männer haben kurz nach ihrem Tode an Zuhause gedacht, und auf einmal waren sie dort. Sie sahen ihre Familie und wollten ihr mitteilen, dass es ihnen jetzt gut ginge. Und in tausenden von Fällen haben auch Angehörige zuhause gespürt, dass der angeblich noch im Krieg Befindliche auf einmal bei ihnen war. Manche hörten auch dessen telepathisch vermittelte Gedanken des Trostes. Und einen Tag später traf das Telegramm mit der Todesnachricht des Betreffenden ein.

Und Chase beschreibt nun weiterhin, was unmittelbar nach seinem Tode von ihm erlebt wurde. “Ich schwebe über meinem Haus. Ich sehe meine Frau und meine Kinder. Ich verabschiede mich von meiner Familie. Sie sehen mich nicht, weil ich in geistiger Form bin, aber sie wissen, dass ich tot bin.”

> Ist es nicht erstaunlich, aus dem Munde von einem Siebenjährigen über erlebte Wahrheiten zu hören, über welche die meisten Kirchenmänner keine Ahnung haben und uns trotzdem die Gewissheit geben wollen, dass sie allein die einzigen Wahrheiten besitzen?

Auf wen sollte man also mehr hören, auf Kindermund oder auf Kanzelreden?

Und der kleine Mann fuhr zum Erstaunen der Mutter fort: "Jeder Mensch muss einmal den Krieg miterleben - er bringt alles ins Gleichgewicht. Man muss nicht notwendigerweise im Krieg sterben, aber ihn miterleben. Du lernst dabei viel über Gefühle. Er gibt dir ein Gespür dafür, wie andere Menschen fühlen. Krieg ist etwas sehr Schlimmes."

Im Alphazustand haben selbst Kinder oft ein höheres Bewusstsein. Sie sprechen dann manchmal Weisheiten aus, wie sie die Weisesten der Erde nur sagen könnten. Wenn Leser Durchgaben von jenseitigen Wesen lesen, die Derartiges durch ein Medium vermittelt oder gechannelt haben, dann mag man sagen, dass diese Weisheiten aus dem Unterbewusstsein des betreffenden Mediums stammen und es darum fraglich ist, ob ihnen überhaupt eine höhere Wahrheit zugrunde liegt. Aber wenn man miterlebt, wie Kinder, die im Normalbewusstsein eventuell noch sehr wenig über höhere Zusammenhänge wissen und sie auch nicht auszudrücken vermögen, auf einmal in solch einem Trancezustand über dergleichen Dinge reden, dann wird man sich überlegen, ob nicht doch etwas wahr sein muss an dem, was in vielen weisen Büchern schon geschrieben steht, die meistens nicht von dogmatischen Kirchen anerkannt werden. Ich erinnere mich an eine Neunjährige, die bei mir in Rückführungen schon viel erlebt hatte, wie sie an einem Abend bei den Erwachsenen saß, die sich miteinander stritten, dann aber sich erhob und vor ihrem Gutenachtgruß noch sagte: "Kriege sind dazu da, um Liebe zu lernen."

Und Chase fuhr fort: "Den Zweiten Weltkrieg habe ich ausgelassen. Da war ich oben. Ich wartete ab, bis ich in einer friedlicheren Zeit zurückkommen konnte. Dazwischen hatte ich noch ein kurzes Leben."

Chase erinnerte sich also an das Soldatenleben, das noch vor einem anderen Erdenleben gelegen hatte. Die meisten der Kinder, welche Professor Stevenson auf Grund ihrer Rückerinnerungen untersucht hatte, beschrieben das unmittelbar vor diesem Erdenleben erlebte Leben. Interessant bliebe zu erforschen, ob auch in jenem anderen Leben von Chase seine inkarnierte Seele ein aktives Muttermal an der Hand gehabt hatte. Nach meiner bisherigen Forschung muss ich davon ausgehen, dass wir so lange von Leben zu Leben an den betroffenen Körperstellen Muttermale mit uns herumschleppen, bis die Botschaft, die dahinter steht, von einer Seele verstanden und darum aufgelöst worden ist.

Und dann schlug Chase wieder seine Augen auf. Er fühlte sich sehr wohl, sprang auf und war in seinem Zimmer verschwunden, wo er sich mit seinem neuen Lego-Bausatz beschäftigte. Doch Carol saß noch da in Verwunderung. Was meinte er eigentlich mit "oben", wo er geweilt hatte, bis zu seiner Rückkehr in sein heutiges Leben?

Bei vielen Menschen, die an die Reinkarnation glauben, herrscht jedoch trotzdem noch ein "Heiden-Unkraut", das geprägt worden ist nicht durch Wissen sondern durch Vorurteile. Durch Rückführungen – und mag man dafür nur Kinder auswählen – kommen wir zu einem neuen Verständnis von den wirklichen Zusammenhängen. Zum Beispiel glauben die Inder noch an die Wiedergeburt eines Menschen als Tier. Das hat sich bei meinen vielen Rückführungen, die ich durchführte, nie bestätigt. Rabbi Luria, der im sechzehnten Jahrhundert lebte und lehrte, behauptete, dass man als Jude immer wieder als Jude reinkarniert. Ich habe eine ganze Anzahl von heutigen Juden zurückgeführt, und ich muss sagen, dass solch eine Behauptung einfach nicht stimmt. Die Rückführung wird also mit solchen falschen Vorstellungen aufräumen. Viele behaupten, dass man ewig in dem gleichen Volk, bei der gleichen Rasse, in der gleichen Religion oder in der gleichen Familie wiedergeboren wird.

Nun, das Beispiel von Chase, der in seinem vorvergangenen Leben ein Schwarzer war, ist Antwort genug auf diese Frage.

Wenn Carol Bowman jetzt die Chance nützen würde, die sich ihr durch die ausgezeichneten Rückführungsqualitäten ihres Sohnes bietet, so könnte sie ihn in den verschiedensten Regressionen auch nach "oben" in die Zwischenwelten führen und von ihm mehr Wahrheiten erfahren, als die Universitätsweisheit und alle Kirchenweisheiten je auf Erden den Menschen vermittelt haben. Und tatsächlich, Carol Bowman hat noch mehrere Rückführungen mit ihren Kindern durchgeführt und ist dadurch sehr weise geworden und reich an Einblicken in für sie ganz neue Wahrheiten. So fragte sie Chase, nachdem er den Tod in einem anderen Leben erlebt hatte, was denn eigentlich geschehe, wenn wir sterben. Und der Siebenjährige antwortete: "Wenn du stirbst, kannst du selbst entscheiden, was du tun möchtest. Du kannst dir Szenen aus deinem jetzigen Leben noch einmal anschauen, um Antworten auf Fragen zu finden, die dieses Leben betreffen. Du kannst sehen, was mit den Menschen geschieht, die du zurückgelassen hast. Du kannst in geistiger Gestalt zurückgehen, dich von ihnen verabschieden und beobachten, was in Zukunft aus ihnen wird. Wenn du siehst, dass mit ihnen alles in Ordnung ist, bist du frei, die Erdenebene zu verlassen." Und Carol betont, dass dieses die Orginalworte ihres Siebenjährigen sind. Unfassbar, aber wahr, so kann man hierzu nur sagen. Doch sie fragte Chase weiterhin, was passiere, wenn man wahrnimmt, dass geliebte Menschen große Schwierigkeiten haben. Und mit geschlossenen Augen erklärt der Junge, der sich in einem erweiterten Bewusstseinszustand befindet, dass man schnell in einem anderen Körper - er meint den Astralkörper - zurückkehren könne, um bei seinen Geliebten zu sein. Denn in diesem neuen Körper könne man sich sehr rasch bewegen und zu allen Orten schweben, wo man früher gewohnt habe. Man könne dann beobachten, was dort auf Erden weiterhin geschieht. Jedoch lebe man in einer anderen Zeit als auf der Erde. Man gehe in den Himmel zurück, bevor man sich entscheide, in einen Erdenkörper zurückzukehren. (32)

Unsere Kinder können uns somit zu einem lebenden Schatzbuch geheimen Wissens werden, wenn wir es nur verstehen, darin zu blättern und mit geöffnetem Herzen zu lesen beginnen. Und Carol Bowman, die in einer orthodox jüdischen Familie aufwuchs, gesteht, dass diese erlebten Rückführungen für sie zu einem Wendepunkt in ihrem Leben wurden.

In den Flammen des brennenden Hauses umgekommen

Als damals der fünfjährige Chase von Norman zurückgeführt worden war, saßen seine Mutter Carol und seine neunjährige Schwester Sarah dabei und staunten nur, was da aus dem Mund des Kleinen alles hervorkam. Nachdem Chase in sein Zimmer gegangen war und man sich über das soeben Vorgefallene unterhalten hatte, fragte Sarah den Hypnotherapeuten, ob er sie auch zurückführen könne, denn sie habe, solange sie sich daran erinnern kann, eine riesengroße Angst vor Feuer.

Vor einem Jahr erst war Carol Sarahs Angst vor Feuer voll bewusst geworden. Sarah blieb wie schon häufig über Nacht bei ihrer Freundin Amy. Beide Mädchen waren lange aufgeblieben und sahen sich einen Film an, in welchem auf einmal ein Haus gezeigt wurde, das in Flammen aufging, wobei eine Person verbrannte. Plötzlich musste Sarah unbändig aufschluchzen und konnte gar nicht mehr ihren Weinkrampf unter Kontrolle bringen, sodass Amys Mutter mitten in der Nacht die Familie Bowman anrufen musste, um anzukündigen, dass sie Sarah gleich nach Hause bringen würde. Als die noch immer Weinende sich wieder in den Armen der Mutter befand, erzählte sie ihren Eltern, was in jenem Film geschehen sei, habe sie doch schon immer eine Angst vor Feuerausbrüchen gehabt, sodass sie unter ihrem Bett ihre Lieblingspuppe und eine Tasche mit den notwendigsten Sachen bereit liegen habe, um bei einer Feuergefahr schnell alles bei der Hand zu haben und fliehen zu können. Jetzt erst erfuhr ihre Mutter, warum sie diese Dinge jede Nacht unter dem Bett zurechtgelegt hatte. Sarah war sonst immer eine selbstsichere junge Person, die nicht zur Wehleidigkeit oder zu Ängsten neigte. Die Mutter versicherte ihr, dass nie in dem Haus ein Feuer ausbrechen würde, dass sie als Eltern immer zugegen seien und ihr in allem beistehen würden. Sie zeigte ihr auch alle möglichen Fluchtwege aus dem Haus hinaus. Und trotzdem wurden in den nächsten Tagen ihre Feuerängste immer massiver, sodass sie sogleich aufbegehrte, wenn die Eltern nur eine Kerze anzünden wollten. Sarahs Eltern hofften, dass sich mit der Zeit diese Angst von allein beilegen würde. Und nun war Norman da, der gerade auf so erstaunliche Weise Chase zu dem Ursprung seiner irrationalen Angst vor lautem Geschützdonner geführt hatte.

Norman forderte nun Sarah auf, ihre Augen zu schließen und sich in die Angst hineinzuversetzen, die sie das letzte Mal bei ihrer großen Feuerphobie gehabt hatte.

“Was siehst du?” Die Neunjährige beschrieb nun ein Leben als Zwölfjährige, die in einem zweistöckigen Holzhaus mit ihren Eltern aufwuchs und einen jüngeren Bruder habe, der anscheinend behindert war. Sie helfe ihrer Mutter bei der Hausarbeit und mache sich auch im Stall bei den Tieren nützlich. In die Schule dürfe sie nicht gehen, da man glaube, dass Mädchen keine weitere Ausbildung bräuchten. An dieser Stelle hieß sie Norman bis zu dem Ereignis vorwärts gehen, bei welchem die Angst vor Feuer ausgebrochen sei. Hatte sie bisher aus der Rolle einer Beobachterin gesprochen, so war sie jetzt auf einmal mitten in einem Geschehen, das sie mit aller Aufgeregtheit beschrieb. Sie wache gerade mitten in der Nacht auf und rieche Rauch. Sie wisse sofort, dass im Haus etwas brenne. Sie springe aus dem Bett und eile auf den Flur hinaus. Dort sehe sie trotz des entsetzlichen Qualms, wie die Flammen überall heraufloderten. Im brennenden Flur renne sie zu den übrigen Zimmern, doch dann erfassten Flammen, die durch die Bodenritzen hervorkamen, ihr Nachthemd. Trotzdem gelinge es ihr, das Zimmer der Eltern zu erreichen, doch diese seien nicht da. Ihre Betten seien noch gemacht. Sarah fragt: "Wo sind sie?" Ohnmächtige Angst packt sie. Wo immer sie versucht, dem Feuer zu entkommen, sieht sie sich neuen Flammen ausgesetzt. Schließlich stürzt auch noch ein Balken von oben herab und reißt ein Loch in den Fußboden. Sie weiß nun, dass sie aus diesem Inferno lebend nicht mehr herauskommt. Das Atmen ist ganz schwierig geworden. Schließlich spricht sie nicht mehr. Anscheinend war sie damals zu diesem Zeitpunkt gestorben.

> Ich lasse meine Klienten auch immer durch den Tod gehen, wenn das Symptom mit oder durch den Tod entstanden ist. Denn zur vollen Heilung ist es notwendig, dass die mit dem Todesvorgang gespeicherten Informationen im Emotionalkörper in "Wallung" gebracht werden, um sie ganz aus- und auch herauszuleben. Dadurch geschieht eine ungeheure emotionale Befreiung, die man vor allem gleich nach Beendigung der Therapiesitzung als erfreuliches Sofortresultat wahrnimmt. Einige Therapeuten haben Angst, sich diesen Todeserlebnissen bei ihren Klienten auszusetzen und überspringen diese, was natürlich leicht ist, indem man einfach sagt: "Ich zähle jetzt bis drei, und dann befindest du dich nach diesem soeben erlebten Ereignis in einem Zustand, in welchem du dich wieder sehr wohlfühlst." Wenn man jedoch dieses Todesereignis abkürzt und jene Wallungen nicht gehörig in Aufruhr versetzt, bleiben sie weiterhin zum großen Teil eingeschlossen, und der Therapieerfolg ist dann in den meisten Fällen nur ein halber bis mangelhafter.

Und Norman fragte nun weiter: "Was erlebst du jetzt?" Und das Mädchen antwortete, dass sie gerade über Baumwipfeln schwebe und sich leicht wie eine Feder fühle. Sie spüre keinerlei Schmerz mehr, sie sei erleichtert, zu wissen, dass sie gestorben und alles vorbei sei.

Dieses Gefühl der Leichtigkeit, der Erleichterung und der Schmerzlosigkeit nach einem soeben erlittenen grausamen Tod ist nahezu bei allen Klienten, die durch Todesagonien gegangen sind, gleich. Das Schweben wird als etwas Überraschendes und Angenehmes empfunden, was auf den Gesichtern der Rückgeführten geradezu ein Entzücken erkennen lässt. Viele zeigen sich auch verwundert über das, was nun gerade geschehen ist. Sie können sich das alles nicht erklären. Ich lasse sie dann auf ihren toten Körper herunterschauen, sodass sie realisieren, gestorben zu sein.

Und auf Normans Fragen hin, was weiter mit ihr geschehe, sagte sie, dass sie nun über dem Haus schwebe, das lichterloh brenne. Sie sehe ihre Familie im Hofe stehen, ihr Bruder sitze auf dem Boden, der Vater halte seine Frau in den Armen, während diese ihre Arme in Verzweiflung dem Haus entgegenstrecke. Da fing Sarah heftig an zu weinen. Aus ihrem höheren Bewusstsein heraus erkannte sie nun die Zusammenhänge, weshalb sie diese Phobie und auch den heimlichen Groll gegen ihre heutigen Eltern mitgebracht hatte.

Es kann spontan wie in Sarahs Fall geschehen, dass wir auf einmal nach dem Tod die Zusammenhänge zwischen dem früheren und dem heutigen Leben erkennen. Ich führe meine Klienten jeweils nach der Sichtung der früheren Leben auf den Berg der Erkenntnis, von wo aus sie die aufgedeckten Leben, in denen die Ursachen für ihr heutiges Symptom aufgedeckt worden waren, überblicken und nun die Zusammenhänge in Verbindung mit ihrem Problem klar erkennen und sich anschließend von ihnen verabschieden können.

Sarah erkennt nun, wie die Eltern alles versucht hatten, sie zu retten, jedoch von der Hitze und den Flammen zurückgedrängt worden waren. Die Eltern waren voller Verzweiflung. Und Sarah war nun ganz bewegt von der verzweifelten Hilflosigkeit der Eltern. Bisher hatte sie in ihrem Unterbewusstsein als letzten Eindruck vor ihrem Verbrennungstod programmiert gehabt, ihre Eltern hätten sich nur um sich gekümmert und hätten sie hilflos zurückgelassen. Sie hatten, wie sie nun erkannte, alles getan, um sie zu retten. Und eine tiefe Erleichterung zeichnete sich auf ihren Gesichtszügen ab. Dann tat sie auf einmal die Augen wieder auf, schniefte ein paar Mal und sah die Menschen ringsum an, denen die Spannung im Gesicht stand, während ihres vor Freude strahlte.

Nun sprach man ausführlich über das soeben Erlebte, und Sarah, die ja nur einen Auszug des Erfahrenen hatte geben können, ergänzte die ihr noch bewussten Ereignisse. Sie gestand, dass sie auf der Suche nach ihren Eltern eine große Wut gepackt hatte, dass diese sie alleingelassen hätten. Diese Wut habe sie mit in dieses Leben hineingebracht.

> Die letzten emotionalen Eindrücke lassen sich in unserem Emotionalkörper nieder und wirken sich im nächsten Leben weiterhin aus. Choleriker sind im Allgemeinen jene, die in Wut und Zorn ihren vergangenen Tod gefunden haben.

Und dann sagte sie wie eine Weise, dass die Furcht vor dem Feuer sie daran erinnern sollte, dass sie noch etwas Unerledigtes mit sich herumtrage.

Und das Erstaunliche passierte. Ein paar Tage später holte Sarah ihre Puppe und ihre mit der fürs Notwendigste voll gestopften Tasche unter dem Bett hervor, denn sie wusste, dass ihre Feuerphobie verflogen war. Sie tauchte auch nie wieder auf.

Es scheint so einfach zu sein, Kindern helfen zu können, ihre Phobien, Angstträume, Kratzwunden, Allergien, Atembeschwerden, ihr Bettnässen nebst vielem Anderen loswerden zu lassen durch Rückführungen zu den Ursachen dieser Symptome. Sehr viele Kinder mögen auf Rückführungen ebenso leicht ansprechen wie Chase und Sarah. Bei anderen Kindern benötigt man mehr Geduld und muss eben auch den günstigen Moment abwarten. Ich kann mir eine nicht allzu weit liegende Zukunft vorstellen, wo es eine Selbstverständlichkeit sein wird, mit seinem Kind zum Rückführungstherapeuten zu gehen, um es von unliebsamen Symptomen zu befreien. Für Kinder wird es somit eine Lust sein, in einer zukünftigen Welt zu leben. Man stelle sich nur einmal eine Welt vor, in der es keine Ängste mehr gibt! Und sind nicht alle Kriege Frucht von Ängsten, die wiederum neue Ängste produzieren? Und diese Kette von Angsterzeugung und Angstreaktionen setzte sich bisher von Jahrhundert zu Jahrhundert fort. Doch diese Kette kann durchtrennt werden zum Segen der Menschheit. [(33)]

5. Kapitel

WENN KINDER IN FREMDEN SPRACHEN SPRECHEN

Der amerikanische Junge, der in einem tibetischen Dialekt sprach

Es gibt sehr viele Fälle, wo Kinder, aber auch Erwachsene in Sprachen gesprochen oder auch geschrieben haben, die ihnen nicht bekannt waren. Die Wissensschaft spricht in solchen Fällen von Xenoglossie (fremdes Sprechen) bzw. Xenographie (fremdes Schreiben). Kritiker haben versucht, solche Belege zu diskreditieren, indem sie sagten, das Kind hätte irgendwo jemanden in jener Sprache sprechen hören, sein Unterbewusstsein hätte es registriert, und in bestimmten Momenten oder im Schlaf repetiere das Kind das dort Registrierte. Dementsprechend sei die Xenoglossie nichts, was mit einem früheren Leben zu tun habe. Andere Kritiker, die jedoch schon mehr Einsichten in die Dinge haben, die den meisten Menschen noch nicht begreifbar sind, versuchen die Xenoglossie mit der Besessenheit zu erklären. In solchen Fällen - und sie kommen selbstverständlich immer wieder vor - spricht ein verstorbener Mensch, dessen Seele noch nicht ins Jenseits gelangt ist, sondern, für nahezu alle anderen Menschen unsichtbar, unter ihnen oder auch in ihnen weilt, durch einen Menschen. Und es gibt auch das

Phänomen, dass Verstorbene oder auch höhere Geister, die in höher schwingenden Ebenen zu Hause sind, durch jemanden sprechen, und zwar entweder in einer völlig anderen Sprache oder mit einem starken Akzent, in einer ganz anderen Tonhöhe und Artikulation - oder auch mit einem ganz anderen Vokabular, als es der Betreffende besitzt. Und hin und wieder kommt es auch vor, dass bei Rückführungen Menschen jene Sprachen wieder sprechen, die sie in jenem Leben gesprochen haben. In dem vorliegenden Buch möchte ich nur über Kinder berichten, die in fremden Sprachen gesprochen haben und bei denen herausgefunden worden war, dass es sich höchstwahrscheinlich um jene Sprache handelte, die sie in einem früheren Leben beherrscht hatten.

Professor Adrian Finkelstein, der bekannte Autor und Professor der Psychiatrie in Los Angeles gibt in seinem Buch *Your Past Lives and the Healing Process* die tatsächliche Geschichte eines Jungen wieder, der sich an ein früheres Leben als tibetischer Mönch erinnerte.(34) Dieser Junge hieß Robin Hall und war damals fünf Jahre alt. Doch oft geschah es, dass er in einer ganz anderen Sprache redete, welche die Mutter nicht verstand. Als eine Freundin von Frau Hull bei ihr zu Besuch weilte, wurde sie Zeugin, als Robin wieder in jener Sprache redete. Diese Freundin war von der Reinkarnation überzeugt und meinte, dass das wohl eine echte Sprache sein müsse und ihr Sohn diese eventuell in einem früheren Leben gelernt habe. Sie sagte, dass sie einen Professor für asiatische Sprachen kenne, den sie einmal gerne mit hierher bringen wolle, damit er sich die Sprache des Jungen anhöre.

Einige Tage später kam sie in Begleitung dieses Professors zu der Familie Hull. Der Professor bat Robin, in jener fremden Sprache zu sprechen. Und Robin tat ihm den Gefallen. Nach längerem Zuhören sagte der Professor, dass es sich um einen nordtibetischen Dialekt handele. Dann fragte er den Jungen, wo er diese Sprache gelernt habe. Und Robin antwortete, dass er sie in der Schule gelernt habe. "Aber du gehst doch noch gar nicht in die

Schule!", unterbrach die Mutter das Gespräch der beiden. "Doch, ich bin früher in die Schule gegangen."

Und nun offenbarte der Junge zum Erstaunen der Mutter, der er vorher nie etwas über sein früheres Leben in Tibet erzählt hatte - denn als er damit einmal angefangen hatte, war er auf taube Ohren bei der Mutter gestoßen und hatte damit wieder aufgehört -, dass er in einem früheren Leben in Tibet gelebt habe. Er beschrieb dem Professor nun seine "Schule". Diese nannte er so, obwohl er damit sicherlich ein Kloster meinte, doch er wusste die Bezeichnung dafür nicht. Robin beschrieb nun die Tracht der Lehrer und die Größe der "Schule". Über eine Stunde lang sprach der Fünfjährige zu dem Professor, der von diesen Mitteilungen und genauen Beschreibungen derart beeindruckt war, dass er sich vornahm, den beschriebenen Ort aufzusuchen. Er machte sich bald auf den Weg. Nach einer langen Reise durch Nordtibet fand er jenes Kloster in den Bergen von Kuen Lun.

Ich bedaure sehr, dass ich keinen ausführlicheren Bericht vor mir liegen habe, denn ich könnte mir vorstellen, dass noch viel interessantes, beweiskräftiges Material den Lesern mitgeteilt werden könnte. Der nächste Bericht ist ebenso erstaunlich.

Im Schlaf Französisch gesprochen

Roger ist Bankangestellter in Evanstone im Staate Illinois. Als er eines Abends mit seiner Frau im Wohnzimmer saß, hörten sie die Stimme ihrer sechsjährigen Tochter aus deren Schlafzimmer. Wie verwundert waren sie, als sie zu ihrem Bett kamen. Die Tochter schlief tief und redete im Schlaf. Jedoch die Sprache, die sie sprach, war nicht Englisch, sondern Französisch. Ihre Eltern hatten nur einige Grundkenntnisse dieser Sprache, die ihnen in der Schule vermittelt worden waren, die aber ausreichten, einige französische Wörter zu verstehen, obwohl die Schlafende sehr schnell sprach. Woher konnte die Tochter auf einmal Französisch? Sie war nie außerhalb ihres Landes gewesen, noch konnte sie diese Sprache irgendwo gehört haben, so dachten die Eltern. Sie waren perplex. Als aber ihre Tochter in den folgenden Nächten wieder auf Französisch zu sprechen begann, wollten die Eltern nun doch unbedingt wissen, was die Sechsjährige von sich gab, denn sie beide konnten nicht genug davon verstehen. Somit liehen sie sich ein Aufnahmegerät aus und nahmen die im Schlaf französisch sprechende Tochter auf. Mit dem Tonband gingen sie zu einer Französischlehrerin, um sich von dieser das Aufgesprochene übersetzen zu lassen.

Während sich diese Frau das Aufgezeichnete anhörte, wurde ihr schnell klar, dass hier ein kleines französisches Mädchen nach ihrer Mutter suchte, die, als die Deutschen ihr Dorf angriffen, geflohen war und ihre Tochter anscheinend nicht hatte mitnehmen können. Die Kleine war sehr beunruhigt.

Ihre heutigen Eltern waren durch diese Mitteilungen davon überzeugt, dass es sich bei den berichteten Erlebnissen ihrer schlafenden Tochter um ein vorangegangenes Leben handeln musste, in welchem sie ihre Mutter vorloren hatte und wahrscheinlich selbst gestorben war. [35]

Es kommt öfter vor, dass Menschen und besonders Kinder im Schlaf sprechen und manchmal eben auch in einer anderen Sprache Worte von sich geben. Denn in den Träumen schaltet sich die Seele oft in die im Unterbewusstsein gespeicherten Aufzeichnungen ein, die in früheren Zeiten – auch wenn sie hunderte von Jahren zurückliegen – dort registriert worden sind. Je aufregender die damaligen Erlebnisse waren, desto lauter oder erschütternder mögen die im Schlaf geäußerten Worte oder Angstschreie sein. Albträume – wie es die

Rückführungstherapie nachgewiesen hat – gehen meist auf traumatische Geschehen aus früheren Leben zurück. Lässt man diese in der Rückführungstherapie wieder aufleben, indem man die Klienten zu dem ursächlichen Ereignis zurückführt, dann kann dieses negativ gespeicherte traumatische Erlebnis aufgelöst werden, sodass die Albträume nie wieder zurückkehren.

Der Junge, der in einer anderen Sprache spricht und seine früheren Mörder nennt

In dem Dorf Don Kha im nördlichen Thailand wurde 1962 der Junge Bongkuch Promsin geboren. Als er etwa zwei Jahre alt war, begann er darüber zu reden, dass er von zwei Männern auf einem Jahrmarkt ermordet worden sei und nicht Bongkuch sondern Chamrat heiße. Er nannte den Namen seiner damaligen Eltern und auch den Wohnort namens Huan Tanon, einen benachbarten Ort, der nur neun Kilometer entfernt war. Er selbst sei ein junger Mann gewesen, und die Mörder, deren Namen er später nannte, hätten ihn an mehreren Stellen gestochen, dann seine Armbanduhr und seine Halskette abgenommen und ihn schließlich in ein Feld geschleift. Der kleine Junge benutzte nun immer wieder laotische Wörter anstatt jene seiner thailändischen Muttersprache. Denn wie sich herausstellte, gehörte Chamrat einer laotischen Flüchtlingsfamilie an, die einst in jenes Nachbardorf gekommen war. Jedoch in seinem jetzigen Heimatdorf gab es niemanden, der diese Sprache sprach. Den Familienmitgliedern des verstorbenen Chamrat wurde hinterbracht, dass unweit von ihnen der ermordete Chamrat wiedergeboren sei, weshalb man ihn besuchen kam und dann die laotischen Worte des Jungen übersetzen konnte. Dies ist natürlich ein sehr beeindruckender Fall von Xenoglossie. Auch schienen die Angaben des Jungen, wer seine Mörder waren, richtig gewesen zu sein, denn beide waren damals als Täter verdächtigt worden, von denen der eine sich durch Flucht einer Haft entzog, während der andere später mangels Beweisen freigesprochen wurde. Als der Junge herangewachsen war, schwor er, sich an beiden Mördern zu rächen und schlug manchmal mit dem Stock auf einen Pfahl, wobei er die Namen seiner Mörder herausschrie. Bongkuch hatte in vielem das Verhalten eines Laoten und aß mit Vorliebe den Reis so, wie ihn die Laoten zubereiteten.

Wenn jemand ermordet worden ist, dann mag der Reinkarnierte in seinem neuen Körper sich wieder in jenes Alter hineindenken, in welchem er gestorben war. Stevenson nennt solch ein Verhalten bei Kindern "Anfälle von Erwachsensein". Bongkuch putze sich genauso die Zähne wie ein Erwachsener, obwohl sich Kinder ihre Zähne dort nicht zu putzen pflegen, und er ging auch zum Dorffriseur und forderte ihn auf, ihn zu rasieren. Auch interessierte sich der kleine Bub für schon pubertierende Mädchen, während er die jüngeren ignorierte, und machte Annäherungsversuche, ja, streichelte hin und wieder deren Beine. [(36)]

Ist David Morris der wiedergeborene Messias?

Schon mit drei Jahren fiel David Morris, der Sohn des Zahn- und Kieferchirurgen Samuel Morris aus Jerusalem, in eine Art Trance und sprach dann in einer den Eltern unbekannten Sprache, die nur hin und wieder einige zu erratende Wörter enthielt. Und da sie dieses offenbare "Kauderwelsch" nicht verstanden, nannten sie es Gibberisch. Sie schienen sich an sein gelegentlich eigenartiges Sprechen gewöhnt zu haben und schenkten dem nur noch wenig Beachtung. Doch eines Tages, als David zwölf Jahre alt war, rief die Mutter ihren Mann aufgeregt in seiner Praxis an, damit er sofort nach Hause käme. David saß auf dem Boden und hatte bereits aus seinen ganzen Bauklötzen und anderem Material eine große Burg erbaut, die wie eine Festung aussah. Diese Konstruktion kam Herrn Morris irgendwie bekannt vor. Er kniete sich neben David auf den Boden und fragte ihn, was er da baue. Und der Sohn antwortete ihm in jener anderen Sprache. Aus all dem konnte sein Vater nur das Wort "Tempel" heraushören. Ihm fiel auf, dass dieser Tempel einer Rekonstruktion jenes Tempels ähnlich sah, die er selbst einmal gesehen hatte: Es war eine Rekonstruktion des Tempels von König Salomon. Der Arzt drang wiederum in seinen Sohn, ihm noch mehr über diesen Tempel zu erzählen, wobei er einen Kassettenspieler zur Aufnahme bereitstellte, um nun die Worte von David aufzunehmen. Diese Kassette brachte er daraufhin zu dem Gelehrten Dr. Zevi Hermann, der eine Autorität für altsemitische Sprachen war. Dieser war erstaunt, in diesem Gibberisch, wie Dr. Morris es nannte, die althebräische Sprache zu erkennen, die sich von dem heutigen Hebräisch in Flektion, Akzent und Grammatik deutlich unterscheidet. Und der Sohn sprach diese alte Sprache perfekt! Einer seiner Sätze lautete: "Der König spricht zu seinem Volk: Folgt mir, und ich werde euch zur Größe führen."

Dr. Hermann und sein Kollege Dr. David Auerbach verbrachten lange Zeit damit, die ganze Kassette zu übersetzen. Weiterhin beschäftigten sie sich ausgiebig mit David, und es gelang ihnen, den Fünfjährigen öfter in einen tranceartigen Zustand hineinzuversetzen, sodass er ihnen viele Fragen beantworten konnte, natürlich immer in jenem althebräischen Dialekt. Und immer sprach er in der ersten Person, als ob er der König David selbst wäre. Bevor nun die beiden Gelehrten mit dieser Sensation an die Öffentlichkeit traten, suchten sie den Rabbi Yedida Cohen, Mitglied des obersten Rates für Glaubensfragen, auf, der ihnen Folgendes mitteilte: "Wir dürfen darüber in der Öffentlichkeit nicht sprechen, denn unser Glaube basiert auf der Offenbarung, dass König David der Messias ist, der einst zurückkehren wird, um Gottes Königreich auf Erden zu begründen." Gemäß dem Rat des hohen Schriftgelehrten kam man überein, nichts über diesen Jungen und die Möglichkeit, dass König David wiedergeboren sein könnte, an die Öffentlichkeit dringen zu lassen. Denn das hätte gewiss zur Folge, dass nun tausende von Gläubigen sich um David scharen würden, um ihn zu dem ersehnten Messias zu küren. Wie Sybil Leek meint, wollen die Autoritäten des Glaubens niemanden neben sich dulden, der seine Glaubwürdigkeit auf Grund von Erinnerungen an seine früheren Leben begründet. Aber, so es sich bei diesem Jungen wirklich um die Wiedergeburt von König David, dem langersehnten und vorausprophezeiten Messias handelt, dann wird er sicherlich auch, wenn die Zeit gekommen ist, aus seiner Anonymität hervortreten und von sich und seiner Mission wissen lassen. [(37)]

Wenn nun all die bisher geschilderten Beispiele von sich an frühere Leben wiedererinnernden Kindern den Leser noch nicht von der Reinkarnation überzeugt haben sollten, so werden die im Folgenden wiedergegebenen Erinnerungen von Kindern, die Stevenson vorlegt, jeden Leser überzeugen müssen, dass es frühere Leben gibt.

6. Kapitel

WENN KINDER MIT MUTTERMALEN AUF DIE WELT KOMMEN

Auf dem Fahrrad von einem Unbekannten erschossen

Bua Kai Lawnak war der Schulleiter einer kleinen Dorfvolksschule in der thailändischen Provinz Phichit - zwischen Bangkok und Chiangmai gelegen. Er war sechsunddreißig Jahre alt und mit Susan verheiratet. Beide hatten zwei Söhne, weiterhin die neunjährigen Zwillingstöchter Tim und Toi, und sie erwarteten ein weiteres Kind, mit welchem Susan schwanger war. Der Vater liebte vor allem seine Zwillinge, und wenn er abends auf dem Fahrrad von der Schule heimkam, pflegte er Zuckerrohrstücke mitzubringen.

Doch Bua Kai schien nicht der ideale Ehemann zu sein, denn er hatte nebenbei Verhältnisse mit anderen Mädchen. Auch tätigte er noch Nebengeschäfte, die anscheinend nicht ganz ungefährlich waren, denn er trug meistens eine Pistole bei sich und besaß zu Hause auch ein Gewehr. So geschah es, dass vor einem Tempel auf ihn geschossen wurde, als er dort an einem buddhistischen Fest teilnehmen wollte. Die Kugel streifte wohl nur seinen Bauch, sodass er schnell wiederhergestellt war. Da er sich an jenem Ort jedoch nicht mehr sicher fühlte, beantragte er eine Versetzung. Ihm wurde nun die Schule in Ta Paw zugewiesen, welche sich etwa fünfundzwanzig Kilometer entfernt befand. Am 23. Januar 1962 wurde Bua Kai, als er auf dem Fahrrad zu seiner Schule fuhr, von hinten von einer Kugel im Kopf getroffen. Er war anscheinend sofort tot. Die Kugel war auf der linken Seite des Hinterkopfs eingeschlagen und war in Höhe des linken Haarscheitels herausgetreten, sodass an zwei Stellen Blut herausfloss. Die Polizei hatte den Mörder nie gefasst.

Am 10. Oktober 1967 wurde in einem Dorf, etwa fünfzig Kilometer entfernt von dem Ort, wo Bua Kai gelebt hatte, dem Ehepaar Kamron und Somkid Choomalaiwong ein Sohn geboren, dem man den Namen Chanai gab. Auf seinem Kopf entdeckte die Mutter zwei haarlose Muttermale, deren hinteres etwa einen halben Zentimeter groß war, während das linke vordere etwa zwei Zentimeter lang und einen halben Zentimeter breit war. Noch vor der Geburt des Sohnes hatten sich Herr und Frau Choomalaiwong von einander getrennt. Und als Chanai zwei Jahre alt war, zog seine Mutter nach Bangkok und ließ ihn bei ihrer Mutter Prom zurück. Nur gelegentlich für wenige Tage kamen der Vater oder die Mutter zu den beiden zurück. Als Chanai drei Jahre alt war, überhörte seine Großmutter, dass er mit anderen Kindern Lehrer und Schüler spielte und sie aufforderte, ihm einen Schreibblock zu bringen. Er hatte ihnen erklärt, dass er früher Lehrer war, und die Kinder hatten es wohl akzeptiert und spielten dementsprechend mit.

> Könnte es nicht sein, dass viele Kinder genau das am liebsten wieder spielen, mit dem sie sich im früheren Leben auch am liebsten beschäftigt hatten? Wenn man also im Durchschnitt nur in jedem vierten Leben sein Geschlecht wechselt, so wiederholen doch fünfundsiebzig Prozent der Kinder ihre vorherige Geschlechtszugehörigkeit. Ist es dann nicht anzunehmen, dass automatisch kleine Mädchen Mutter und Kind spielen, da das doch ihre frühere Hauptbeschäftigung gewesen sein mag? Und viele Jungen spielen mit Spielzeugwaffen. Könnte es nicht sein, dass sie noch in Erinnerung

früherer Soldatenherrlichkeit auch in ihrer heutigen Kindheit und Jugend dieser nacheifern wollen? Einer späteren Reinkarnationspsychologie stehen noch große Forschungsfelder bevor.

Jetzt begann er auch seiner Großmutter zu erzählen, dass er früher ein Lehrer gewesen sei und Bua Kai hieße. Er sagte ihr weiterhin, dass er eine Frau namens Susan, zwei Söhne und Zwillingstöchter habe, deren Namen er auch nannte. Er bezeichnete den Ort, wo er Schulmeister gewesen war, und erklärte ihr auch, wie er auf dem Fahrrad fahrend erschossen worden sei. Außerdem nannte er die Namen seiner früheren Eltern. Er bat seine Großmutter, ihn zu seiner Familie zu bringen oder aber zu jenen Eltern. Er sagte ihr, dass er genau den Ort kenne, wo seine Eltern Kiang und Yong lebten. Als ihm aber die Großmutter diese Idee ausreden wollte, begann er zu weinen. Immer wieder drang er in sie, ihn entweder zu seiner Familie in Ban Khao Sai zu bringen oder zu seinen Eltern in Khao Phra. Die Großmutter drohte ihn zu schlagen, wenn er nicht endlich mit diesem Ansinnen aufhöre. Aber der Dreieinhalbjährige ließ sich nicht einschüchtern und sagte, dass ihm das egal wäre. Schließlich gab sie nach.

Wieso kommt es eigentlich, dass Kinder, die sich an frühere Leben erinnern, den Drang haben, unbedingt ihre früheren Familienmitglieder wiedersehen zu wollen? Ist es Nostalgie? Ist es ein gewisser Magnetismus, der sie nach dort zurückzieht? Oder wollen sie selbst eine Bestätigung ihres Wissens einholen, um sich und den zweifelnden jetzigen Eltern zu beweisen, dass ihre Erinnerungen doch keine Hirngespinste kindlicher Fantasie sind? Ich glaube eher, dass das Band der Liebe im Emotionalkörper des neuen Körpers weiterhin wirksam ist. Denn der Emotionalkörper speichert alle Gefühle, und da er derselben Seele von Leben zu Leben weitergereicht wird, bleiben Gefühle der Liebe oder der Ablehnung bestehen.

Großmutter Prom nahm mit Chanai den Bus zu einer Stadt in der Nähe jenes Dorfes, von dem er sagte, dass seine Eltern dort lebten. Die Großmutter, wie sie später gestand, hatte Hemmungen, mit dem Enkelkind dorthin zu fahren, da sie immer noch glaubte, dass die Angaben ihres Enkels nur erfunden sein könnten. Sie hatte Angst, sich furchtbar zu blamieren, und dennoch hatte sie seinem Drängen nachgegeben, um ihm auch zu beweisen, dass alles nur Kinderfantasie sei. Doch in jenem Städtchen schien sich der Dreieinhalbjährige auszukennen, denn er wusste, wie man in das benachbarte Dorf gelangen konnte, wo seine angeblichen früheren Eltern wohnten. Und schließlich standen sie vor jenem beschriebenen Haus und klopften an. Als jemand zur Tür kam, fragte die Großmutter, ob hier das Ehepaar Kian und Yong lebe. Auf die bejahende Antwort fiel der Großmutter wohl ein Stein vom Herzen. Also schienen die Geschichten von Chanai doch wahr zu sein. Als die beiden alten Leute den Besuchern gegenüberstanden, sprach der Kleine sie mit Vater und Mutter an. Die Großmutter erklärte, dass ihr Enkel behauptete, Bua Kai, ihr Sohn zu sein, der vor einigen Jahren als Lehrer erschossen worden war. Und sie fragte, ob es stimme, dass sie einen Sohn gehabt hätten, auf den dieser Name und die Todesumstände zuträfen. All das wurde bejaht. Jetzt war das Erstaunen groß zur Freude von Chanai. Die Großmutter zeigte dem Ehepaar die Muttermale am Kopf. Nun waren die Eltern von Bua Kai vollends überzeugt, in dem Jungen ihren verstorbenen Sohn wiederzusehen. Man verabredete beim Abschied, sich bald wiederzusehen und noch andere Familienmitglieder zu benachrichtigen.

Als die beiden nach ein paar Tagen wieder zurückkehrten, hatte sich eine ganze Anzahl von Familienmitgliedern versammelt. Unter ihnen befand sich auch Bua Kais Frau Susan. Als er gefragt wurde, ob er diese Frau kenne, sagte er: "Es ist natürlich Susan." Er erkannte andere Familienmitglieder wieder und nannte deren Namen. Wiederum sah man sich die Geburtsmale am Kopf an, und

Susan, die früher an ihrem toten Mann die Ein- und Austrittswunde, die durch die Kugel verursacht worden war, gesehen hatte, bestätigte, dass die Muttermale an der gleichen Stelle zu sehen waren. Als er gefragt wurde, was er denn eigentlich an seinem Todestag vor seiner Ermordung noch getan hätte, erklärte Bua Kai Folgendes: "Am Morgen wusch ich meine Wäsche. Danach nahm ich meine Buddhakette von meinem Hals und hängte sie am Tisch auf. Dann nahm ich eine Dusche. Nach dem Frühstück fuhr ich mit dem Fahrrad zur Schule. Ich vergaß, meine Kette wieder anzulegen, und ich vergaß auch meine Pistole. Wenn ich sie nicht vergessen hätte, wären mir beide ebenfalls gestohlen worden." All das musste Susan bestätigen. Daraufhin wurde er gefragt, welche Waffen er besessen habe, und er antwortete korrekt, dass er eine Pistole und ein Gewehr besäße. Man hatte sich gut vorbereitet, um ihn zu testen. Ob er sich an irgendetwas erinnern könne, was Bua Kai besessen habe, war die nächste Frage. Der Dreieinhalbjährige wiederholte, dass ihm eine Buddhakette gehört habe. Und als man wissen wollte, wie viele Buddhas denn an dieser Kette befestigt gewesen seien, hob er drei seiner Finger in die Höhe. Dann fragte er seine früheren Eltern, ob noch der kleine Erste-Hilfe-Kasten bei ihnen sei, welchen er ihnen einst gebracht habe. Sie bejahten. Und Chanai ging die Treppe hoch, denn er wusste noch aus seinen Erinnerungen, wo er ihn damals hingestellt hatte, und brachte ihn zu den anderen nach unten. Als er durch das Haus ging, machte er mehrere Bemerkungen zu den Dingen, die jetzt anders als früher waren, Dinge, die nicht mehr vorhanden waren, wie seine Bücher oder Möbelstücke oder Dinge, die jetzt neu waren. Die alte Frau Yong holte sechs Munitionsgürtel herbei und fragte Chanai, welcher von diesen der seine gewesen sei. Er wies auf den richtigen. Jetzt war Bua Kais Mutter restlos überzeugt. Sie brach in Tränen aus, und viele der Anwesenden mussten ebenfalls weinen. Und dann, nachdem die alte Frau sich wieder beruhigt hatte, fragte sie ihn, warum er denn nicht wieder in ihrer Familie wieder geboren sei, sondern so weit weg bei einer anderen Familie. Und der Kleine erklärte, dass man nicht wählen könne, wo man wieder geboren würde.

Nun wurde der Dreieinhalbjährige auch zu Susan, Bua Kais Frau, nach Hause eingeladen. Als er der anwesenden Zwillingstochter Tim, einer Siebzehnjährigen, gegenübergestellt wurde, begann Chanai heftig zu weinen. Er fragte sie, ob sie ihn wieder erkennen würde. Sie verneinte. Und er sagte ihr, dass er ihr Vater sei. Doch Tim war gar nicht von den Äußerungen dieses kleinen Jungen begeistert. Erst als er ihr eine ganze Reihe von Fragen richtig beantwortet hatte, konnte sie ihn als ihren wiedergeborenen Vater anerkennen. Er fragte nach Toi, seiner anderen früheren Tochter. Tim führte ihn zu ihrer Schwester. Und der kleine Mann fragte sie nach einem Wortwechsel, ob sie immer noch so empfindlich auf alles reagiere wie früher. In der Folge besuchte Chanai seine frühere Familie und die Familie seiner Eltern häufig. Er fuhr oft mit dem Bus allein dorthin, und manchmal blieb er dort auch für einige Tage oder sogar Wochen. Er war nun vollends als jener verstorbene und wiedergeborene Bua Kai akzeptiert, und man respektierte seinen Wunsch, dass er von seinen großen Kindern "Vater" genannt wurde. Denn seine früheren Töchter hatten erst Schwierigkeiten, ihn mit Vater anzureden, und hatten sich geeinigt, ihn "kleiner Neffe" zu nennen. Aber darüber war Chanai sehr ungehalten und sprach nicht mehr mit ihnen, bis sie ihn wieder "Vater" nannten. Bua Kais jüngerer Bruder konnte den Kleinen als früheres Familienmitglied nicht akzeptieren, weshalb Chanai ihn auch mied. Susan erinnerte ihn an sein früheres Leben als Playboy und meinte, dass er vielleicht, wenn er größer werde, wiederum ein solcher sein würde. Und der Kleine erwiderte: "Ich habe genug davon gehabt. Das reicht." Er benahm sich wie ein Erwachsener. Als seine früheren Töchter mit ihm einmal spazieren gingen, begegneten sie einem Mann, und eine der Schwestern fragte, ob er diesen Mann kenne. Er bejahte dieses und nannte dessen korrekten Namen Sam Am Sisawan, der schließlich auch Chanai als Wiedergeburt seines Freundes anerkannte und bei einer anderen Begegnung einmal fragte, wie er sich verhalten würde, wenn Susan sich wieder verheiraten würde. Und der Junge, ganz entrüstet, fand diese Idee vollkommen abwegig, war er doch *ihr* Ehemann. Chanai benahm sich in allem, als ob er noch immer der erwachsene Bua Kai wäre, denn er ging im Hause seiner früheren Eltern wie selbstverständlich überall herum und machte Bemerkungen über seine früheren Sachen, die er wiederfand oder vermisste. Ebenso verfuhr er in Susans Haus. Als etwas nicht mehr vorhanden war, was er vorher besessen hatte, fragte er Susan danach, und sie sagte, dass sie es einer bedürftigen Familie gegeben habe. Er lobte sie deshalb. Aber er konnte auch ärgerlich darüber sein, wenn etwas fehlte, das ihm sehr lieb gewesen war. So entdeckte er einmal eine Kette wieder, an welcher, wie er bemerkte, anstatt der drei Amulette nur noch eines befestigt war. Seine frühere Frau erklärte ihm, dass sein "Sohn" zwei der Amulette für sich abgenommen hätte. Das ärgerte ihn.

Ein andermal fragte Sam Am ihn, ob er wisse, wer der Mörder sei, der ihn von hinten erschossen hätte. Und der Junge sagte, dass er es wisse. Seiner Großmutter wurde hinterbracht, dass sich ein Fremder bei ihrer Freundin erkundigt hätte, ob Chanai sich an seinen Mörder erinnern könne, und wenn, ob er ihn anzeigen wolle. Diese Freundin antwortete ausweichend. Und der Mann, der sehr nervös reagierte, eilte wieder davon. Als die Großmutter dieses hörte, vermutete sie in jenem Fremden den mutmaßlichen Mörder, der sich erkundigen wollte, ob ihr Enkel sich an ihn erinnere. Denn in diesem Falle konnte jener den Jungen noch rechtzeitig wieder umbringen, um nicht selbst entlarvt zu werden, weshalb die Großmutter wohl auch ihrem Enkel eingeschärft hatte, niemals mehr zu behaupten, dass er den früheren Mörder kenne. Um ihn zu schützen, schickte sie ihn vorerst zu seiner Mutter nach Bangkok. Denn in der Zwischenzeit war einem Reporter einer großen Zeitung dieser Fall hinterbracht worden, sodass über dieses Reinkarnationsereignis ein ausführlicher Artikel erschien.

Diesen Artikel hatte wohl der Mörder von Bua Kai gelesen, weshalb er sich nun versichern wolle, ob irgendeine Gefahr für ihn bestünde, ist es doch schon passiert, dass wiedergeborene Kinder ihre früheren Mörder überführt haben.

Seine früheren Eltern hatten den damals Dreieinhalbjährigen gefragt, ob er wisse, was nach seinem Tod mit ihm passiert sei. Und er antwortete, dass er nicht gesehen habe, wer ihn erschossen hatte (aber sicherlich wusste er, wer damals die Absicht hatte, ihn umzubringen, weshalb zwischen dieser und der vorigen Aussage kein Widerspruch bestehen muss), aber er habe wahrnehmen können, wie er seinen Körper verlassen hatte. Und wörtlich: "Ich konnte mich selbst auf der Straße liegen sehen. Meine Füße zuckten noch. Mein Blut strömte auf die Straße." Und weiterhin befragt, was er anschließend erlebt hatte, antwortete der Kleine: "Ich habe viele Orte aufgesucht, aber ich kann mich jetzt nicht mehr daran erinnern, wo ich überall war."

Stevenson bemerkt hierzu, dass die thailändischen Kinder, die sich an ihren früheren Tod erinnern und an das, was anschließend passierte, oft beschrieben haben, von einem Mann ganz in Weiß bei der Hand genommen und weggeführt worden zu sein.

> Es handelt sich dabei nicht notwendigerweise um einen europäisch aussehenden Mann, sondern jenseitige Verwandte oder Geistführer erscheinen den soeben Verstorbenen oft in einem strahlenden weißen Licht oder auch in einem weißen Gewand.

Seine Eltern aus dem früheren Leben führte er einmal zu jenem Tempel, wo man auf ihn geschossen hatte. Dort erklärte er ihnen, wo und wie alles dort geschehen und abgelaufen war. Manchmal war Chanai ohne Erlaubnis der Großmutter zu seinen früheren Familienangehörigen gefahren. So kam sie hin und wieder hinterhergereist und holte ihn zurück. Die Großmutter wurde seitens der Familie von Bua Kai gefragt, ob sie ihren Enkel zur Adoption freigeben würde, denn sie wollten den Jungen auch mit seinem

Einverständnis gerne wieder ganz bei sich haben. Dies lehnte jene Frau energisch ab. Als Chanais Vater wieder einmal zurückgekehrt war, musste sie ihm von der Gefahr erzählt haben, dass sein Sohn sich gerne von der früheren Familie adoptieren lassen würde. Darum verbot er nun strickt seinem Sohn, seine früheren Familienmitglieder weiterhin zu besuchen.

Professor Stevenson hatte Chanai und die meisten Familienmitglieder und wichtigen Personen interviewt und auch bei wiederholten Besuchen in Thailand den nun immer größer werdenden Jungen aufgesucht. Mit den Jahren hatte dieser immer mehr von dem vergessen, an das er sich noch früher gut erinnern konnte. Doch einiges blieb immer noch in seinem Gedächtnis haften. Interessant ist der Umstand, dass Chanai immer Kopfweh bekam, wenn er über sein früheres Leben berichtete. [38]

> Dies mag besonders dann geschehen, wenn der Hergang des Todes wiedererinnert wird. Wie ich es manchmal bei meinen Klienten in der Rückführungstherapie erlebe, können diese wieder Schmerzen an jenen Körperteilen spüren, die in früheren Leben in Mitleidenschaft gezogen worden waren, sobald sie über diese Ereignisse zu sprechen beginnen. Die Erinnerungsschwingungen lassen im Emotionalkörper jene damals dort durch eine (Todes-)Wunde registrierten Schmerzensschwingungen, so sie noch nicht "erlöst" sind, wieder in Schwingung geraten, sodass im heutigen Körper ein Schmerz gefühlt werden kann. Meistens jedoch legt sich dieser Schmerz noch während des Therapievorgangs oder verschwindet innerhalb kurzer Zeit nach dessen Beendigung.

Wie wichtig es für sich an ihre früheren Leben wiedererinnernden Kinder erscheint, zu den Plätzen und den Leuten ihrer früheren Familie zurückzukehren, wird das nächste Beispiel aus Stevensons Mammutwerk *Reincarnation and Biology* zeigen, in welchem er über zweihundert Fälle nachweist, bei welchen sich heutige

Geburtsmerkmale und Geburtsmissbildungen aus den Verletzungen, die im früheren Leben nachweislich geschehen sind, herleiten lassen.

Als Achtjährige vom Geländer gestürzt

Sakuntala wurde als Tochter des indischen Silberschmieds Prahu Dayal Maheshwari 1960 in der Stadt Kota im Staate Rajastan geboren. Am 28. April 1968, als sie acht Jahre alt war, spielte sie mit ihrer Kusine auf einem Balkon, dessen Geländer nicht sehr hoch war. Plötzlich verlor sie die Balance, fiel über das Geländer und knallte mit ihrem Kopf auf den Betonboden. Ihre Mutter brachte die Bewusstlose, aus deren Ohr Blut floss, sofort ins Krankenhaus, wo sie einige Stunden später verstarb. Als Todesursache wurde ein Schädelbruch angenommen, der Blutungen und Schwellungen verursachte, die wiederum zum Tode geführt hatten.

Am 19. September 1969 wurde 360 Kilometer entfernt in Laxmangarh im selben Staat Rajastan als Tochter von Radhey Shyam Khandelwal, einem Korn-, Saatgut- und Düngemittelhändler, Sunita geboren. Ihr Vater gehörte der gut verdienenden Mittelklasse an. Als Sunita den Bauch der Mutter verlassen hatte, war auf der rechten Kopfseite ein großes blutendes Muttermal zu sehen. Man streute in den nächsten Tagen Puder auf diese Wunde, und nach einigen Tagen stellte sich die Blutung ein. Diese wunde Stelle konnte weder durch einen Geburtseingriff entstanden sein, noch war die Mutter vor der Geburt irgendwie gefallen, um Ursache für jene blutende Wunde zu geben. Sie blieb auch weiterhin deutlich sichtbar und hob sich noch durch fehlenden Haarwuchs, dunklere Färbung und eine kleine Erhöhung von der übrigen Haut ab.

Als Sunita zwei Jahre alt war, sagte sie, dass sie in Kota zu Hause sei, wo ihre Eltern und zwei Brüder wohnten. Ihr Vater sei ein Silberschmied und besäße einen Tresor. Außerdem hätten sie ein Auto und ein Motorrad. Und sie erklärte, dass sie aus nur geringer Höhe heruntergefallen sei, und zeigte auf ihre Kopfmarkierung, indem sie sagte: "Schaut hier. Ich bin heruntergefallen." Immer wieder während der nächsten drei Jahre bat sie ihre Eltern, sie nach Kota zu bringen, denn sie wolle ihre frühere Familie wiedersehen. Leider konnte sie keine Namen der Familienmitglieder nennen, wusste aber noch zu berichten, dass sie, als sie acht Jahre alt war, von ihrer Kusine beim Spielen über das Geländer gestoßen worden war.

Auch in Rückführungen fällt es vielen der in ein früheres Leben Zurückgeführten oft schwer, faktische Dinge genau zu benennen wie Namen der Personen und Orte oder auch Jahreszahlen. Jedoch wird alles, was mit den Gefühlen und Begebenheiten zusammenhängt, bis ins letzte Detail erlebt.

Da ihre Eltern ihrem Wunsch, mit ihr nach Kota zu reisen, nicht nachkommen wollten, verweigerte sie das Essen, sodass sie dermaßen abnahm, dass man sie vorübergehend in ein Krankenhaus bringen musste. Um ihrer halsstarrigen Essensverweigerung ein Ende zu bereiten und um ihrem Wunsch, nach Kota gebracht zu werden, nachzukommen, reisten die Eltern mit ihr der Einfachheit halber nach der nächstliegenden Stadt Jaipur und sagten zu ihr, dass diese Stadt Kota sei. Doch die Kleine ließ sich nicht in die Irre führen, denn sie wusste sogleich, dass diese Stadt nicht die war, die sie aufsuchen musste, und war über die Lüge ihrer Eltern sehr ungehalten. Ein Freund der Familie, dem dieses inständige Bitten der Kleinen zu Herzen ging, drang nun in ihre Eltern, sie doch einmal nach der entfernten Stadt Kota zu bringen, denn vielleicht könnte sie dort ihre frühere Familie wiederfinden, hatte die Kleine doch auch noch das Stadtviertel benannt, wo ihre angeblichen früheren Eltern das Geschäft hatten, sowie auch angegeben, zu welcher Kaste diese gehörten. Dieser Freund war ein Rechtsanwalt. Er verständigte den Reinkarnationsforscher Professor Banerjee in Jaipur, der bald darauf kam und Sunita befragte. Er sprach so eindringlich auf die Eltern ein, dass diese schließlich einwilligten, dem Wunsch der Tochter nachzukommen und mit der Fünfjährigen nach Kota zu reisen. Er selbst wolle sie begleiten und den Fall vor Ort untersuchen.

Dort angekommen, stellte man mit Verwunderung fest, dass das von ihr genannte Stadtviertel wirklich existierte. Jedoch konnte die Tochter die Erwachsenen nicht zu jenem Geschäft ihres früheren Vaters führen. Auch wusste man dessen Namen nicht. Es blieb also nichts anderes übrig, als bei jedem Siberschmied nachzufragen, ob die betreffende Familie eine Tochter gehabt habe, die mit acht Jahren vom Balkon heruntergestürzt war und daraufhin verstarb. So gelangten sie schließlich zu dem Silberschmied Prabhu Dayal Maheshwari. Sunita erkannte seinen Laden sofort wieder und erblickte auch gleich in jenem dort am Tisch sitzenden Herrn ihren früheren Vater. Als man ihm erklärt hatte, weshalb man gekommen sei, fragte dieser die Fünfjährige, wessen Tochter sie sei, worauf Sunita prompt erklärte, dass sie seine Tochter sei. Herr Prabhu Dayal musste eingestehen, dass alles Vorgetragene auf ihn zuträfe, denn seine Tochter Sakuntala sei mit acht Jahren vom Balkon gestürzt und daraufhin gestorben. Auch hörte er sich alles weitere voller Verwunderung an, untersuchte auch das Muttermal am Kopfe dieses Mädchens genauer. Ja, es war genau die Stelle, auf die Sakuntala damals gefallen war. Er war nun überzeugt, dass er in der Fünfjährigen seine verunglückte Tochter wieder vor sich hatte. Anschließend führte das Mädchen die kleine Gruppe durch viele Gassen zu dem Wohnhaus ihrer früheren Eltern. Dort angekommen, machte sie eine ganze Reihe von Aussagen, die sich auf ihr früheres Leben bezogen und alle richtig waren. Zum Beispiel sagte sie, dass sie noch in einem anderen Haus der Familie gewohnt habe, bevor ihre Familie in jenes Haus gezogen sei.

Der Gesundheitszustand von Sunita verbesserte sich nach diesem Ausflug rapide, denn nun war für sie kein Grund mehr vorhanden, das Essen zu verweigern, da sie ihre frühere Familie wieder gefunden hatte.

Als Professor Stevenson von diesem Fall unterrichtet wurde, schickte er sofort seine Mitarbeiterin Dr. Satwant Pasricha zu jener Familie, um diesen Fall zu untersuchen, bevor er selbst nach Indien kam, um noch ausgedehntere Untersuchungen anzustellen.

In den nächsten Jahren besuchten sich beide Familien gelegentlich, und als Sunita größer wurde, fuhr sie an besonderen Festtagen nach Kota, um bei ihrer früheren Familie sein zu können. Als Sunita mit zwanzig Jahren heiratete, übernahm der Vater der Sakuntala die Kosten für die Hochzeit, so als ob es sich um die Heirat der eigenen Tochter gehandelt hätte. Hierbei muss man wissen, dass in Indien der Vater einer Tochter bei deren Hochzeit für alle Kosten aufzukommen hat, die oft ein kleines Vermögen ausmachen können, denn zu der Hochzeit einer Silberschmiedtochter werden hunderte von Gästen eingeladen. [39]

Das Geheimnis bleibt offen, warum jene Wunde der Sunita bei der Geburt blutete. Eventuell war mit dem Tode der blutenden Sakuntala ein Stillstand ihrer physischen Programmierung eingetreten, die sich sofort dann wieder auswirkte, als sie in die heutige Physis hineingeboren worden war. Doch bleibt ungeklärt, ob der Fötus nicht auch schon an dieser Stelle blutete, stellt er doch ebenfalls schon eine massive Physis dar. Nach meiner Meinung musste sich auch schon an der Schläfe des Fötus dieses Muttermal befunden haben, das eventuell durch den Geburtsvorgang aufgescheuert wurde und somit zur Blutung gelangte. Es wäre aber auch denkbar, dass von höherer Seite diese Blutung verursacht wurde, um die Eltern und später Sunita auf die besondere Bedeutung dieses Wundmales hinzuweisen.

In unserem nächsten Fall kommt ebenfalls ein Kind zur Welt, das aus einer Wunde blutet.

Als umstellter Bandit sich selbst erschossen

Die Geschichte, die ich jetzt nacherzähle, wird sich eventuell wie eine Kriminalgeschichte lesen, jedoch ist sie nicht erfunden, sondern sie hat sich tatsächlich zugetragen, und zwar im fernen Südosten der Türkei in der Provinz Hatay. Cemil Hayik wurde 1912 als Sohn des Mehmet Hayik in Kaharnub geboren. Dieser gehörte der arabisch sprechenden Minderheit in dieser Gegend an. Nachdem die Franzosen jene türkische Provinz verwalteten, was Unmut bei der Bevölkerung bewirkte, operierten mehrere Unwillige als Banditen in den Bergen, wo ihnen die französische Polizei und die mit ihnen kooperierenden einheimischen Polizisten den Kampf angesagt hatten. Der Vater von Cemil war zu einem der Banditenführer avanciert, sodass sein Sohn schon früh in das Leben einer sich immer auf der Flucht befindenden Räuberbande eingeführt wurde. Denn um zu überleben, blieb diesen Außenseitern wohl nichts anderes übrig, als Leute auszurauben. Cemil hatte zwei Schwestern. Einer der Brautwerber wurde von seinem Vater zurückgewiesen. Um sich zu rächen und die Familie Hayik zu demütigen, überfiel dieser mit einem Freund die beiden Schwestern und vergewaltigte sie. Auf solch eine Tat gab es nur eine Antwort: Rache. Diese Rache vorzunehmen wurde dem damals zwanzigjährigen Cemil übertragen, schien er doch in solchen Dingen schon geübt zu sein, denn es gelang ihm, zwei Verräter, die den Aufenthaltsort seines Vaters an die Polizei weitergegeben hatten, zu töten. Und auch bei der Jagd auf die beiden Vergewaltiger benötigte er nicht lange, um sie ebenfalls umzubringen. Nun begann die Polizei, speziell nach ihm zu fahnden. Auf Zureden von Freunden ergab er sich, als er sich in einer aussichtslosen Lage befand, der Polizei - wohl auch in der Hoffnung, dass er ja nur den Gesetzen der Blutrache gefolgt war, was vor einheimischen Richtern sicherlich wegen mildernder Umstände nur zu einer geringen Strafe oder gar zu einem Freispruch geführt hätte. Doch das französische Gericht verurteilte ihn zum Tode. Cemil täuschte vor seiner angesetzten Hinrichtung einen großen körperlichen Schmerz vor, weshalb man ihn ins Krankenhaus brachte, wo ihn seine Frau besuchen durfte. Er benutzte die Gelegenheit, mit ihr die Kleider zu wechseln und das Krankenhaus unerkannt zu verlassen.

Viele Bewohner der Provinz Hatay, welche die französische Regierung als Fremdkörper hassten, freuten sich über diesen Husarenstreich, sodass Cemil immer mehr an Ansehen genoss und später nach seinem Tod sogar als eine Art Nationalheld gefeiert wurde. Es gelang der französischen Polizei, Cemils Bruder Ibrahim festzunehmen und ihn sozusagen als eine Art Bürge in Haft zu halten, um Cemil und seinen Vater wissen zu lassen, dass sie sich von ihrem Banditentum lossagen müssten, ansonsten würde dem Inhaftierten Unangenehmes zustoßen. Aber auch Ibrahim gelang es, zu fliehen und sich zu Cemil in die Berge durchzuschlagen. Die beiden Brüder wurden nun immer bekannter, denn häufig überfielen sie die Reisenden und raubten sie aus, ohne ihnen jedoch das Leben zu nehmen. Allerdings gingen sie mit Franzosen oder deren angeworbenen einheimischen Polizisten ungnädig um. Somit wurde das Bruderpaar in der Mitte der Dreißigerjahre zu den meistgesuchten Banditen der Provinz.

Doch eines Tages, als sie bei einem Mann Unterkunft und Essen gefunden hatten, ließ dieser heimlich die Polizei wissen, wen er bei sich beherberge. Diese umstellte nun das Haus, und es kam zu einem ausgiebigen Schusswechsel, bei welchem drei Polizisten getötet und sieben verwundet wurden. Denn die beiden Brüder schossen aus den Fenstern heraus, die ihnen genügend Deckung gaben. Sie waren geübte Schützen, während die Polizisten nur aus mangelhaften Deckungen heraus auf die beiden hinter den Fenstern Verborgenen schießen konnten. Doch schließlich kam man auf die Idee, das Haus anzuzünden, indem man Benzin auf das Dach schleuderte und es in Fammen aufgehen ließ. Die beiden Brüder, die einsehen mussten, dass sie aus diesem Haus lebend nun nicht mehr hinausgelangen konnten, zogen den Tod durch die eigene Hand vor. Cemil erschoss zuerst seinen Bruder und zog ihn durch die Blutlache in eine Ecke, sodass dessen Kopf in Richtung Mekka zeigte, setzte dann das Gewehr unter der rechten Seite seines Kinns an und drückte ab. Er hatte sich so gestellt, dass er mit seinem toten Körper neben seinen Bruder fallen musste, also ebenfalls mit dem Kopf in Richtung Mekka.

Als die Polizisten jene zwei Schüsse im Haus vernommen hatten und keine weiteren mehr aus und auf sie abgeschossen wurden, näherten sie sich vorsichtig dem Gebäude und fanden die beiden Leichen, die sie noch rechtzeitig aus dem brennenden Hause herausziehen konnten. Diese wurden nun auf Pferde gebunden und wie Trophäen in die Hauptstadt Antakya gebracht. Hier ordnete man an, dass beider Leichen vor dem Gerichtsgebäude zur Abschreckung aller anderen Banditen zwei Tage lang liegen bleiben sollten, bevor man Mitgliedern der Familie gestattete, das tote Brüderpaar abzuholen und zu begraben. Und tausende kamen, um sich die beiden Leichen anzusehen.

Dies alles hatte sich im Dezember 1935 zugetragen, vier Jahre, bevor sich die Franzosen aus jener Provinz wieder zurückzogen und leider auch die Gerichtsunterlagen und Autopsieberichte mitnahmen oder vernichteten, sodass später Professor Stevenson kein Obduktionsdokument mehr einsehen konnte.

Mikai Fahrici war Bauer in der Provinz. Seine Frau war schwanger. Nur einen Tag, nachdem sich der Tod der beiden Brüder Hayik herumgesprochen hatte, mit denen er entfernt verwandt war, träumte er, dass der ältere von beiden in sein Haus kam. Einen Tag darauf gebar seine Frau ihm einen Sohn, dem man den Namen Dahham gab. Unter seinem rechten Kinn befand sich ein Geburtsmal, wie auch auf seinem Kopf ein solches zu sehen war. Als nun Dahham zwei Jahre alt war, lehnte er jedes Mal seinen Namen ab und sagte, dass er Cemil heiße. Obwohl sein Vater jenen Traum vor der Geburt des Sohnes gehabt hatte, dass Cemil Hayik in sein Haus gekommen war und auch anfangs daran glaubte, dass sein Sohn die Wiedergeburt jenes Erschossenen sei, war es ihm doch nicht lieb, dass nun so viele zu ihnen kamen, um diesen Jungen aufzusuchen und ihn nach seinem früheren Leben auszufragen - hatte es sich doch bereits wie ein Lauffeuer herumgesprochen, dass jener Volksheld in seinem Sohn wiedergeboren sein sollte. Darum verbot er nun seinem Sohn weiterhin zu behaupten, dass er Cemil heiße. Als dieses Verbot nichts fruchtete, zwang man ihn, jedes Mal, wenn er wieder behauptete, Cemil und nicht Dahham zu heißen, eine bittere Substanz zu schlucken, oder aber man spuckte in seinen Mund. Doch all diese Maßnamen vermochten ihn nicht davon abzubringen, weiterhin auf jenem Namen zu bestehen. Deshalb suchte man einen Hoca auf, also einen religiösen Führer, der den Eltern nahelegte, dem Wunsch des Sohnes zu entsprechen. So gaben die Eltern schließlich nach und ließen ihn offiziell umbenennen in Cemil. Und der Dreijährige begann immer mehr aus seinem Leben als jener erschossene Bandit Cemil Hayik zu erzählen, wobei alle Einzelheiten gestimmt haben sollen. Familienmitglieder von Cemil Hayik hörten von diesem Jungen, und sie kamen, um herauszufinden, ob es wirklich jener inzwischen berühmt gewordene Banditenheld sein sollte, der wiedergeboren war. Sie fragten ihn, wer die drei Frauen seien, die jetzt vor ihm stünden. Und der Dreijährige nannte die jeweilige Person beim Namen und sagte, dass sie seine drei Schwestern seien. Nach dem Namen von Cemils früherer Frau befragt, gab er ihn richtig wieder. Als man ihm Fotografien vorlegte, wusste er auch die Namen der Personen darauf richtig zu benennen. Die Antworten des kleinen Jungen auf die vielen Fragen und Fangfragen hin mussten jene ihn Prüfenden derart beeindruckt haben, dass sie ihn wirklich als die Wiedergeburt Cemils ansahen. Auch konnte er die Einzelheiten über den Hergang seines Todes genau wiedergeben. Als man schließlich Cemil der Mutter des Erschossenen gegenüberstellte, war diese Frau zuerst sehr skeptisch, in diesem Kind ihren wiedergeborenen Sohn erkennen zu sollen. Aber auch sie mussten die korrekten Antworten auf ihre vielen Fragen schließlich derart von der Richtigkeit seiner früheren Identität überzeugt haben, dass sie und ihr Mann den Bauern Mikail fragten, ob sie seinen Sohn als den ihren adoptieren dürften, damit er wieder zu ihnen zurückkehre. Aber davon wollte der Bauer nichts wissen. Als Cemil größer wurde, besuchte er oft seine frühere Familie, und gegenseitig tauschte man Geschenke aus. Wenn er seine früheren Eltern wieder verlassen musste, weinte er. Seine früheren Schwestern schien er nicht so sehr zu mögen. Wie er seiner heutigen Schwester einmal gestand, hatten jene ihm zu viele Mühen im vergangenen Leben bereitet. Ein jeder in seiner Gegend nannte ihn nur noch "Cemil Hayik", sei es, dass jedermann an seine Wiedergeburt als jener Volksheld glaubte, oder sei es, weil eben jeder ihn so nannte, sodass man ihn ebenfalls mit diesem Namen ansprach.

Der wiedergeborene Cemil entwickelte auf der einen Seite eine Angst vor Polizisten und Uniformierten, auf der anderen Seite packte ihn jedes Mal eine Wut, wenn er diese sah. Er nahm schon als kleiner Junge Steine und warf sie auf Polizisten. Einmal ergriff

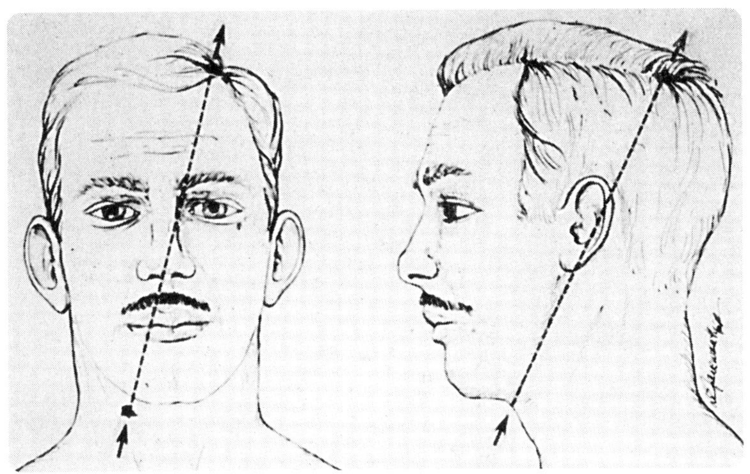

Abb. 3
Rekonstuktion der Flugbahn der Kugel durch Cemil Hayiks Kopf

er einen Stock und hielt ihn wie ein Gewehr, mit dem er auf jene zu schießen vorgab. Auch brachte er eine Phobie vor Blut mit in dieses Leben. Mit zehn Jahren sah er einen Mann in seinem Blut liegen, der von der Polizei erschossen worden war. Der Anblick von Blut erzeugte bei ihm Kopfschmerzen. Bis zu seinem siebten Lebensjahr hatte er Albträume, in welchen er gegen die französischen Gendarmen kämpfte.

> Albträume verweisen oft auf Erlebnisse aus früheren Leben. Werden in der Rückführungstherapie diese in ihrer Ursache aufgedeckt und "erlöst", dann bleiben sie auch auf immer verschwunden.

Als Cemil, inzwischen Bäcker geworden, dreißig Jahre alt war, kam Professor Stevenson zu ihm. Er konnte sich noch an viele Einzelheiten aus einem früheren Leben erinnern, wusste aber nicht mehr, in welchem Alter er sich zuerst an die Einzelheiten erinnert hatte. Stevenson untersuchte nun den Kopf und den Hals von Cemil. Dieser erzählte ihm, dass er damals, als er und sein Bruder von der Polizei umstellt worden waren und das Dach über ihnen zu brennen begonnen hatte, keine Chance mehr sah, ihr Leben zu retten. Deshalb habe er seinem Bruder gesagt, er möge seine Augen schließen, und dann habe er ihn als Erstes erschossen. Schließlich habe er die Mündung seines Gewehres unter sein Kinn gestellt und habe mit seinem Zeh den Abzug betätigt. An dieser Einschussstelle der Gewehrkugel war eine deutliche Einkerbung zu sehen, die zwei Zentimeter lang und einen Zentimeter breit war. Diese Wunde hatte bei seiner Geburt gemäß den Aussagen seiner Mutter ziemlich stark geblutet, sodass sie im Krankenhaus genäht werden musste. Aus diesem Grund hatte sich nun diese Markierung durch die Operation vergrößert. Auch war jene Stelle im Zahnbereich, durch die jener Schuss durch den Kieferbereich in den oberen Kopf eingedrungen war, stets eine Schwachstelle in seinem Mund, sodass er dort häufig unter Schmerzen zu klagen hatte. Trotzdem man die Naht an seinem Hals gleich nach der Geburt zugenäht hatte, drang aus diesem Muttermal auch später noch gelegentlich Blut hervor.

Wo immer wir in früheren Leben am Körper unter traumatischen Bedingungen verletzt worden waren, entwickeln sich oft in den Folgeleben Schwachstellen. Ist jemand in der Lebergegend durch einen Lanzenstich in einem früheren Leben zu Tode gekommen, kann er noch über viele Leben hinweg dort immer wieder eine Schwachstelle haben, selbst dann, wenn die Ärzte eine triftige Ursache für diese Schmerzen entdecken können und durch Medikamente oder auch durch eine Operation diese Schwachstelle heilen können, ist diese in Wirklichkeit doch nicht geheilt, da an dieser Stelle eine Ladung negativer Energie aus früherem Leben lokalisiert ist, die bei nächster Gelegenheit sich in irgendeiner Form wieder bemerkbar machen kann. Wird jedoch in einer Rückführungstherapie die Ursache dieser Schwachstelle aufgedeckt und "erlöst", dann wird auch in Zukunft (auch über dieses Leben hinaus) diese Stelle von allen Schmerzen oder unangenehmen Irritationen frei bleiben.

Das andere Muttermal am Kopf konnte Stevenson deutlich erkennen, als er die Haare auseinander schob. Die Narbe, verursacht im früheren Leben durch die Austrittswunde, war zwei Zentimeter lang und zwei Millimeter breit. Die Austrittsnarben, die von einer heraustretenden Kugel stammen, sind meist größer als die Narben der Eintrittsstellen, da die herauskommenden Geschosse noch mehr Gewebe oder Knochenstücke mit abtrennen können und dementsprechend nach außen eine größere Wunde entstehen lassen, als es bei Einschüssen der Fall ist. [(40)]

Interessant ist die Frage, wie es möglich war, dass die Seele des verstorbenen Cemil Hayik schon ein bis zwei Tage nach seinem Tod in den Körper des kurz vor der Geburt sich befindenden Erdenneulings eindringen konnte, wobei sich alle physischen Einprägungen auf den neuen Körper in so kurzer Zeit ebenfalls übertragen haben. Hunderte der von mir Zurückgeführten haben als wiederzuinkarnierende Seele den Fötus im Bauch ihrer neuen Mutter zu verschiedenen Zeiten voll eingenommen. Manche sind gleich nach der Empfängnis, die sie oft miterlebten, im Bauch der Mutter geblieben, andere haben sich ein, zwei, drei, vier oder gar mehr Monate Zeit gelassen, bevor sie in den Fötus eindrangen und sich als solchen dann erlebten. Ganz selten kommt es jedoch vor, dass eine Seele erst dann in den Körper geht, wenn er aus dem Mutterleib hervorgegangen ist. Dies hat seinen Grund darin, dass eventuell diese Seele in einem früheren Leben eine derart traumatische Geburt erlebt hatte, dass sie sich in der jenseitigen Welt ausbedungen hat, nur dann wieder zu reinkarnieren, wenn sie nicht nochmals durch den Geburtskanal hindurchzugehen habe. Im Allgemeinen kann gesagt werden, dass die meisten Seelen mit dem zweiten bis dritten Monat in den Fötus eintauchen und diesen damit beseelen. Wie es aber möglich ist, dass die Todeswunden des Verstorbenen sich in so kurzer Zeit auf den Fötus des am nächsten Tag geborenen Cemil Fahrici übertragen konnten, bleibt mir ebenfalls noch ein Rätsel.

Aber mit der Zeit werden wir immer mehr Rätsel lösen können, um zu sehen, dass dahinter auf uns immer wieder neue Rätsel warten. Das ganze Leben scheint ein großes Mysterium zu sein, und es ist eine Freude, in Demut und in Liebe darin das Wunder der Schöpfungsgeheimnisse staunend erkennen und auch ein wenig mehr von ihnen entdecken zu dürfen.

Der nächste Fall ist ein sehr interessanter, denn hier wird wieder im Traum eine Wiedergeburt vorher angekündigt und über den Zwischenzustand als erdgebundene Wesenheit berichtet.

Mit der Axt erschlagen

See war die Ehefrau des in ärmlichsten Verhältnissen lebenden Bauern Peng, dem sie 1941 eine Tochter geboren hatte, die nun zwei Monate alt war. Sie lebten in dem Dorf Nong Khun Puwa im Nordosten Thailands in der Provinz Kalasin. Peng hatte einen Bruder namens Tao. Als dieser zu Besuch bei ihnen weilte, entstand zwischen beiden Brüdern ein Streitgespräch über eine Erbschaft. Tao wurde dabei derart wütend, dass Peng glaubte, sein Bruder wolle ihn erschlagen, weshalb er fluchtartig sein eigenes Haus verließ. Der wütende Tao, eventuell angetrunken, hatte sich dermaßen in seinem Zorn gesteigert, dass er eine Axt ergriff und mit aller Wucht dreimal diese auf den Rücken von See niederschmetterte, die diesen Wunden sogleich erlag. Dieser besonders gewaltsame Mord an seiner Schwägerin sprach sich sofort in der ganzen Gegend herum.

In dem nur sieben Kilometer entfernten Dorf Sao Lao lebte der Bauer Bai Poah Pah-Dee mit seiner Frau Tam. Beide hatten zwei Kinder. Etwa drei Monate nach jenem Mord kam eines Morgens Tams Schwester zu ihr und sagte, sie habe letzte Nacht geträumt, dass sie sich mit Tam und zwei anderen Frauen, von ihrer Feldarbeit kommend, auf dem Heimweg befand, als sie eine allein stehende Frau erblickten, die sich ihnen näherte und sie alle vier nacheinander mit der Hand berührte, um zu befühlen, welche von ihnen diejenige sei, die den kühlsten Körper habe. Und als sie Tam als diejenige mit dem kühlsten Körper auserkoren hatte, habe sie sich für Tam entschieden und sei dieser nach Hause gefolgt. Und Tam berichtete später Professor Stevenson, dass sie auf einmal wusste, dass sie schwanger war.

Hier muss noch eine Bemerkung eingeflochten werden, um den Sachverhalt richtig zu verstehen. In Thailand gilt eine Frau, die während der wärmsten Jahreszeit einen kühlen Körper hat, als besonders begehrlich, denn sie schwitzt nicht so viel und hat daher einen angenehmen Geruch. Eventuell hat der Aberglaube noch andere Präferenzen, die er einer "kühlen" Frau zuschreibt, denn auch für einen König wird diejenige Frau als Ehefrau ausgesucht, deren Körper sich kühl anfühlt.

Hier haben wir wieder das Phänomen eines, wie Stevenson es nennt, "announcing dream", also eines Ankündigungstraumes, der bei vielen Völkern der Erde im Zusammenhang mit bevorstehenden Schwangerschaften oder Geburten vorkommt. Meistens träumt die werdende Mutter entweder vor oder während der Schwangerschaft, dass sich ihr eine bekannte oder unbekannte verstorbene Person vorstellt und sie entweder bittet, von ihr geboren zu werden, oder ihr einfach vermittelt, dass sie ihre Tochter oder ihr Sohn werden wird. Aber solche Ankündigungsträume können auch Verwandte wie Ehemann, Geschwister und Eltern haben oder auch Freunde, Freundinnen oder Nachbarn. Man misst solchen Träumen großes Gewicht bei, stellt es sich doch meistens als richtig heraus, dass solche Ankündigungsträume in Erfüllung gehen.

Für mich besteht die interessante Frage darin, wie es geschehen kann, dass solche Ankündigungsträume stattfinden können. Da es meiner Überzeugung nach keine Zufälle gibt und alles von höherer sinnvoller Hand geleitet wird – denn es gibt nichts Sinnloses in der Schöpfung –, werden solche Träume auch arrangiert oder zugelassen, um vielleicht auch den Träumenden oder denen, die diese Träume angehen, zu vermitteln, dass es geheimnisvolle Zusammenhänge gibt, die uns Menschen noch nicht einsichtig sind, uns also eine Ahnung zukommen lassen, dass es numinöse, also rätselhafte und mysteriöse Zusammenhänge gibt, die den Menschen und sein Dasein umgeben und mit seinem Verstand nicht zu ergründen sind. Und trotzdem ist es spannend und eine Herausforderung, diesen uns umgebenden Geheimnissen immer wissender zu begegnen.

Neun Monate später im Frühsommer 1942 wurde Tong Ti geboren. Auf ihrem Rücken entdeckten die Eltern drei große der Länge nach von oben nach unten sich abzeichnende fingerlange Narben, von denen die oberste noch teilweise offen war, denn ihr entströmte Blut, das erst nach einer Woche herauszufließen aufhörte. Die Eltern Bai und Tam brachten sofort diese offenbaren Narben mit jenen Wunden in Zusammenhang, die jener tödlich verletzten Frau aus dem Nachbardorf vor einem Jahr zugefügt worden waren, und glaubten demzufolge, dass jene ihnen sonst unbekannte verstorbene Frau aus dem Nachbardorf bei ihnen nun wieder inkarniert sein müsse.

Als ihre Tochter drei Jahre alt war, begann sie immer mehr aus ihrem Leben als jene Frau See, deren Namen sie nannte, zu erzählen. Auch erklärte sie ihren Eltern, dass Tao, ihr früherer Schwager, sie mit der Axt umgebracht hätte. Im Unterschied zu vielen anderen Kindern, die sich an frühere Leben erinnern, äußerte sie nie den Wunsch, zu ihrem Dorf zurückzukehren, denn offenbar war die Erinnerung an all das dort Vorgefallene zu stark, als dass sie den Schauplatz des Entsetzens nochmals sehen wollte.

Die Mutter fragte einmal Tong In, ob sie sich an das erinnern könnte, was nach ihrem damaligen Tod geschehen sei. Und sie berichtete, dass Tao nach dem dritten Schlag mit der Axt seinen Fuß auf sie, die am Boden lag, gesetzt hatte, um die Axt aus ihrem Rücken wieder herauszuziehen. Sie habe das alles gesehen, wie sie auch anschließend noch in ihrem Haus verblieben sei. Als man ihren Körper weggebracht hatte, sei sie diesem bis zur Friedhofsbegrenzung gefolgt, aber dann wieder umgekehrt. Sie berichtete weiterhin, dass sie *(wahrscheinlich beim Beerdigungsessen)* alle beim Mahle beobachtet habe, aber zu ihrer Enttäuschung hätte sie niemand zum Mitessen eingeladen.

> Wie wir schon gesagt haben, werden die meisten Menschen nach ihrem Tod von Verstorbenen abgeholt. Kommt der Tod ganz unerwartet wie zum Beispiel durch einen Totschlag zu Stande, so ist die Seele oft dermaßen verwirrt, dass sie manchmal noch lange nicht begreift, was eigentlich vorgefallen ist. Obwohl die verstorbene See wahrgenommen hatte, dass ihr Schwager mit der Axt auf sie einschlug – denn sie war wohl schon nach dem ersten Schlag gestorben und hatte dementsprechend sogleich ihren physischen Körper verlassen –, konnte sie dennoch nicht begreifen, dass sie nun gestorben war. Ihr erschien anscheinend alles weitere unerklärlich, denn selbst bei diesem Trauermahl bekam sie offenbar nicht mit, dass man ihres Todes wegen dieses Mahl abhielt, weshalb sie sich wunderte, nicht eingeladen zu werden. Solche erdgebundenen Seelen benötigen oft eine lange Zeit, bevor sie begreifen, was eigentlich geschehen ist.

Und die Dreijährige berichtete weiter, dass sie schließlich ihr Dorf verlassen habe und in Richtung Sao Lao gegangen sei. Unterwegs habe sie vier Frauen gesehen, die sie angefasst habe, um zu sehen, wer von ihnen diejenige war, die sich am kühlsten anfühlte. Und dann hätte sie sich für Tam entschieden, der sie nach Hause folgte. Über alles Weitere wusste sie nichts zu sagen. Erst als sie achtzehn Jahre alt war, besuchte sie ihr früheres Dorf, in welchem sie ermordet worden war. Sie erkannte eine Säge wieder, die sie mit ihrem Mann zusammen damals benutzte. Und sie deutete auf einen Baum, den sie einst dort gepflanzt hatte.

1984, als Tong In zweiundvierzig Jahre alt war, suchte Professor Stevenson sie in Begleitung eines Dolmetschers auf. Ein Mönch, der von diesem amerikanischen Professor hörte, hatte ihn über diesen Fall benachrichtigt. Sie berichtete ihm, dass sie sich als Kind noch an viele Einzelheiten aus ihrem früheren Leben als See erinnern konnte, jetzt aber nur noch wenig davon im Gedächtnis zurückgeblieben sei. Stevenson untersuchte nun jene noch immer deutlich zu sehenden Geburtsmale, die in seinem Monumentalwerk *Reincarnation and Biology* [41] auf den beiden beigefügten Bildern gut zu erkennen sind. Alle drei parallel zur Wirbelsäule linear nach unten führenden Geburtsmale sind etwa sieben Zentimeter lang und etwa drei Millimeter breit, wobei das oberste und markanteste wie eine dicke Narbe aussieht. Diese war es auch, die bei und nach der Geburt noch geblutet hatte.

In den in diesem Kapitel angeführten Beispielen aus dem Forschungsschatz Professor Stevensons stehen Muttermale im Vordergrund, die sich von Leberflecken bedeutsam abheben. Einige dieser Muttermale waren bei der Geburt noch aktiv, sie bluteten oder juckten. Selbst unter dem Haar verborgen, sind diese Stellen eigentlich immer haarlos und heben sich durch eine andere Hautfärbung hervor. Bei Todesfällen durch Kugeleinschüsse ist die Stelle, wo das Projektil eingeschlagen hatte, etwas nach innen gewölbt, jedoch bei der Austrittsstelle meist etwas hochgehoben. Ein geübter Muttermalkenner könnte auf Grund der Muttermale wohl oft sehr treffend auf die im früheren Leben vorausgegangenen Ursachen derselben schließen.

Aus meiner Erfahrung als Reinkarnationstherapeut kann ich sagen, dass jene sogenannten Leberflecke, also jene braunen meist runden Flecken, die am ganzen Körper erscheinen können, auf Verletzungen aus einem früheren Leben zurückgehen. Sie sind meines Erachtens in vielen Fällen wieder die Nachkommen von Muttermalen aus vorausgegangenen Leben. Anscheinend verlöschen sie nach mehreren Erdenleben allmählich. Man kann also sagen, dass die Geburtsmale und die Leberflecken eine Landkarte früherer gewalttätiger oder traumatischer Verwundungen sind. In der Rückführungstherapie ist es relativ leicht möglich, zu den Ursachen dieser Markierungen auf dem Körper zu gelangen, um somit auch zu erfahren, was man alles in früheren Leben auf seiner Haut eingekerbt bekommen hat.

Aber wir tragen auch im Körper eine Landkarte aller noch in uns wirkenden früheren Verletzungen oder Todeswunden herum. Diese sind ohne chirurgische Offenlegung für uns nicht sichtbar, jedoch sehr häufig fühlbar. Chronische Schmerzen sind meiner Erfahrung nach meistens Nachwirkungen aus Verwundungen, die im früheren Leben verursacht worden waren. Zu diesen zähle ich auch die Migräne, das Asthma wie sehr viele andere unliebsame Krankheitssymptome. Die medizinische Forschung wird, sobald sie sich an die Wahrhaftigkeit der Reinkarnation gewöhnt hat, mittels der Regression und der Rückführungstherapie zu großartigen Entdeckungen gelangen.

Stevensons Nachweis, dass Kinder, die mit einem Geburtsdefekt geboren werden und sich an ihre früheren Leben erinnern können, wobei die Angaben überprüft worden sind und diese sich als korrekt herausstellten, rückt zum ersten Mal die Reinkarnation als wissenschaftlich bewiesen auch in den Raum weiterführender wissenschaftlichen Beachtung.

7. Kapitel

WENN KINDER MIT GEBURTSDEFEKTEN AUF DIE WELT KOMMEN

Der Ermordete, der mit verkrüppelten Händen wiedergeboren wird

U Sein Maung besaß einen Lastwagen, mit welchem er zwischen seinem Heimatort Pyawbwe und der burmesischen Hauptstadt Rangoon Waren hin- und herbefördete und dabei auch gut zu leben schien. In jener Hauptstadt hatte er eine Nebenfrau. Als seine Frau davon erfuhr, folgte sie ihm heimlich nach Rangoon. Dort musste sie erleben, dass ihr Mann tatsächlich mit einer anderen Frau zusammenlebte. Sie war darüber dermaßen erschüttert, dass sie sich das Leben nahm, indem sie Batteriesäure schluckte. Etwa fünf Jahre später fuhr Herr U Sein Maung mit dem Fahrrad zu seinen Eltern. Auf dem Rückweg hielt er in dem Dorf Okingone, das in der Nachbarschaft von Pyawbwe liegt, an, um ein Paar Worte mit dem ihm bekannten Ehepaar U Pr Tin und Daw Khin Hla zu wechseln. Danach schwang er sich wieder auf sein Rad, um nach Hause zu fahren. Doch plötzlich stellten sich drei Männer mit schmalen Säbeln in seinen Weg, zerrten ihn vom Fahrrad herunter, wobei ihm seine Brille von der Nase fiel, und schlugen mit den Klingen auf ihn ein. Er hob noch seine Hände vor das Gesicht, um einen Schlag abzuwehren, wobei einige Finger abgehauen wurden. Schließlich traf ihn ein tödlicher Säbelstoß von hinten an der unteren linken Seite, während ein anderer Schlag auf die Halsseite nahezu seinen ganzen Kopf abtrennte. Als die Polizei an den Ort der Tat kam, fand sie die abgetrennten Finger neben dem Leichnam liegen. Jedoch von den Mördern blieb jede weitere Spur verschwunden. Sie wurden auch später nie gefasst. Eigenartig blieb, dass jene drei Männer weder den wertvollen Ring, das Fahrrad noch andere Schmuckstücke des Ermordeten mitnahmen. Es ging das Gerücht um, dass seine Schwiegermutter sich am Tod ihrer Tochter rächen wollte und deshalb drei Mörder gedungen hatte, ihren ehebrecherischen Schwiegersohn umbringen zu lassen.

In derselben Nacht träumte der Bauer U Pe Tin, der am Tag zuvor noch Herrn U Sein Maung auf dem Fahrrad bei sich begrüßt hatte, dass eben jener Besucher zu ihm gekommen sei und ihn gebeten habe, in seiner Familie wiedergeboren zu werden. Und Herr U Pe Tin entgegnete im Traum, in welchem er wusste, dass jener gestorben war: “Komme zu uns, wenn du es dir so wünschst.” Erst am nächsten Morgen erfuhr er von dem Mord an Herrn U Sein Maung.

Neun Monate später am 12. Oktober 1956 wurde ihm und seiner Frau eine Tochter namens Ma Myint Thein (wir wollen sie im weiteren Thein nennen) geboren, deren Finger an beiden Händen entweder ganz fehlten oder verkürzt und verunstaltet waren. Von den beiden Daumen war nur der linke voll ausgebildet.[42]

Da Herr U Pe Tin sich an den Ankündigungstraum erinnerte, wusste er nun, dass sich wirklich sein ermordeter Bekannter als seine Tochter reinkarniert hatte. Erst ziemlich spät begann diese sich an ihr früheres Leben zurückzuerinnern. Denn als sie fünf Jahre alt war, spielte sie mit anderen Kindern und musste dabei wiederholt bemerken, dass sie wegen ihrer verkrüppelten Finger nicht alle

Dinge ebenso beim Spielen handhaben konnte wie die anderen. Die Wehmut darüber musste wohl auf einmal bei ihr die Erinnerung an ihr früheres Leben ausgelöst haben, denn die Kleine sagte zu ihrem Bruder: "Ich habe eine Frau im Süden (sie meinte damit Rangoon). Ich gebe dir Bonbons, wenn du mich dorthin bringst." Und nun sprach sie häufiger zu ihrer Familie über ihr früheres Leben. Sie sagte, dass sie Sein Maung heiße und eine Frau namens Ma Thein und zwei Kinder habe, deren Namen sie nannte. Sie habe früher Vieh, ein Fahrrad und einen kleinen Lastwagen besessen, mit welchem sie damals hauptsächlich im Gemüsehandel tätig war. Sie sprach auch davon, dass sie die Grundschulausbildung in einem Kloster absolviert hätte. Und schließlich kam sie auch auf die Ermordung in ihrem früheren Leben zurück. Sie sagte, dass drei Männer sie mit großen langen Messern (der Ausdruck für Säbel war ihr wohl noch nicht geläufig) angegriffen hätten. Sie sei vom Fahrrad gestürzt, wobei auch ihre Brille heruntergefallen sei. Ihre Finger seien deshalb verunstaltet, weil sie sich damals mit den Händen den Kopf schützend gegen die großen Messer gewehrt habe. Sie sagte, dass sie an jenem Tag einen Ring, eine Armbanduhr und ein goldenes Halsband getragen hätte. Sie konnte sich auf einmal auch an die Zusammenhänge erinnern, die diesem Mord vorausgegangen waren, und meinte, dass ihre damalige Schwiegermutter hinter diesem Mordkomplott gestanden habe. Ihr Onkel fragte sie, ob sie wisse, wer die Mörder gewesen waren, und sie deutete ihm an, dass sie zumindest einen von ihnen kenne. Der Onkel drang in sie, ihr zu sagen, wer dieser

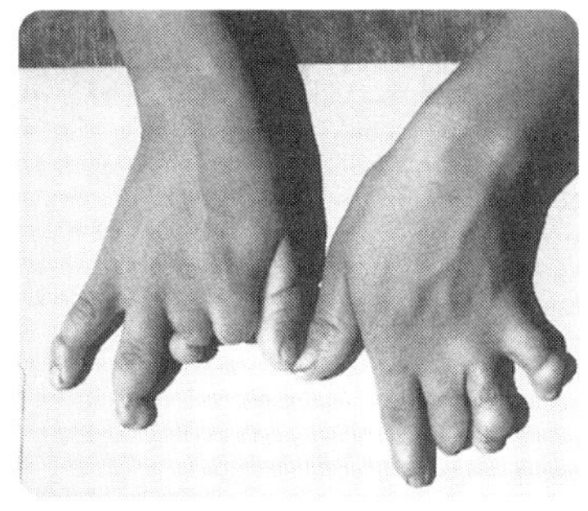

Abb. 4
Die Hände der zwanzigjährigen Ma Myint Thei, aufgenommen 1977. Die meisten Finger und der rechte Daumen wiesen Konstriktionsringe auf. Nur der linke Daumen war völlig normal.

sei, damit er sich an ihm rächen könne. Und Thein antwortete, dass er das nicht tun dürfe. Später, als sie auch von anderen nach Namen der Mörder gefragt wurde, verneinte sie, irgendjemanden von ihnen erkannt zu haben. Bei Thein zeigte sich eine Ortsphobie, denn sobald sie an jener Stelle ihres früheren Todes vorbeikam, befiel sie ein Zittern. Und sie kam dort, solange sie in die Schule nach Pyawbwe ging, täglich zweimal vorbei. Auch hatte sie schon als Schulkind ihre Hände verborgen gehalten und geriet manchmal in Depressionen, besonders wenn sie an jenes frühere Leben zurückerinnert wurde oder sich von selbst daran erinnerte.

> Wie Menschen so haben auch Orte eine spezifische Schwingung. Wurde die an einen bestimmten Ort gebundene Schwingung im Emotionalkörper einer Seele negativ registriert – zum Beispiel durch einen mutwilligen Tod –, dann kann selbst bei dieser Seele in einem Folgeleben in einer anderen Gestalt, so sie wieder zu jenem Ort mit dieser Schwingung kommt, eine unangenehme Resonanz entstehen, die sogar so weit gehen kann, dass diese Person in Ohnmacht fällt. Bei der Agoraphobie (und erstere wird meistens mit dieser verwechselt) verhält es sich ähnlich. Wurden wir vor einigen hundert Jahren auf einem Platz öffentlich verbrannt und wollen uns in diesem Leben unwissentlich auf eben jenen Platz begeben, so kann es sein, dass ein derartig unangenehmes Gefühl in uns aufsteigt, dass wir entweder diesen Platz erst gar nicht betreten können oder aber dort in Panik ausbrechen, die uns veranlasst, so schnell wie möglich diesen Ort zu verlassen. Denn der Emotionalkörper möchte uns beschützen, damit wir nicht wieder der gleichen beziehungsweise derselben Schwingung ausgesetzt werden, in der uns damals so großer Schaden widerfahren war. Der Emotionalkörper registriert alle Schwingungen und besonders solche, die bei einem schmerzvollen Ende empfunden worden waren, handele es sich dabei um die Schwingungen des betreffenden Mörders, die Schwingungen seiner Mordwaffe, vielleicht auch die Schwingungen

seiner Kleidung und deren Farbe, die Schwingungen des Ortes und eventuell des Baumes, der unmittelbar in der Nähe stand.
So kann es sein, dass wir in einem Folgeleben, nachdem wir ermordet worden waren, uns schon allein dann unwohl fühlen, wenn die negativ programmierte Schwingung jener Farbe, die damals die Jacke des Mörders ausstrahlte, von unserem Emotionalkörper aufgenommen wird. Selbst wenn wir zu einem Baum kommen, der von der gleichen Art sein sollte wie jener Baum, der in der Nähe unseres Todesplatzes stand, so kann allein diese Ähnlichkeitsschwingung uns, besonders wenn wir selbst sehr sensitiv sein sollten, ein ungutes Gefühl verschaffen. Die Rückführungstherapie kann solchen Schwingungen nachgehen und sie in ihrem Ursprung aufdecken und sie aus dem Emotionalkörper löschen.

Und wie man es sich eventuell nach all dem vorstellen kann, was wir schon über den Geschlechterwechsel von einer Reinkarnation zur anderen in diesem Buch gelesen haben, hatte auch Thein ausgeprägte maskuline Züge an sich. Sie beklagte sich darüber, ein Mädchen zu sein, zog sich bevorzugt Jungenkleidung an und verhielt sich in vielen Dingen wie ein Junge. Mit zwanzig Jahren heiratete sie und gebar in der Folge zwei gesunde Kinder.

Viele Menschen fühlen, im falschen Geschlecht zur Welt gekommen zu sein. Selbst ohne homosexuelle Tendenzen zu zeigen, sagen viele, dass sie lieber ein Mann oder eine Frau wären. Eventuell handelt es sich bei diesen Menschen auch darum, dass sie in dem vorausgegangenen Leben eben zum anderen Geschlecht gehört haben und sie sozusagen von einer Art Nostalgie heimgesucht werden. Eine Rückführung könnte sicherlich darüber Auskunft erteilen. Denn hier könnten sie ihr Höheres Selbst, jene in ihnen weilende und alles wissende Instanz fragen, weshalb sie nun in jenem Körper des anderen Geschlechtes das gegenwärtige Leben zu durchleben haben. So dieser Umstand ihnen dann aus höherer Sicht erklärt wird, erkennen sie auch die Gründe, warum sie sich für das jetzige Geschlecht im Zwischenleben selbst entschieden oder diesem zugestimmt haben, und können dann ohne weiteren Widerwillen ihr gegenwärtiges Geschlecht leichter akzeptieren. Das Verstehen der höheren Gründe erleichtert die Akzeptanz eines Geschehens oder eines Zustandes.

Als Thein acht Jahre alt war, begegnete ihr auf dem Markt ihre vormalige Schwiegermutter, die ihr freundlich anbot, sie doch besuchen zu kommen. Doch das Mädchen lehnte ab. Zehn Jahre später begegneten sie sich wieder. Als Thein ihr den Rücken zuwandte, begann die alte Frau zu weinen und sagte: "Jetzt, wo mein Sohn gestorben ist, habe ich niemanden mehr, der mich versorgt." Thein drehte sich um und entgegnete: "Wo ist mein Lastwagen?"

Drei Jahre später kam diese Frau zu Thein nach Hause. Sie war sehr freundlich und wollte sie wiederum bitten, sie doch einmal zu Hause besuchen zu kommen. Doch Thein wies sie wiederum ab. Sie wollte einfach nichts mit ihr zu tun haben, wie sie auch nicht mehr an ihr früheres Leben erinnert werden wollte. Im Alter von neunzehn Jahren besuchte Thein ihre frühere Tochter in einem Nachbardorf. Beide mussten bei dieser Begegnung furchtbar weinen.

Professor Stevenson hat diesen Fall 1975, 1977, 1978 und 1984 vor Ort untersucht und viel Material von den Interviewten zusammengetragen. Aber erst 1984 konnte eine seiner Mitarbeiterinnen von einigen Nachbarn der Schwiegermutter des ermordeten Herrn U Sein Maung erfahren, dass diese damals nach dem Freitod der Tochter vor anderen geschworen haben soll, dass ihr Schwiegersohn sterben müsse, ebenso wie auch ihre Tochter gestorben sei. Stevenson untersuchte auch die Muttermale wie auch die Deformierungen der Finger. Bei der Geburt war gemäß den Aussagen von Theins Mutter an der rechten Seite des Halses ein längeres Mal zu sehen, das sich wie ein Streifen um die Halsseite legte. Jedoch war von diesem 1984 nichts mehr zu entdecken gewesen. Ebenfalls behauptete die Mutter, bei der Geburt auf dem Rücken ihrer Tochter in Höhe der linken Niere ein deutliches Mal bemerkt zu haben. Da Stevenson damals keine Dolmetscherin dabei hatte, die für ihn dort nachgeschaut haben konnte, und es für eine Frau ungebührend ist, sich vor einem Mann, wenn auch nur halbwegs, zu entkleiden (selbst als Arzt war er ihr doch ein Fremder), musste er darauf verzichten, den Rücken inspizieren zu können. [(43)]

In dem nächsten Bericht handelt es sich wiederum um ein Kind, das mit fehlenden Fingern auf die Welt kam, das jedoch im früheren Leben schon mit vier Jahren gestorben war, ein dreiviertel Jahr, nachdem es bei einem Unglück die Finger seiner rechten Hand verloren hatte.

Die Finger in einer Futterschneidemaschine verloren

Hukum Singh war der dreieinhalbjährige Sohn des Bauern Dwarka Prasad und seiner Frau Raj Rani, die ihm vor Hukum schon drei Jungen und zwei Mädchen geboren hatte, und dem mit der Zeit noch vier andere Kinder folgten sollten. Die Familie Prasad wohnte in Nagla Tal ("kleines Dorf"), das drei Kilometer östlich der Stadt Bewar gelegen ist, die sich im indischen Staat Uttar Pradesh befindet. Hinter dem Stall stand eine Futterschneidemaschine, die meistens von zwei Leuten bedient wird, indem die eine Person die Mais-, Stroh- und anderen Strünke bündelt und in die sich drehenden Schneideblätter hineinstopft, während die andere Person auf der anderen Seite das große Schwungrad mit der Hand dreht. Der kleine Hukum sah, wie sein Vater das Rad drehte, während sein Onkel die Strünke hineinstopfte. Als Letzterer für einige Augenblicke seinen Arbeitsplatz verlassen hatte, nahm der Junge ein paar Strünke in die Hand, um sie in die weiterhin vom Vater in Schwung gehaltenen rotierenden Schneidemesser zu stopfen. Doch er geriet mit seiner rechten Hand zu weit in die Maschine hinein, sodass auf einmal die Finger seiner rechten Hand einschließlich der Daumenspitze von dem scharfen Messer erfasst und von der Hand abgetrennt wurden.

Sofort brachte Herr Prasad seinen Sohn in Begleitung seines ältesten Sohnes ins Kreiskrankenhaus nach Bewar. Erst dort begann er auf einmal vor Schmerzen zu schreien. Man reinigte die Wunde, legte einen Verband an und verabreichte ihm einige Spritzen. In dem anschließenden Monat brachte ihn sein ältester Bruder immer wieder zur Behandlung auf die ambulante Station dieses Krankenhauses. Zehn Monate später, Ende September 1971, bekam Hukum plötzlich hohes Fieber. Man suchte einen Arzt auf, der ihm eine Spritze gab. Auf dem Rückweg kurz vor ihrem Dorf verstarb der erst Vierjährige. Seine Mutter litt unsägliche Schmerzen über ihren verstorbenen Sohn. Dieser erschien ihr während der nächsten Wochen zweimal im Traum, um sie zu trösten und ihr zu versichern, dass er zurückkommen werde.

Wie ich schon angemerkt habe, verlässt in den meisten Fällen die Seele nach einem irdischen Tod die Erdenebene und begibt sich in eine jenseitige Zwischenwelt, die sich uns im Allgemeinen sehr viel schöner und prächtiger darbietet als die Erdenebene. Hier erleben wir viel Freude, treffen unsere verstorbenen Verwandten und Freunde wieder, gehen all unseren Interessen nach, denen wir oft auf Erden nachzukommen keine Gelegenheit hatten, und bereiten uns allmählich auf eine neue Reinkarnation vor. Kinder, die hinübergelangen, werden meistens zu Gleichaltrigen gebracht, die in Liebe von jenseitigen Helfern betreut werden. Dort dürfen sie, allmählich heranwachsend, ein ungestörtes wundervolles Dasein genießen, dessen Annehmlichkeiten mit nichts auf der Erde zu vergleichen sind. (44) Sobald jedoch jemand um dieses Kind trauert, kann es aus seiner unbekümmerten neuen Freude herausgerissen und zu der trauernden Person zurückgezogen werden, sodass es von dieser Trauerstimmung angesteckt nun ebenfalls wieder der Trauer anheimfällt. Kinder, die unsichtbar zu einer um sie trauernden Person zurückgekehrt sind, versuchen dieser nun Trost zu geben. Ist diese Person sensitiv, kann sie die Anwesenheit des verstorbenen Kindes fühlen und sich eventuell auch mental mit ihm unterhalten. Viele Trauernde suchen eine sensitive Person auf, um durch diese mit dem verstorbenen Kind in Kontakt zu gelangen, oder versuchen durch die Tonbandstimmenforschung einige tröstende Auskünfte über den Verbleib ihres Kindes zu erhalten. Doch die gebräuchlichste, weil einfachste Kommunikationsmöglichkeit zwischen Irdischen und Jenseitigen ergibt sich auf der Traumebene. Diese benutzte auch der verstorbene Hukum, um seiner Mutter Trost zukommen zu lassen. Er schien schon zu wissen, dass er bald wieder inkarnieren würde und es ihm dann auch möglich sein werde, seine Mutter wiederzusehen.

Dreizehn Monate nach Hukums Tod wurde dem Bauernehepaar Sita Ram Jatav und Chiraunja Devi in dem Dorf Nagla Devi, fünf Kilometer südwestlich von Bewar gelegen, ein Sohn geboren, dem man den Namen Lekh Pal Jatav (im Folgenden nur Lekh genannt) gab. Zu ihrem Entsetzen entdeckten sie, dass ihr Kind an der rechten Hand fehlende Fingerspitzen hatte, sodass die Finger um über ein Drittel der normalen Größe verkürzt waren, während die Finger an der linken Hand über ein normales Aussehen verfügten. Ein Freund der Familie, die über das Rätsel nachsann, warum ihr Sohn - aus welchen karmischen Gründen auch immer - mit einer verstümmelten rechten Hand zur Welt kommen musste, äußerte die Vermutung, dass es sich bei ihm wohl um einen früheren Steuereintreiber gehandelt haben müsse, der mit seiner schreibenden und einfordernden Hand viel Unrechtes getan habe, weshalb ihm diese jetzt als Strafe verkürzt sei.

> Wir sehen, dass irrigerweise Karma als eine Bestrafung für frühere falsche Taten angesehen wird. Im eigentlichen Sinne hat Karma nichts mit einer Bestrafung zu tun, denn es gibt in der Schöpfung Gottes keine Bestrafung. Jedoch bedeutet Karma, dass man das erntet, was man gesät hatte. Wenn wir über die Leben hinweg sehen, welche Früchte wir auf Grund von unseren Taten erhalten, dann werden wir mit der Zeit lernen, nur noch solche Taten auszuführen, die uns süße Früchte bescheren. Das Karmagesetz bewirkt einen allmählich sich über viele Leben hin vollziehenden Erkenntnisvorgang und verhilft uns dazu, schließlich aus Erfahrung nur noch den göttlichen Gesetzen der Liebe entsprechend auf Erden zu denken, zu sprechen und zu handeln.

Der Junge war in den ersten Jahren sehr kränklich, und sein Überleben schien oft in Frage gestellt zu sein. Er war in jeder Hinsicht ein Spätentwickler und vermochte erst mit fünf Jahren fließend zu sprechen. Da die Eltern oft den ganzen Tag über der Feldarbeit nachgingen, blieb der Junge meist in der Obhut seiner älteren Schwester Rajan Siri zurück. Als ihr kleiner Bruder ein Jahr alt gewesen war, will sie vernommen haben, wie er immer wieder das Wort "Tal" hervorbrachte, denn so hieß, wie es sich später herausstellen sollte, sein früheres Dorf. Sie schien sich an sein undeutliches Sprechen schon bald gewöhnt zu haben, denn ihr gegenüber äußerte er sich schon früh über Hinweise auf sein früheres Leben. Doch mit vier Jahren äußerte er sich ganz deutlich darüber, dass er einen Vater und eine Mutter wie auch Geschwister in dem Dorf Tal habe. Und er sagte weiterhin: "Ich will hier nicht bleiben. Dies hier ist nicht mein Zuhause." Und als ihr Bruder wiederholt davon sprach, nach Hause gehen zu wollen, und sich auch dahingehend äußerte, dass sich seine (frühere) Mutter dort alleine fühle, musste wohl die Tochter ihren Eltern darüber berichtet haben, dass Lekh sich in der Familie nicht wohlfühle und zu seiner Familie aus einem früheren Leben zurückkehren wolle. In Indien wird schon in den Veden darüber berichtet, wie man mit Kindern verfahren soll, die sich an frühere Leben erinnern. Ihnen seien frühere Erinnerungen so bald wie möglich auszutreiben, da sie sonst früh sterben könnten. Gemäß dieser Aussage unterbinden Eltern in Indien bei ihren Kindern oft, dass diese über ihre früheren Leben berichten, indem sie sie schlagen oder anderweitig bestrafen. Der kleine Lekh musste also hin und wieder wegen seiner Aussagen geschlagen worden sein, wie er sich diesbezüglich später äußerte. Mit fünf Jahren vertraute er seiner Schwester, wohl unter dem Siegel der Verschwiegenheit, an, dass er seine Finger verloren habe, als er als Junge mit seiner Hand in eine Futterschneidemaschine hineingeraten war, die vorher von seinem Onkel und dann von seinem Vater bedient worden war. Zwei Personen hätten ihn dann ins Krankenhaus von Bewar gebracht.

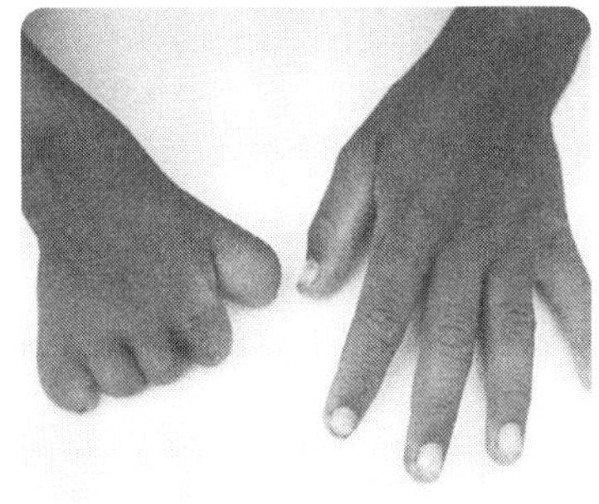

Abb. 4
Die Hände der achtjährigen Lekh Pal. Alle Finger der rechten Hand sind knochenlose Stumpen. Die Nagelansätze auf drei der Finger kann man auf diesem Foto nicht sehen.

Liebesbande zwischen den Seelen bleiben über die Leben hinweg bestehen. Der verstorbene Hukum hatte seine Mutter sehr um seinen Tod weinen sehen, weshalb er sich angehalten sah, ihr im Traum Trost zukommen zu lassen. Vielleicht hatten auch beide darüber hinaus in früheren Leben schon ein besonderes Band der Liebe geflochten, weshalb die Mutter auch so besonders um seinen Tod trauerte. In seiner Inkarnation als Lekh fühlte er immer noch diese Liebe zu seiner früheren Mutter. Vielleicht erinnerte er sich auch noch schwach daran, der um seinen Tod trauernden Mutter beigestanden zu haben. Die Erinnerung daran lässt ihn nun sagen, dass er zu ihr zurückkehren wolle, da sie sich so allein fühle. Denn jeder, der eine besonders geliebte Person verloren hat, fühlt sich erst einmal und manchmal für sehr lange Zeit allein.

Schon in jungen Jahren hatte Lekh nicht nur damit gedroht, nach Hause zu laufen, sondern er wurde auch tatsächlich dabei ertappt, als er sich heimlich auf und davon machte, um Nagla Tal zu Fuß zu erreichen. Dies alles musste seinen Eltern sehr unliebsam sein, weshalb er wohl weiterhin Schläge bezogen haben mag. Als der Junge acht Jahre alt war, kam anlässlich einer Hochzeit in Nagla Devi Hukums ältester Bruder Bharat Singh in das etwa acht Kilometer von Nagla Tal entfernte Dorf. Lekh erkannte ihn und sagte zu ihm: "Du bist mein Bruder." Und er drang in ihn, dass er ihn doch bitte mit nach Hause nehmen möge, da er hier von allen verdroschen werde. Da dieser wohl an der rechten verstümmelten Hand ersehen konnte, dass der Junge sicherlich nur sein verstorbener Bruder sein konnte, berichtete er nach der Rückkehr in sein Dorf über das wiedergeborene Familienmitglied.

Ein Jahr später gelang es der Familie von Hukum, die Familie Jatav zu überreden, ihren Sohn seinem früheren Bruder anzuvertrauen, sodass er ihn zu einem Besuch nach Nagla Tal mitnehmen dürfe. Nach seiner dortigen Ankunft unterzog man ihn einer vorbereiteten Überprüfung. So hatte sich Frau Chiraunja Devi, die Mutter von Hukum, in eine Frauenschar hineingestellt, wobei es dem Jungen aufgegeben war, seine frühere Mutter herauszufinden. Er deutete auf die richtige Frau und sagte: "Dies ist meine Mutter." Daraufhin zeigte er auch noch auf einige andere der dort neugierig Versammelten und sagte zutreffend, wer unter diesen seine Brüder und Schwestern seien, jene also, die er noch von früher her kannte. Man führte ihn im Haus und auf dem Hof herum, und er konnte auch genau den Platz angeben, wo die Futterschneidemaschine gestanden hatte. Lekh hatte also in ihren Augen die auferlegten Prüfungen zu ihrer aller Zufriedenheit bestanden und wurde jetzt einstimmig als das wiedergeborene Familienmitglied angenommen. Da Lekhs heutige und damalige Familie von der gleichen Kaste und von gleicher Armut waren, gab es zwischen beiden Familien keine Standesunterschiede, die eine freundschaftliche Beziehung zueinander erschwert hätten; beide Familien befreundeten sich miteinander, man tauschte hin und wieder Geschenke aus, und Lekh durfte manchmal zwei Wochen lang bei seinen früheren Eltern verweilen. Da diese sehr arm waren, brachte er einmal seiner früheren Mutter Reis mit, was diese sehr bewegt hatte.

Lekh zog mit acht Jahren zu seiner verheirateten Schwester Rajan Siri nach Sirsa, das etwa vierzig Kilometer von seinem Dorf entfernt lag, um dort die Schule zu besuchen. In seiner Abwesenheit hielt seine Mutter weiterhin freundlichen Kontakt mit seinen früheren Eltern. Hier in Sirsa war es auch, als 1980 Stevenson den Jungen traf und mit ihm sprechen konnte. Wie er als Mediziner feststellte, fehlten den Oberfingern der rechten Hand die Knochen. Dieser Geburtsdefekt wird in der Medizin Brachydactylie genannt, wobei die beidhändige Brachydactylie unter 40000 Geburten jeweils einmal auftaucht, während dieser Geburtsdefekt an nur einer Hand noch sehr viel seltener vorkommt. Bei beiden Erscheinungsformen sind im Allgemeinen die Finger wohl vollständig vorhanden, wenn auch verkleinert oder verkrüppelt. Aber im Falle von Lekh waren die Fingerspitzen knochenlos. Es muss sich also um einen nahezu einmaligen Geburtsdefekt handeln. Alle genetischen oder endogenen Ursachen für diesen Defekt mussten ausgeschlossen werden.

Eventuell werden alle jene Menschen in einem Folgeleben eine gleiche Verstümmelung an ihrer Hand aufweisen, wenn bei ihnen im vorausgegangenen Leben eben eine gleiche Ursache vorliegen sollte. Trotzdem bleibt es ein großes Geheimnis, warum einige

Menschen im Folgeleben bei vorausgegangenen Todeswunden entsprechende Geburtsmale oder Geburtsdefekte aufweisen und bei anderen dagegen die Zeichen eventuell nicht oder schwächer ausgeprägt vorhanden sind. Auch ist es ein Geheimnis, warum Lekh keine Phobie vor der Futterschneidemaschine hatte, die er bei sich zu Hause und auch anderswo sehen konnte, während bei anderen Menschen solche Instrumente, die ihnen in früheren Leben große Schmerzen verursacht hatten, im heutigen Leben eine Angst oder sogar eine Phobie auslösen. So können Kinder, aber natürlich auch Erwachsene, eine große Angst vor dem Zahnarzt haben, wenn dieser mit Instrumenten an ihren Mund kommt; in ihrer bewussten oder unbewussten Erinnerung verbinden sie sie mit ähnlich erlittenen Schmerzen in früheren Leben. Vielleicht würde eine Phobie vor dieser Maschine dann bei Lekh gegeben gewesen sein, wenn er an den Folgen dieses Traumas gestorben wäre. Wie man sich denken kann, so man das Gesetz des Karmas voll begriffen hat, sind Hukum nicht zufällig die Finger seiner rechten Hand abgetrennt worden. Denn sicherlich hatte er selber in einem noch früheren Leben jemandem aus Mutwillen die Finger abgetrennt.

Stevenson und auch seine Assistentin Dr. Pasricha befragten bei mehreren Besuchen sowohl in Nagla Devi, in Nagla Tal als auch in Sirsa alle mit diesem Fall verbundenen Personen. Als sein früherer Vater in Nagla Tal verstarb, nahm Lekh an der Beerdigung teil, wie er auch einige Monate später anlässlich der Hochzeit einer seiner Schwestern aus früherem Leben dort weilte. Von Dr. Pasricha befragt, wo er denn lieber zu Hause sei, antwortete Lekh: "Wenn ich in Nagla Devi bin, sehne ich mich nach Nagla Tal. Und wenn ich in Nagla Tal bin, sehne ich mich nach Nagla Devi."

Kinder, die sich deutlich an ihre früheren Leben erinnern, können zu den Personen der heutigen und der früheren Familie Bande der Zuneigung und Liebe entwickelt haben, sodass sie nicht wissen, wohin sie eigentlich gehören. Anscheinend ist es vorteilhaft, sie, so möglich, die Familie aus dem früheren Leben begegnen zu lassen, um ihre heimliche Sehnsucht nach jenem früheren Zuhause und dessen Personen stillen zu können. Kleine Kinder, etwa bis zum dritten Lebensjahr, denken oft, dass sie sich noch im gleichen Leben befinden, dass nur irgendwo ein Sprung stattgefunden hat, mit welchem sie auf einmal in einer für sie unerklärlichen Weise zu einer anderen Familie gelangt sind. Sie wissen oft noch nicht, dass sie gestorben sind. Deshalb sprechen sie auch noch bei der Erwähnung des vergangenen Lebens in der Gegenwartsform.

Mit sechzehn Jahren kehrte Lekh zu seinen Eltern nach Nagla Devi zurück, um sich um den bescheidenen Bauernhof zu kümmern. Die Eltern versuchten, für ihn eine Ehefrau zu finden, denn als Sechzehnjähriger wurde es Zeit, sich nach solch einer umzusehen. Als Dr. Pasricha ihn aufsuchte, erzählte er ihr wohl von den vergeblichen Bemühungen der Eltern, eine Frau für ihn zu finden, da keine ihn wegen seiner Hand zum Ehemann haben wolle. Als Frau Dr. Pasricha ihn drei Jahre später im Jahre 1990 nochmals aufsuchte, um bestimmte Fragen noch nachträglich klären zu können, war er immer noch nicht verheiratet, und er klagte ihr gegenüber, dass seine rechte Hand ihn bei seiner Tätigkeit als Bauer stark behindere.[(45)]

In den beiden oberen Berichten haben wir über fehlende Glieder an den Händen gesprochen, wobei das erste Beispiel von einer mutwilligen Ursache im früheren Leben herrührte, das zweite jedoch auf einen vormaligen Unfall zurückging. Nun wollen wir ein Beispiel anführen, bei dem die Ursache für eine spätere Missgestaltung ganz anderer Natur ist.

Mit einer Hasenscharte und einem Wolfsrachen auf die Welt gekommen

Der burmesische Bauernsohn U Paw Kywe wurde 1936 in Sipin Tabetkar geboren. Er war aushelfender Lastkraftwagenfahrer und hatte eine Frau namens Daw Aye Nyunt geheiratet, die ihm drei Kinder gebar. Von seinen drei Kindern liebte er besonders seinen Sohn und seine jüngste Tochter, während er die ältere Tochter Ma Ahmar Kyi, sein zweites Kind, nicht liebte und sie gar schlug oder benachteiligte. U Paw Kywe (im folgenden Paw genannt) schien viele Talente zu haben und engagierte sich auch im gesellschaftlichen Leben. So konnte er oft als Elektriker aushelfen, und da er keine Angst vor dem Klettern in großen Höhen zeigte, beauftragte man ihn damit, auf die Pagode des Dorfes zu steigen, um dort die elektrische Beleuchtungsanlage anzubringen und diese weiterhin zu betreuen. Als er eines Tages wieder dort oben hantierte, musste er einen Bienenschwarm aufgeschreckt haben, der nun über ihn herfiel und ihm furchtbar zusetzte. Wenige Wochen darauf entwickelte er die Krankheit Lepra. Der Aberglaube in dieser Gegend – und sicherlich auch in anderen – besagt, dass Lepra durch Bienenstiche oder durch Schlangenbisse verursacht wird. Die moderne Medizin führt diese Krankheit jedoch auf Ansteckung zurück. Die Lepra breitete sich von Woche zu Woche heftiger bei Paw aus, sodass schließlich sein Mund und seine Nase leprös wurden und er langsam von dieser Schreckenskrankheit "aufgefressen" wurde. Diese Lepra fraß sich auch in die Innenseite seines Mundes hinein bis in den Rachen, sodass er beim Sprechen immer mehr behindert wurde. Sein Gesicht sah nach einigen Monaten entsetzlich aus. Auch begannen seine Hände und Finger leprös zu werden, sodass er bald auch nicht mehr seiner Arbeit nachkommen konnte. Sein Arbeitgeber schenkte ihm, wohl aus Mitleid, einen kleinen Pferdewagen, um kleineren Speditionsaufträgen nachkommen zu können. Doch auch diese nahmen schnell ab, da ein jeder ihn einmal wegen seines Ekel erregenden Aussehens und zum anderen wegen der höchst ansteckenden Krankheit mied, sodass er immer mehr vereinsamte und der Armut anheim fiel. Aus all diesen Gründen hatte ihn auch schon seine Frau mit seinen Kindern verlassen und war mit ihnen nach Pyawbwe gezogen.

Paw hatte eine Nichte namens Daw Win Kyi, deren Heirat mit U Kyaw Maung er dereinst aufs Heftigste boykottiert hatte, weshalb sie über Jahre nicht miteinander gesprochen hatten. Zu seinem unvermuteten Erstaunen waren sie nun die einzigen, die sich seiner annahmen. Win kochte für ihn, während Kyaw ihm das Essen und Wasser brachte. Über diese große Barmherzigkeit von einem Paar, von welchem er sich in Unfrieden getrennt hatte, war Paw sehr bewegt. Er bat sie um Vergebung.

Ich könnte mir wegen meiner vielen Erfahrungen in der Rückführungstherapie gut denken, dass diese drei vielleicht über viele Erdenleben hinweg etwas miteinander aufzulösen haben. Es könnte zum Beispiel sein, dass Paw in einem früheren Leben von Kyaw aufs Schlimmste be- oder misshandelt worden war, was eventuell zu seinem Tode geführt hatte. Viele Seelen werden einander immer wieder über viele Leben auf Erden zugeführt, bis sie ihren Hass zueinander in Liebe verwandelt haben – was eben viele Leben lang dauern kann. Paw lehnte deshalb wohl auch unbewusst Kyaw als Bräutigam seiner Nichte ab. Kyaw jedoch war unbewusst klar, dass er an der Seele von Paw wieder etwas gutzumachen hatte. Diese Motive bewogen ihn sicherlich, die sich ihm bietende Chance der Wiedergutmachung auch wahrzunehmen. Somit wird ihr aus früheren Leben her bestehendes disharmonisches Verhältnis um vieles oder sogar völlig geheilt. Win wird sicherlich bei jenen lang zurückliegenden Ursachen mit beteiligt gewesen sein. Diesen körperlichen und seelischen Verwobenheiten über das gegenwärtige Leben hinaus nachzugehen und sie immer weiter aufzudecken, wird einer zukünftigen Medizin und Psychologie vorbehalten bleiben, sobald sich beide mit der Reinkarnation angefreundet haben werden.

Der vierzigjährige Paw hatte sich im Jahre 1976 gänzlich in sein Haus zurückgezogen, denn er wollte sich den Blicken der Dorfbevölkerung nicht mehr aussetzen und auch niemanden mit seiner Krankheit anstecken. Jedoch machte er sich hin und wieder auf, um seinen besten Freund Ko Mya aufzusuchen, dessen Haus er jedoch der Ansteckung halber nicht betrat, sondern vor dem er auf einem Stein sitzen blieb, um sich mit Ko Mya aus der Distanz zu unterhalten. Obwohl Win und Kywe sich um den verwaisten Paw weiterhin kümmerten, weilten sie manchmal außerhalb ihres Dorfes, sodass Paw auch einige Male ein, zwei oder gar drei Tage ohne deren Versorgung auskommen musste. Nach solch einer zweitägigen Abwesenheit fanden sie Paw tot in seinem Haus liegen. Keiner aus dem Dorf wollte den an Lepra Gestorbenen berühren. Deshalb rollte man die Plastikdecke, auf welcher der Tote lag, zusammen, brachte ihn auf den Friedhof und begrub ihn.

Im April 1978 wurde dem Schmied U Kyaw Maung und seiner Frau Daw Win Kyi, die den leprakranken Paw bis zum Tode gepflegt hatten, im selben Ort als zweites Kind der Sohn Maung Htoo (im folgenden Maung genannt) geboren. Die Eltern waren höchst erschrocken über den Anblick dieses Kindes, denn es hatte eine hässliche Hasenscharte, welche die Oberlippe teilte, sodass sich ein offener Kanal bildete, der sich in dem rechten Nasenloch verlor. Außerdem besaß das Kind einen Wolfsrachen, der den inneren Gaumen stark in Mitleidenschaft zog. Zu allem Unglück gesellte sich auch noch der Umstand, dass dieses Kind nahezu ununterbrochen schrie und nur dann verstummte, wenn man es auf den Arm nahm. Sobald man das Kind wieder irgendwo niederlegen wollte, begann das Schreien erneut. Dieser lästige Zustand hörte erst dann auf, als die Eltern genügend Geld zusammengespart hatten und an dem eineinhalbjährigen Maung eine Operation an der Hasenscharte vornehmen lassen konnten.

Als Maung zwei Jahre alt war, begann er einige Hinweise auf sein vergangenes Leben als jener Onkel seiner Mutter zu geben. Auch zeigte er einige Verhaltensweisen, die für Paw typisch waren. So legte er zum Beispiel sehr gern seinen Arm auf den Rücken, wenn er etwas sagen wollte. Da ihm das Sprechen wegen seines Wolfsrachens schwerfiel, begleitete er seine Andeutungen durch Gesten, wobei er in eine bestimmte Richtung deutete und sagte, dass seine Mutter dort lebe. Er sagte auch, dass er in der Nähe der Pagode wohne und dass seine Frau Aye Kyi heiße. Diese war tatsächlich nach dem Tod ihres Mannes mit den drei Kindern wieder in das nun leer stehende Haus ihres verstorbenen Mannes zurückgezogen. Nach seinen Kindern befragt, hob er drei seiner Finger in die Höhe und sagte: "Ich habe drei." Was seine Eltern schon vermutet hatten, wurde ihnen jetzt ganz sicher bestätigt: dass sie ihren grausamst verstorbenen Onkel Paw in ihrem Sohn Maung wieder geboren hatten.

Zu dieser Zeit besuchte der Zweijährige den besten Freund von Paw, der sich früher mit diesem, der auf dem Stein vor dem Haus Platz genommen hatte, über diese Distanz hinweg unterhalten hatte. Um den Jungen zu testen, sagte er zu ihm, dass er sich auf "seinen" alten Platz setzen solle, wo er früher gesessen hatte. Und Maung ging aus der Tür hinaus, schritt zu jenem Stein hinüber und setzte sich auf diesen.

Mit der Zeit kamen immer mehr Einzelheiten aus seinem früheren Leben durch seine Mitteilungen zu Tage. Er berichtete über seinen Tod und darüber, wie man ihn in einer Plastikdecke begraben hatte. (Dies konnte er nur aus einer nachtodlichen Perspektive wahrgenommen haben.) Und er erwähnte auch den Unfall, der einmal durch sein Pony verursacht worden war, als dieses ihm durchging und das Wagenrad über sein Bein rollte, was ihm große Schmerzen verursacht hatte. An dieses Ereignis konnte sich seine heutige Großmutter noch gut erinnern, hielt sie sich doch zufällig bei diesem Missgeschick ganz in der Nähe auf. Schon als kleiner Junge weigerte er sich, das Gelände einer Pagode zu betreten. Darüber befragt, berichtete er, wie ihn früher dort auf dem Dach die Bienen gestochen hatten. (Ortsphobie oder Platzphobie oder beides?)

Als Maung sieben Jahre alt war, weilte Paws jüngerer Bruder anlässlich einer Beerdigung in Sipin Tabetkar. Er besuchte auch das Haus, wo der Junge wohnte, der sein wiedergeborener älterer Bruder zu sein vorgab. Als jener sich mit den Eltern von Maung unterhielt, kam dieser zufällig in das Zimmer hinein, erblickte den fremden Mann, erkannte in ihm gleich seinen früheren Bruder wieder und sagte: "Hallo, Kaung! Seit wann bist du hier?" Der Ausdruck "kaung" darf von einem Mann nur gegenüber seinem jüngeren Bruder verwendet werden. Spricht ein jüngerer Mann einen älteren in dieser Form an, so ist das eine große Beleidigung. Deshalb waren die Eltern, als sie ihren Sohn so reden hörten, entsetzt, und Herr Kyaw war schon aufgestanden, um seinen Sohn handgreiflich zu maßregeln. Doch der Besucher, der zwar noch nicht überzeugt war, dass dieser Junge wirklich sein früherer älterer Bruder sein könnte, jedoch die Möglichkeit dieses Umstandes nicht ausschließen wollte, hielt den Vater von seinem Vorhaben zurück und meinte, dass sein Bruder ihn früher immer genauso angesprochen habe. Dieser Mann blieb nun eine ganze Woche in diesem Ort und unterhielt sich viel mit Maung. Als er wieder abreiste, war er völlig davon überzeugt, in dem Siebenjährigen seinen früheren an Lepra verstorbenen Bruder wiedererkannt zu haben.

Als Maung sich im selben Alter befand, ging er auch in das Haus, in welchem er in der früheren Inkarnation gelebt hatte. Sein damaliger ältester Sohn empfing ihn gern und ließ ihn durch das Haus gehen und all die Dinge in die Hand nehmen, die ihm früher gehört hatten. Doch dessen Schwester Ma Ahmar Kyi, die unter ihrem Vater damals als Kind sehr zu leiden hatte, war über seinen Besuch alles andere als erfreut. Sie drohte ihm sogar Prügel an, wenn er sich nochmals in ihrem Haus sehen lassen würde. Maung kleidete sich so, wie es Paw getan hatte. Ja, er fluchte auch mit den gleichen Worten wie Paw. (Wir bringen von uns selbst an äußerlichen und vor allem innerlichen Eigenschaften viel mehr aus früheren Leben mit in das jetzige, als wir von unsern Eltern vererbt bekommen mögen.)

Professor Stevenson hat zu verschiedenen Malen Maung und die Mitglieder seiner jetzigen und früheren Familie aufgesucht und mit ihnen gesprochen. Auch für ihn ist es sicherlich ein Phänomen, dass Lepra in früherem Leben in einem Folgeleben eine Hasenscharte und einen Wolfsrachen verursachen kann. Allerdings bemerkt er, dass solcherlei Defekte bei jedem 1000sten bis 2000sten Menschen in Erscheinung treten. Oft handelt es sich um eine Vererbung. Jedoch waren in den Familien, in denen Paw und Maung aufwuchsen, keine erbbelastenden Vorfahren nachzuweisen, die mit dieser Missbildung in irgendeinem Zusammenhang gestanden hätten. An den Händen und Fingern von Maung entdeckte Stevenson keinerlei Überbleibsel aus dem früheren Leben als Paw, obwohl dieser eben auch dort in unangenehmster Weise von Lepra heimgesucht worden war. [(46)]

Es gibt ungeheuer viele Arten von Geburtsdefekten, deren eigentliche Ursachen der Medizin noch unerklärbar sind. Einen der wohl gewichtigsten Gründe für derlei nicht auf genetische oder pränatale Ursachen zurückzuführende Geburtsmissbildungen hat Stevenson durch seine Forschung nun ganz klar herausgestellt: Es sind Kopien, die aus früheren Leben ins heutige Leben mitgebracht werden. Im folgenden Beispiel kommt ein Junge mit einem abgeflachten Hinterkopf auf die Welt.

Mit einem platten Hinterkopf geboren

Mechmet Bekler wurde 1938 in dem türkischen Dorf Ekber als Sohn von Hamid und Katibeh Bekler geboren. Dieses Ehepaar hatte außer ihm noch einen Sohn und eine Tochter. Schon früh hatte sich Hamid Bekler eine Zweitfrau genommen, mit der er meistens zusammen lebte, während Mechmet bei seiner Mutter aufwuchs. Nachdem Mechmet seinen obligatorischen Wehrdienst abgeleistet hatte, übernahm er die Leitung der sich im Familienbesitz befindlichen Wassermühle. Diese befand sich an dem am Dorf vorbeifließenden Fluss. Mechmet heiratete und hatte drei Kinder.

Doch im November 1965 ereignete sich Folgendes: Während vor seiner Mühle mehrere Menschen anstanden, um ihr mitgebrachtes Korn von Mechmet mahlen zu lassen, kam ein Mann namens Bayrakdar mit einem Sack Getreide, drängte sich an den anderen vorbei und bestand darauf, dass Mechmet sein Korn sofort für ihn mahle, da seine Familie vor Hunger schreie. Der Müller bedeutete ihm, dass er sich hinten an die Warteschlange zu stellen und zu warten hätte, bis er an die Reihe käme. Jedoch Herr Bayrakdar bestand der besonderen Dringlichkeit wegen darauf, sein Korn sofort gemahlen zu bekommen. Es entstand nun ein Streitgespräch zwischen beiden, und als der Mahlvorgang für den gegenwärtigen Kunden gerade beendet war, nahm Herr Bayrakdar seinen Sack und schüttete ihn einfach in die schräge Lade, die das Korn den Mühlsteinen zurinnen ließ. Über diese unverschämte Dreistigkeit war Mechmet dermaßen empört, dass er sofort die Rotierung der Mühlsteine durch einen Hebelgriff zum Halten brachte. Nun kam es zwischen diesen beiden Männern zu Handgreiflichkeiten. Bei dieser Auseinandersetzung ergriff Herr Bayrakdar die Mehlschaufel und donnerte sie dem Müller auf den Hinterkopf, stürzte sich auf den Niederfallenden und schlug und würgte, bar aller Sinne, den wie leblos am Boden Liegenden, bis andere hinzugeeilt waren und ihn von Mechmet wegzerrten. Der stark aus dem Kopf Blutende wurde sofort in das Landeskrankenhaus von Iskenderun gebracht, wo er fünf Tage nach seiner Einlieferung am 28. November 1965 verstarb.

In dem dort vorliegenden Obduktionsbericht, den später Professor Stevenson einsehen konnte, hieß es, dass ein etwa handflächengroßer Teil seines Schädels gebrochen und etwa einen Zentimeter tief eingedrückt war und dass der Tod herbeigeführt wurde durch eine Verletzung der Gehirnhaut und einen Riss der Blutgefäße.

In der ersten und zweiten Instanz wurde Herr Bayrakdar vom Gericht zur Gefängnisstrafe verurteilt, da ihm keiner der Richter seine Beteuerung abnehmen wollte, dass er nur in Selbstverteidigung gehandelt habe.

Wenige Wochen nach dem Tod von Mechmet Bekler hatte Frau Hekime Caspar in Madenli, einem Dorf, 15 Kilometer südlich von Iskenderun am Golf gelegen, einen Traum. Darin erschien ihr ein Mann zu Pferde. Sie fragte ihn, warum er zu ihr komme. Und der Reiter antwortete: "Ich bin durch einen Schaufelschlag ums Leben gekommen. Ich möchte bei dir bleiben und bei niemand anderem."

Solche Ankündigungsträume geschehen durch Gedankenprojektionen auf die Projektionsfläche eines Träumenden. Interessant ist der Umstand, dass anscheinend Mechmet, der wiedergeboren zu werden vorhatte und dem eine Mutter für seine bevorstehende Inkarnation empfohlen worden oder von ihm aus welchen Gründen auch immer selbst ausgesucht worden war, sich bei ihr erst die Erlaubnis einholen wollte, von ihr geboren und also in ihre Familie aufgenommen zu werden. Da ihm eventuell schon von "oben" diese Mutter ausgewählt worden war, wollte er sich ihr wohl nur vorstellen, um sie vorzubereiten. Nicht ohne Bedeutung ist sein Hinweis ihr gegenüber, dass er mit einer Schaufel umgebracht worden war. Wahrscheinlich wollte er ihr schon eine Erklärung dafür geben, dass er mit einer Missgestaltung am Kopf von ihr geboren werden würde und deshalb um ihr Einverständnis nachsuche. Interessant ist weiterhin, dass er ihr im Traum auf einem Pferd erscheint. Vielleicht wollte er dadurch die Besonderheit seines Besuches hervorheben, damit sie sich auch noch nach ihrem Aufwachen an diesen Traum erinnern und eventuell ihrem Mann davon erzählen konnte. Denn normale Träume mögen wir schnell vergessen, doch wenn sie mit ungewöhnlichen Bildern bestückt werden, lassen sie sich leichter ins Gedächtnis überleiten. Dieses ist wohl auch der Grund dafür, dass uns oft symbolische Traumbilder eingegeben werden, über die wir uns veranlasst sehen, nach dem Aufwachen nachzudenken, da sich in ihnen eventuell eine wichtige Botschaft verbirgt. Wir sind noch so unwissend über die wirklichen Beschaffenheiten so vieler Phänomene, dass wir uns besser in unseren wissenschaftlichen Anmaßungen ein wenig mehr bescheiden sollten.

1966, sechs Monate nach dem Ankündigungstraum durch den ihr unbekannten Mann auf dem Pferd, gebar Frau Hekime den Sohn Süleyman, ihr viertes von insgesamt fünf Kindern. Am Hinterkopf entdeckten die Eltern, dass dieser abgeflacht und etwas nach innen gebogen war und sich weich anfühlte. Schon vor seinem zweiten Lebensjahr sprach er immer von einem Fluss. Mit zwei Jahren begann er deutlicher über ein früheres Leben zu sprechen, und zwar immer in der Gegenwartsform: "Ich heiße Mechmet. ... Ich wohne in Ekber. ... Ich bin verheiratet und habe drei Kinder. ... Mein Vater hat eine Zweitfrau. ... Ich besitze eine Mühle." Aber er sprach auch bald über den Vorgang seines Todes: "Mechmet hat mich getötet. ... Er drängte sich vor und wollte sein Korn zuerst gemahlen haben. ... Ich habe die Mühlsteine angehalten und gesagt, dass ich nicht mehr mahlen werde. Dann schlug er mir auf den Kopf. ... Im Krankenhaus bin ich gestorben." Der Vater, der den ermordeten Mechmet Bekler vom Sehen her kannte, aber in keiner Beziehung zu ihm gestanden hatte, wusste natürlich um das Schicksal jenes Müllers aus Ekber, während seine Frau jetzt erst durch die Mitteilung des Sohnes von diesem erfuhr.

Das Dorf Ekber liegt etwa zweieinhalb Kilometer Luftlinie entfernt von Madenli, jedoch sind es, so man den Fahrweg benutzt, sieben Kilometer. Und da ihr Sohn ihr so viel von seinem Leben in Ekber erzählte, nahm seine Mutter ihn eines Tages bei der Hand, und zu ihrem Erstaunen wusste er den Weg nach diesem anderen Ort. Er zeigte ihr dort die Mühle und auch sein Haus. Ein halbes Jahr später nahm nun Süleymans Vater seinen Sohn mit nach Ekber, um eventuell noch mehr von dem überprüfen zu können, was dieser ihm aus dem früheren Leben alles mitgeteilt hatte. Während der Vater zur Mühle ging, um sich anhand der Beschreibungen seines Sohnes dort umzusehen, hatte sich der Kleine losgemacht und lief nun zum Haus seiner früheren Eltern. Vor diesem saßen seine frühere Mutter und die Zweitfrau des Vaters. Er lief auf Erstere zu und sprach sie mit "Mutter" an. Leider hat diese Frau später nur noch wenig von diesem ersten Treffen zu erzählen gewusst, wie sie auch sonst Stevenson gegenüber barsch reagierte und auch später in Süleyman nicht ihren verstorbenen Sohn sehen wollte. Denn der Kleine, der anschließend öfter in ihr Dorf kam, beklagte sich bei ihr, dass sie, die sie doch genug Oliven hatte, ihm und seiner jetzigen Familie nichts abgab. Frau Katibeh Bekler hatte anscheinend das Gefühl, dass Süleyman wieder die Rechte ihres früheren Sohnes einnehmen wolle und sein früheres Hab und Gut, das demjenigen der Familie Caspar gegenüber groß erscheinen mochte, wieder beanspruchen könnte, sobald sie ihn als ihren Sohn akzeptiert hätte. Als der Kleine nun ein, zwei Jahre älter geworden war und man in seiner Gegenwart den Namen seines früheren Mörders erwähnte, wiederholte er immer, dass er, wenn er groß sei, ihn töten würde. Als zufällig jener Mörder nach seiner Gefängnishaft einmal nach Madenli kam, erkannte ihn Süleyman sofort, wies mit dem Finger auf ihn und sagte zu den anderen, dass dies sein Mörder sei. Später wollte er sich unbedingt einmal die

Büchse von seinem Vater ausleihen, um Herrn Bayrakdar zu erschießen.

Stevenson führt in seinem Monumentalwerk öfter Berichte über im früheren Leben Ermordete an, die im heutigen Leben selbst als Kind Rachegefühle dem damaligen Mörder gegenüber haben. Man könnte sich vorstellen, dass sie in der Zwischenwelt mehr über die eigentlichen Gründe, warum sie ermordet werden mussten, erfahren haben sollten, um aus karmischen Zusammenhängen heraus ihren Tod als gerecht und eventuell von ihnen selbst gewollt eingesehen zu haben. Denn die meisten der in meinen Rückführungstherapien Zurückgeführten gelangen bei der Suche nach der Ursache ihres augenblicklichen Störsymptoms – wie schon erwähnt – in ein Opferleben. Dann aber weitergehend nach den Gründen für dieses Opferleben suchend, wird meistens sehr leicht das entsprechende Täterleben erkannt. Wenn nun diese beiden Leben miteinander verglichen werden, wird man sich der Folgerichtigkeit eines Ausgleiches im Opferleben inne, da man ein Gleiches im Täterleben anderen hatte zukommen lassen. Sobald dieser Erkenntnissprung geleistet worden ist, kann man seinem Übeltäter im Opferleben und – so er wieder im heutigen Leben aufgetaucht sein sollte – auch im heutigen Leben vergeben. Dies ist einer der wichtigsten Schritte zur Heilung des betreffenden Störsymptoms und zu einer allmählichen ganzheitlichen Heilwerdung. Doch selbst wenn man im Jenseits eine Einsicht in tiefere Zusammenhänge gewonnen hatte, wird das dort Erkannte oft beim Eintritt in dieses Leben wieder vergessen, und man setzt dort wieder mit seinen Gefühlen ein, die man zuletzt gehabt hatte. Und des Müllers Mechmet Gefühle der Wut gegen Herrn Bayrakdar haben sich also auf Süleyman übertragen. Erst mit dem zunehmenden Alter und dem Vergessen früherer Geschehnisse, wie Stevenson auch später bei Süleyman feststellen konnte, nehmen diese ab.

Stevenson hat den Kopf von Süleyman gründlich untersucht. Er spricht von einem auffälligen Geburtsdefekt. Er meint, dass es wohl viele Kinder gebe, die mit einer solchen Abflachung eines Teiles des Kopfes geboren werden. Interessant und besonders sei jedoch eine Konkavität jener abgeflachten Stelle. Er konnte fühlen, wie der Schädelknochen darunter eingepresst war. Auf dieser bewussten Stelle wuchs das Haar spärlicher und unregelmäßig. Auch fühlte sich die Haut darauf uneben an. Nur selten geschieht es, dass es dem großen Forscher der Universität von Virginia gelingt, einen Autopsiebericht über ein reinkarniertes früheres Mordopfer aufzufinden. Doch in diesem Falle hatte er Glück.[(47)] Auf Stevenson selbst möchte ich im folgenden Kapitel zu sprechen kommen.

An dieser Stelle möchte ich noch von einer eigenen Erfahrung berichten. Als ich einmal bei einem Medizinprofessor und zugleich Rückführungstherapeuten meiner Angst vor Dunkelheit im Wald nachspüren wollte, befand ich mich auf einmal in einem Leben als Forstgehilfe, der mit der Frau des Försters eine heimliche Beziehung angeknüpft hatte. Der Förster lauerte mir nachts, als ich mich aus seinem Haus geschlichen hatte, auf einem Waldweg auf und schlug mir mit der flachen Seite der Axt von hinten auf den Schädel. Ich war sofort tot. Erst nach dieser Rückführung wurde mir bewusst, dass ich genau an jener Stelle, wo die Axt mich traf, eine Abflachung habe, die genau der Größe einer Holzfälleraxt entspricht.

8. Kapitel

DIE REINKARNATION IM LICHTE EINES NEUEN WELTBILDES

Ian Stevenson, der Begründer eines neuen Zeitalters

Sie, verehrte Leserin und verehrter Leser, haben sich nun sicherlich genügend informieren können über die Reinkarnation – in Verbindung mit dem, was Kinder darüber herausgefunden und mitgeteilt haben –, um sich nun selbst zu fragen, wie Sie nach dem Lesen dieses Buches zur Reinkarnation stehen. Wie ich haben Sie sicherlich ebenfalls großen Respekt vor der Leistung Professor Stevensons bekommen. Was Sigmund Freud für die Psychologie und Elisabeth Kübler-Ross für die Sterbeforschung ist, bedeutet gewiss Ian Stevenson für die Reinkarnationsforschung.

1958 schrieb die Amerikanische Vereinigung für Parapsychologie einen Wettbewerb aus, dessen erster Preis derjenige bekommen sollte, der den besten wissenschaftlichen Bericht über "Nachweise für ein Überleben der Persönlichkeit nach dem körperlichen Tod" liefern könne. Der Arzt und Psychiater Ian Stevenson beteiligte sich an diesem Wettbewerb und gewann ihn mit seiner Arbeit über "Nachweise von Leben nach dem Tod durch behauptete

Erinnerungen an frühere Inkarnationen". Obwohl sich Stevenson bei dieser Arbeit noch auf keine eigenen Untersuchungen stützen konnte, imponierte die kritische Art, wie er dabei vorzugehen vorschlug. Diese Arbeit über die Reinkarnation musste ihn derart gepackt haben, dass er sich seitdem hauptsächlich der Nachweisbarkeit von Reinkarnationsfällen widmete.

Ab 1961 beginnt er vor Ort die jeweiligen Fälle zu überprüfen, indem er alle Möglichkeiten wissenschaftlicher Vorgehensweise für ein derartiges Forschungsfeld exemplifiziert. Wann immer ihm von einem Kind irgendwo in dieser Welt berichtet wird, das sich an frühere Leben erinnert, dann reist er - so es seine Zeit erlaubt - dorthin und untersucht den Fall, wobei ihm meist wissenschaftliche Mitarbeiter aus den betreffenden Ländern helfend zur Seite stehen. Manchmal werden auch unter Zuhilfenahme solcher Mitarbeiter fünfzig und mehr Personen befragt, um Verifikationen einer vorliegenden Reinkarnationserinnerung durchzuführen. In seinen Unterlagen befinden sich Berichte von über 2500 Reinkarnationsfällen! Siebzig davon hat er schon vor der Veröffentlichung von *Reincarnation and Biology* ausführlich in Büchern oder in wissenschaftlichen Journalen beschrieben. Anzuzweifelndes in der Beweisführung hat er verdeutlicht und vieles, an dem irgendwelche Zweideutigkeit hinsichtlich der Echtheit eines Falles zu beanstanden war, ließ er unbeachtet. Stevenson hat sich nicht mit Vordergründigem zufrieden gegeben, denn er hat jeden Fall, so möglich, selbst vor Ort recherchiert, da wohl keiner seiner Mitarbeiter mit größerer Zuverlässigkeit und wissenschaftlicherer Gewissenhaftigkeit zu Werke ging.

Bis zu Stevensons wissenschaftlichem Vorgehen gab es eine ganze Reihe von berichteten Reinkarnationsfällen, die auch von Zeugen bestätigt worden waren. Aber ihnen fehlte die wissenschaftliche Untermauerung, die bis ins Letzte genaue Recherche, die auch bloß Behauptetes von wirklich Erlebtem auf Grund von Nachweisen ausschließen konnte. Mit Stevensons Arbeit als Professor für Psychiatrie an der Universität von Virginia in Chalotteville beginnt die moderne Reinkarnationsforschung.

Vor diesem großen Mann müssen wir uns alle tief verneigen, da er in unermüdlicher Arbeit bei hunderten von Kindern in aller Welt zukunftsweisende Grundlagenforschung exemplifiziert hat. Um eine gründliche Forschung vor Ort durchzuführen, war es meistens notwendig, öfter in jene Teile der Welt zurückzukehren, einmal um alle dafür notwendigen Personen, die nicht immer alle zur Zeit seiner verschiedenen Besuche anwesend waren, aufzusuchen, und dann auch um weiterhin die Entwicklung der jeweiligen Personen im Auge zu behalten. Seine Forschungsarbeit vor Ort war oft nur unter schwersten Bemühungen möglich, denn manchmal hatten sich unerwartete Kriegs- oder Rebellionswirren in jenen Regionen ergeben, oder Stürme, Monsunregen, unpassierbare Straßen und dergleichen hielten ihn von seinen Besuchen oftmals sehr versteckt gelegener und schwer zugänglicher Orte ab. Außerdem wurde manchmal seine mühselige Arbeit durch mangelhafte Übersetzer, die Verweigerung von Aussagen oder auch durch die Nichtanwesenheit oder Nichtauffindbarkeit der inzwischen verreisten oder verzogenen Personen erheblich erschwert. Doch Professor Stevenson gab nicht auf. Millionen von Flug- und hunderttausende von Straßen- und Bahnkilometern in aller Welt legte er zurück, um für die medizinische Wissenschaft gleich einem großen Entdecker wie Sven Hedin oder Livingstone ein großes noch unbekanntes Territorium zu ergründen. Diese terra incognita heißt: Geburtsmale und Geburtsdefekte. Professor Stevenson hat auf diese bisher nicht beantwortete Fragen schlüssige Antworten durch Beweisführungen vorgelegt, von denen vor allem sein großes Werk *Reincarnation and Biology* Zeugnis ablegt, aus welchem wir für dieses Buch eine Reihe von Beispielen ausgewählt haben.

Stevenson öffnet durch seine Pionierarbeit eine neue Tür für die Wissenschaft der Medizin: zum Forschungsgebiet der Reinkarnationsmedizin.

> Die Kombination dieser mit der Rückführungstherapie dürfte zu den Segnungen im neuen Jahrtausend zählen. [(48)]

Elisabeth Kübler-Ross hat durch ihre Forschungen an den Betten Sterbender und vor allem sterbender Kinder nachgewiesen, dass es ein Leben nach dem Tod gibt. [(49)] Mit Stevenson ist nun der zweite große Schritt gelungen zur Entdeckung grundlegender Erkenntnisse über unser erweitertes Dasein, das sich aus einer Kette von wiederholten Erdenleben zusammensetzt. Er ist derjenige, der die Reinkarnation endgültig bewiesen hat, dank der das Beweismaterial liefernden Kinder. Er hat die Reinkarnation aus dem Glaubens- und Philosophiebereich erlöst und sie endgültig von der Verweisung aus dem Labyrinth des nur Glaubhaften und Numinösen erlöst und ins Licht der Wissenschaft gestellt.

Seit der Pionierarbeit an den Betten der Sterbenden von Dr. Elisabeth Kübler-Ross wüsste ich von keiner größeren medizinischen Tat als jener von Stevensons Nachweis der Verkettung von Geburtsmalen und Geburtsdefekten im Zusammenhang mit der Reinkarnation. Er hat nicht dadurch nicht nur der Medizin geholfen, ein großes Geheimnis zu lüften, sondern er hat, ganz schlicht gesprochen, nebenbei die Reinkarnation *bewiesen*. Ich glaube mit vollem Recht dafür plädieren zu dürfen, dass man diesem großen Forscher, dessen Bedeutung ich in meinem Buch *Wiedergeburt - Die Beweise* hinsichtlich einer Erweiterung unseres Weltbildes mit der Großtat des Kopernikus verglichen habe, für seine überaus die Medizin wie auch das Weltbild der Menschen bereichernde Leistung den *Nobelpreis für Medizin* verleihen möge.

Mit den Forschungen Professor Stevensons beginnt eine neue Epoche der Reinkarnation. Vor ihm war die Reinkarnation eine Angelegenheit von Gläubigen und Esoterikern oder eine Spekulation von Philosophen und Okkultisten. Er hat den wissenschaftlichen Nachweis der Reinkarnation erbracht. Seine Forschungsarbeit wird notwendigerweise große Konsequenzen für das gesamte Denken unserer Welt nach sich ziehen. Denn wenn die Menschheit in ihrer bisherigen Kurzsichtigkeit nur von einer einzigen Erdenexistenz des Menschen ausging, jetzt aber umzudenken hat, dass wir alle viele Erdenleben haben, dann wird sich in unserem Bewusstsein notwendigerweise vieles ändern müssen - sowohl auf der persönlichen als auch auf der gesellschaftlichen Ebene. Was eine allgemeine Anerkennung der Reinkarnation samt dem damit verbundenen Karmagesetz für Konsequenzen in unserem Denken und Handeln haben wird, habe ich in den beiden folgenden Kapiteln skizziert.

Das Einwirken des Reinkarnationsgedankens auf das persönliche Leben

1. Ich habe keine Angst mehr vor dem Tode. Da ich weiß, dass ich mit aller Wahrscheinlichkeit schon früher gelebt habe, werde ich auch mit aller Wahrscheinlichkeit nach einem Zwischenleben auf einer feinstofflichen Ebene erneut auf Erden inkarnieren.

2. Wenn jemand stirbt, der mir nahe steht, so ist es natürlich, traurig zu sein. Aber meine Trauer wird sich um vieles verringern, da ich weiß, a.) dass er nicht gestorben ist, sondern auf einer anderen Ebene weiterlebt, b.) dass er sicherlich oft - wenn auch unsichtbar - bei mir ist, c.) dass es sein von höherer Seite für richtig befundenes Schicksal war, zur Zeit seines Todes abgerufen zu werden, d.) dass ich diese Person nach meinem Tode im Zwischenleben (Jenseits) und/oder in einem nächsten Erdenleben wieder sehe und e.) dass es nie einen Abschied für immer gibt.

3. Ich bin allen Menschen gegenüber tolerant, solange sie nicht mich oder andere in meiner oder ihrer Freiheit behindern. Ich toleriere jegliche Art von Religionsausübung und Meinungsäußerung, solange sie anderen ein gleiches Recht zugesteht. Denn wir Menschen erweitern mit der Fortentwicklung von Leben zu Leben unser Bewusstsein. Ich bin nie überheblich in meinem Denken Andersdenkenden gegenüber, hatte ich doch vielleicht in einem früheren Leben ebenso gedacht. Ich dränge darum niemandem meine Überzeugung auf, braucht doch jeder seine Zeit, um sein Bewusstsein dann zu erweitern, wenn der Zeitpunkt für ihn dafür gekommen ist. Außerdem ist mir klar, dass ich in meinen zukünftigen Leben sicherlich noch oft meine Überzeugungen ändern bzw. erweitern werde.

4. Ich werde niemals andere Menschen diskriminieren, ganz egal, um wen es sich dabei handelt. Denn ich weiß, a.) dass ich niemanden vom anderen Geschlecht diskriminieren werde, gehörte ich doch mit aller Wahrscheinlichkeit schon selbst dem anderen Geschlecht an, b.) dass ich niemanden von einer anderen Hautfarbe, Volkszugehörigkeit oder einer anderen Rasse diffamieren werde, hätte ich doch selbst schon zu jenen anderen gehören können oder könnte nochmals zu ihnen gehören. Auch ist mir bewusst, so ich jemanden diskriminiere auf Grund seiner anderen Zugehörigkeit, dass ich c.) dann selbst einmal zu diesem anderen Volk oder dieser Rasse gehören muss, damit ich mein Verständnis und meine Liebe für sie erweitere. Ebenso werde ich d.) nie auf andere herabsehen, weil sie arm, behindert, unschön oder irgendwie anders sind, denn ein jeder hat sich genau das Umfeld, sein Aussehen und seine Veranlagungen ausgesucht, um damit, darin und daraus zu lernen.

5. Ich werde anderen gegenüber nie neidisch sein, seien sie nun reicher, mächtiger, angesehener, klüger, gesünder oder äußerlich schöner. Denn diese haben sich für dieses Leben ihr Aufgabenfeld in dieser Schule des Lebens geschaffen, um mit den ihnen zur Verfügung stehenden Mitteln genau das zu lernen, was sie lernen können, um dadurch spirituell zu wachsen. Eventuell standen mir in einem früheren Leben ebenfalls solche Mittel mal zur Verfügung oder werden mir in einem zukünftigen Leben noch zur Verfügung stehen. Wir müssen alle einmal alle Möglichkeiten des Erlernens durchgemacht haben, um spirituell zu wachsen.

6. Habe ich ein Kind, dann werde ich ihm die Chance einräumen, seine individuellen Anlagen, so sie nicht zerstörerisch sind, zu fördern und ihm nicht meinen Willen aufdrängen oder seinen Willen brechen. Denn ich weiß, dass seine früheren Leben es sicherlich schon innerlich geformt haben und dass es in diesem Leben sein Lernprogramm erfüllen möchte, das ein ganz anderes sein mag als das meine. Deshalb respektiere ich seine Persönlichkeit. Außerdem weiß ich, dass es in einem früheren Leben sicherlich schon einmal ein Erwachsener war, vielleicht sogar einer meiner verstorbenen Verwandten oder Freunde. Ich werde schon früh darauf achten, ob es irgendetwas über seine früheren Leben äußert. Ich werde ihm solche Äußerungen nicht mehr verbieten oder diese als Spinnereien abtun. Vielleicht war dieses Kind schon in früheren Leben mein Partner, meine Mutter, mein Vater, mein Freund, meine Freundin. Und vielleicht werde ich im nächsten Leben als Tochter oder Sohn meines jetzigen Kindes wiedergeboren.

7. Ich weiß, dass ich meinen Partner nicht zufällig ausgesucht habe, dass ich ihn schon aus früheren Leben kenne und wir uns im Zwischenleben dafür entschlossen haben, auf Erden

wieder zusammen von- und miteinander zu lernen. Denn jede Partnerschaft ist eine Lerngemeinschaft in der Schule des Lebens. Und die Chance zum Lernen will ich, solange sie besteht, nach besten Kräften nutzen.

8. Ich akzeptiere meine Eltern so, wie sie sind. Denn ich habe sie mir vor meiner Inkarnation aus freier Entscheidung ausgesucht. Sie geben mir für mein Leben genau die Voraussetzungen, die ich zur Erlernung meiner mir spezifischen Aufgaben benötige.

9. Ich erkenne die mir im Leben begegnenden Personen, Ereignisse und Schicksalsschläge als wichtige Hilfen an, damit ich genau durch sie oder aus ihnen das lerne, was ich zu lernen habe. Ich entwickle dabei auch keinen Neid auf andere, da sie eventuell mit ihren Lernmitteln etwas ganz anderes zu lernen haben. Darum trage ich meine mich treffenden Schicksalsschläge mit Fassung und sehe sie vielmehr als Chancen des Lernendürfens an. Ich beklage mich nicht über sie, sondern frage mich, was ich daraus für mich lernen soll beziehungsweise darf.

10. Die Erde ist somit eine Schule des Lernens. Wir lernen mit jeder Inkarnation, verständnisvoller, toleranter und vor allem liebevoller zu werden. Sind wir einmal nach vielen Inkarnationen ganz Liebe geworden, dann dürfen wir diese Erdenschule verlassen, denn wir haben unser Abitur bestanden und dürfen auf höhere Universitäten gehen, wo uns höhere Weisheiten und höhere Liebe vermittelt werden.

11. Ich weiß, dass ich, wo immer ich gegen die Liebe verstoße, selbst einmal derjenige zu sein habe, gegen den lieblos gehandelt wird. Nur dadurch lerne ich, liebevoll mit meinen Gedanken, Worten und Taten umzugehen. Alles, was ich anderen zum Schaden tue, wird mir selbst einst zum Schaden werden.

Das Karmagesetz, das diesen Lernprozess steuert, ist immer gerecht. Es gibt für mich keine Ungerechtigkeiten. Deshalb weise ich auch keinem anderen Menschen oder keiner anderen Situation eine Schuld zu, denn ich frage mich, was ich durch eine Benachteiligung zu lernen oder aus früheren Leben noch auszugleichen habe, denn nichts geschieht zufällig.

12. Ich weiß, dass alles im Leben einen Sinn hat. Es gibt keinen "Un-Sinn". Alles, was mir begegnet, hat für mich eine Bedeutung. Darum werde ich versuchen, den Sinn hinter den Dingen und Ereignissen zu erkennen.

13. Ich weiß, dass es allein an mir liegt, wie schnell oder wie langsam ich mich spirituell entwickle. Ich allein trage dafür die Verantwortung, was mir im Leben an Gutem oder Widerlichem widerfährt, denn beides sind die Früchte meiner in früheren Leben gehegten Gedanken, gesprochenen Worte oder ausgeführten Taten. Um ein nächstes Erdenleben in Freude und Liebe zu führen, werde ich das jetzige Leben nutzen, um anderen viel Freude zu bereiten und Liebe zukommen zu lassen. Ich allein bin der Schmied meines Glückes. Ich schiebe keinem anderen die Schuld zu. Denn ich bin und war und werde für alles verantwortlich sein, was mir wann auch immer begegnet.

14. Ich sehe das Leben als ein Geschenk an, mich mit jedem Erdenleben immer weiter in der Liebe und im Verstehen entwickeln zu dürfen. Es macht mir Freude, anderen in ihrer Entwicklung behilflich sein zu dürfen und von ihnen Hilfe anzunehmen, die meiner Entwicklung zugute kommt. Deshalb bin ich mit jedem Tag dankbar, auf Erden sein zu dürfen und mehr über die Liebe zu erfahren und zu lernen, und ich bin dankbar, immer mehr mein Bewusstsein öffnen zu können für die göttlichen Gesetze und die göttliche Liebe.

Das Einwirken des Reinkarnationsgedankens auf das gesellschaftliche Leben

1. Da die Reinkarnation als Faktum Allgemeingut ist, wird man jeden Menschen als wirklich gleichberechtigt sehen. Es gibt keinerlei Diskriminierung mehr. Absichtliche Übervorteilung oder Benachteiligung selbst im Auftrag anderer schafft persönliches Karma.
2. Das Karmagesetz wird Allgemeingut, das da heißt: Was du einem anderen bewusst tust, sollst du an dir erfahren, entweder noch in diesem Leben oder in einem späteren. Denn das Karmagesetz ist immer gerecht. Keine Untat bleibt unausgeglichen. Das Karmagesetz dient dem Lernprozess.
3. Da jeder weiß, dass er eventuell in jedem Land oder bei jedem Volk oder bei allen einer bestimmten Religion Angehörigen gelebt haben könnte, wird ein globales Zusammengehörigkeitsgefühl geschaffen. Es gibt daher unter den Staaten dieser Erde kein Konkurrenzdenken mehr, vielmehr ein Miteinander, kein Gegeneinander. Man wird sich als Weltgemeinschaft fühlen, die sich gegenseitig Achtung, Toleranz und Verständnis entgegenbringt.
4. Man wird sich in Notsituationen gegenseitig helfen. Denn man weiß, unter jenen Menschen in einer - sagen wir - von Hunger oder Katastrophen heimgesuchten Gegend dieser Erde können sich Verwandte und geliebte Personen aus einem früheren Leben befinden. Jegliches Ignorieren der Not der anderen schafft für eine Nation wieder Karma. Darum wird man denen, die in Not geraten sind, mit größerer Hilfsbereitschaft entgegenkommen. Man wird überhaupt mehr Anteil an dem Wohlergehen der Weltbevölkerung in den einzelnen Ländern nehmen.

5. Jeder Einzelne wird dem Staat gegenüber ein ganz anderes Bewusstsein der Zugehörigkeit und Mitverantwortung entwickeln. Denn betrüge ich den Staat, indem ich etwa Steuern hinterziehe, wird mir aus karmischen Gründen einmal etwas entzogen werden müssen. Denn was ich dem Staat wie auch jedem Einzelnen antue, wird auch mir einmal angetan werden müssen. Darum ist Ehrlichkeit die beste Vorsorgeversicherung für ein nächstes Erdenleben.

6. Bevor er zu einem global verantwortlichen Weltbürger wird, fühlt sich der Mensch als Bürger seines Staates mitverantwortlich. Lebt er nur für seine Interessen und nützt den Staat zu seinem Vorteil aus, wird er einmal in einem späteren Leben ebenfalls in Situationen kommen, in denen man ihn ausnützt. Ein egozentriertes Denken und Handeln ist der Garantieschein dafür, dass man in einem späteren Leben Ungerechtigkeit und Lieblosigkeit erfahren wird.

7. Glaubensgemeinschaften und Weltreligionen werden sich schleunigst die Reinkarnation zu Eigen machen und in ihr Glaubenssystem integrieren, um eine Überlebenschance zu haben, denn die Reinkarnation ist Faktum. Es gibt kein einmaliges Leben, sondern es gibt einen Zyklus von einmaligen Leben. Mit jedem Leben entwickelt sich die Seele zu höherer Vollkommenheit. Die Reinkarnation ist die gerechteste Religion. Sie gibt jedem, so er gegen die Gesetze der Nächstenliebe verstoßen hat, in einem erneuten Erdenleben die Chance, das Verfehlte wieder gutzumachen. Gott ist nicht mehr der Bösewicht, der verkrüppelte Babys zur Welt kommen lässt oder der es gewähren lässt, dass Millionen von Menschen verhungern oder in Kriegen umkommen.

8. Die Rückführungstherapie wird eine große Aufgabe zu erfüllen haben. Im Sozialwesen zum Beispiel wird man eventuell Drogensüchtige und Alkoholiker zu der Ursache ihres

Suchtverhaltens zurückführen, um die sie süchtigmachende Programmierung zu löschen. Aus der Psychiatrie wird die Rückführungstherapie gar nicht mehr wegzudenken sein. Denn andersartiges Verhalten zum eigenen oder zum Schaden anderer mag mit Ursachen in früheren Leben zusammenhängen, die es aufzudecken und zu therapieren gilt. Die Krankenkassen werden auf ihre Kosten Rückführungstherapeuten ausbilden lassen, um ungeheuer hohe Therapiekosten zu sparen, denn die Rückführungstherapie kann oft in kürzester Zeit mit Erfolgen aufwarten, die bei der bisherigen Therapie meist sehr langwierig sind und manchmal auch keine Erfolge aufweisen.

9. In der Psychologie wird man viele der alten und sicherlich oft lieb gewonnenen Theorien begraben müssen und neue Theorien aufstellen, um der Reinkarnation darin einen großen Platz einzuräumen. An den Universitäten werden Lehrstühle für die Reinkarnationspsychologie begründet.

10. In der Medizin wird man in vielem umdenken müssen. Seit Professor Dr. med. Stevensons Entdeckungen weiß man, dass angeborene Missbildungen eine eventuell nicht genetisch oder viruell bedingte Ursache haben können, sondern in den meisten Fällen auf frühere Ursachen zurückzuführen sind. In der Chirurgie wird die Reinkarnation eine nicht geringe Rolle spielen. In vielen Fällen, bevor eine nicht sofort notwendige Operation vorgenommen werden soll, schickt der Arzt oder der Chirurg den Patienten zu einem Rückführungstherapeuten, um zum Beispiel bei einer Vagotomie festzustellen, ob eventuell der Magenbereich vorbelastet ist durch eine in einem früheren Leben dort empfangene Wunde, die, so sich diese Tatsache bestätigt, dann therapeutisch behandelt werden muss, da sonst an dieser Stelle immer wieder irgendwelche Krankheitssymptome auftauchen werden.

Wurde jemand in einem früheren Leben von einem Speer tödlich im Nierenbecken getroffen, wird er eventuell in den Folgeleben immer wieder in dieser Gegend chronische Schmerzen verspüren, selbst dann, wenn die Mediziner dort kein Krankheitssymptom feststellen können. Die Zusammenarbeit zwischen Medizinern und Rückführungstherapeuten wird zu einer notwendigen Selbstverständlichkeit werden.

11. Da wir Menschen wissen, dass wir mit aller Wahrscheinlichkeit auf dieser Erde wiedergeboren werden, wird es uns ein Anliegen sein, die Welt sauber und gesund zu halten, damit wir in unserem nächsten Erdenleben eine heile Welt vorfinden, in welcher wir uns seelisch und geistig weiterentwickeln können. Wir werden uns also mehr für die Umwelt einsetzen und es nicht zulassen, dass diese verschmutzt wird.

12. Die Philosophie wird jene großen Philosophien und Philosophen in den Vordergrund stellen, die jene Erkenntnisse über die Reinkarnation schon vertreten haben. Die Anerkennung der Reinkarnation bewirkt ein ganz neues Umdenken und wird dementsprechend neue philosophische Denkmodelle begründen, die sich weniger an abstraktes Denken halten, sondern erst einmal das aufzuarbeiten und zu integrieren sich vornehmen, was sich "empirisch" aus dem Wissen durch Rückführungen in frühere Leben allgemein ergibt. Man wird sich auch eingehend mit jenem Zwischenleben beschäftigen, wo wir als Seelen weilen, bevor wir wieder auf Erden inkarnieren. Die Philosophie wird fragen: Wer oder was hat dieses System der Reinkarnation samt den Zwischenleben aus welchem Zweck und Sinn heraus erschaffen? Dadurch erhält die Ontologie eine ganz neue Perspektive, und man mag versuchen, durch eigene Tranceerfahrungen, durch eigenes In-die-Mitte-Gehen oder

durch mögliche Einweihungen mit dem Prinzip Schöpfung in Verbindung zu kommen.

13. In der Kunst wird es einen ungeheuren Aufschwung geben, da den Künstlern ein neuer kreativer Themenbereich erschlossen wird und die Nachfrage beim Publikum zum Thema Reinkarnation groß sein dürfte. So werden sich Film, Fernsehen, Theater und vor allem die Literatur dieses Bereiches annehmen. Die Darstellungen von Personen und ihren Handlungsmotiven werden auch vor dem Hintergrund ihrer früheren Leben gespiegelt, wobei dem Karmagesetz sicherlich eine bedeutende Funktion zugestanden werden wird.

14. Wir werden uns weniger um Ansehen und Macht oder Besitz bemühen, da wir wissen, dass es wichtiger ist, die Liebe in sich größer werden zu lassen, weshalb wir eher danach bestrebt sind, im Inneren unsere Schätze zu sammeln als im Äußeren. Wir werden mit dem Leben verantwortungsvoller umgehen und es als großes Geschenk betrachten, in dieser Erdenschule verweilen zu dürfen, um immer mehr über die Liebe und über die göttlichen Gesetze zu lernen. Die Reinkarnation wird einen großen Beitrag dazu leisten, dass unsere Welt eine schönere und liebevollere werden kann, in der es eine Gnade ist, leben, lieben und lernen zu dürfen.

ANMERKUNGEN

1. Carol Bowman *Ich war einmal ... Kinder erinnern sich an ihre früheren Leben und wie Eltern mit ihren Kindern umgehen können,* a.a.O., S. 150
2. Barbro Karlén *Und die Wölfe heulten - Fragmente eines Lebens*, Basel 1997
3. Sybil Leek *Reincarnation - The Second Chance*, a.a.O., S. 36 f.
4. Jenny Cockell *Unsterbliche Erinnerung,* Bergisch Gladbach 1994. Vergleiche auch meine Darstellung in *Wiedergeburt - Die Beweise,* S. 67 ff.
5. Peter and Mary Harrison *Life Before Birth,* a.a.O. S. 11 ff.
6. Dieser Bericht ist in dem Buch von Christopher M. Bache *Das Buch von der Wiedergeburt,* a.a.O. auf S. 11 ff. wiedergegeben.
7. Carol Bowman *Ich war einmal,* a.a.O., worin sich auch dieser Bericht auf S. 210 ff. und auf S. 308 ff. befindet.
8. Eli Lasch *Das Licht kam über mich,* Freiburg 1998
9. Ian Stevenson hat diesen Bericht in seinem Buch *Reinkarnation - der Mensch im Wandel von Tod und Wiedergeburt,* a.a.O., auf den Seiten 286 ff. wiedergegeben.
10. H. N. Banerjee und Will Orsler in *Lives Unlimited - Reincarnation East and West,* a.a.O., S. 26 ff.
11. H. N. Banerjee und Will Orsler in *Lives Unlimited - Reincarnation East and West,* a.a.O., S. 13 ff. und S. 184 f.
12. Ian Stevenson *Reinkarnation - Der Mensch im Wandel von Tod und Wiedergeburt,* a.a.O. auf den Seiten 35-50
13. Dieser ausführliche Bericht ist in Stevensons Buch *Reinkarnation - der Mensch im Wandel von Tod und Wiedergeburt,* a.a.O., S. 169 ff.

nachzulesen. Ebenfalls kommt er in seinem Hauptwerk *Reincarnation and Biology*, a.a.O., S. 1366-1373 auf diesen Fall zu sprechen.

14. Wer mehr zu diesem Thema lesen möchte, dem empfehle ich das Buch von Dr. Edith Fiore: *Heilung von Besessenheit,* Güllesheim 1997
15. Die Geschichte dieses Falles ist nachzulesen bei Brad Steiger in seinem Buch *Returning from the Light,* a.a.O., S. 267 ff. Ausführlicher hat sie Stevenson behandelt in *Reincarnation and Biology,* a.a.O., S. 1579-1589, und verkürzt in seinem Buch *Reinkarnationsbeweise,* a.a.O., S. 189-191.
16. Dieser Bericht ist in dem Buch von Sybil Leek *The Second Chance,* a.a.O., S. 37 ff. wiedergegeben.
17. Stevenson in *Where Reincarnation and Karma Intersects*, a.a.O., S. 161 f.
18. Carol Bowman, *Ich war einmal.*, a.a.O., S. 300 ff.
19. H. N. Banerjee and Will Orsler in *Lives Unlimited - Reincarnation East and West,* a.a.O., S. 46 f. Ebenfalls befindet sich dieser Bericht in Stevensons *Reinkarnation*, a.a.O., S. 247 ff.
20. Peter and Mary Harrison in *Life before Life,* a.a.O., S. 47 ff.
21. Wer sich darüber eingehender erkundigen möchte, dem empfehle ich mein Buch: *Das große Handbuch der Reinkarnation - Heilung durch Rückführung,* München 1998.
22. Ian Stevenson in *Reincarnation and Biology*, a.a.O., S. 987-97 und in Stevensons *Where Reincarnation and Karma Intersects,* a.a.O., S. 92 f
23. Stevenson in *Where Reincarnation and Biology Intersect,* a.a.O. ,S. 9 und S. 183
24. Stevenson in *Reinkarnationsbeweise*, a.a.O., S. 191 ff.
25. Stevenson in *Reincarnation and Biology,* a.a.O., S. 1940-1970, und verkürzt in seinem Buch *Reinkarnationsbeweise*, a.a.O., S. 228 ff.
26. Stevenson in *Reincarnation and Biology,* a.a.O., S. 1875-1881, und in *Reinkarnationsbeweise*, a.a.O., S. 216 f.
27. Wer sich mehr für diese Thematik interessiert, dem empfehle ich, in Stevensons Werk *Reincarnation and Biology*, a.a.O. im Schlagwortregister unter dem Stichwort "Albinos" nachzusehen.

28. Wer mehr über Karma und seine Auswirkungen lesen möchte, dem empfehle ich meinen vierbändigen Siebenfarbroman *Molar,* dessen erster Teil in voller Länge im Internet erschienen ist, der zweite Teil jedoch nur in Auswahlkapiteln. (www.geocities.com/Athens/Delphi/6457 und www.trutz-hardo.de)
29. Stevenson in *Reincarnation and Biology,* a.a.O., S. 1295-1304, und verkürzt in *Reinkarnationsbeweise,* a.a.O., S. 170 ff
30. Dieser Vorgang der rituellen Auflösung von Störsymptomen ist im zweiten Teil meines Buches *Das große Handbuch der Reinkarnation* (a.a.O.) beschrieben.
31. Carol Bowman, a.a.O., S. 28
32. Carol Bowman, a.a.O., S. 138
33. Die ausführlichen Rückführungen von Chase und Sarah lese man in Carol Bowmans Buch a.a.O. auf den Seiten 11-33 nach.
34. Adrian Finkelstein, a.a.O., S. 36 f.
35. Frederick Lenz in *Lifetimes,* a.a.O., S. 35 f.
36. Stevenson in *Wiedergeburt,* S. 82 ff.
37. Sybil Leek, a.a.O., S. 33 ff.
38. Stevenson in *Reincarnation and Biology,* a.a.O., S. 300-323, und verkürzt in seinem Buch R*einkarnationsbeweise*, a.a.O*.,* S. 66-70
39. Stevenson in *Reincarnation and Biology*, a.a.O., S. 468-469, und verkürzt in seinem Buch R*einkarnationsbeweise*, a.a.O., S. 83-86
40. Stevenson in *Reincarnation and Biology,* a.a.O., S. 728-745, und verkürzt in seinem Buch R*einkarnationsbeweise*, a.a.O., S. 109 ff.
41. Stevenson in *Reincarnation and Biology*, a.a.O*.,* S. 973-980, und verkürzt in seinem Buch *Reinkarnationsbeweise,* a.a.O., S. 130 f.
42. Die Hände sind in Stevensons *Reincarnation and Biology,* a.a.O. auf der Seite 1201 abgebildet.
43. Stevenson in *Reincarnation and Biology,* a.a.O., S. 1200-1215, und verkürzt in seinem Buch *Reinkarnationsbeweise,* a.a.O., S. 167 ff.
44. Wer mehr darüber lesen möchte, dem empfehle ich die Bücher von Silvia Barbanell *Ich lebe im jenseitigen Kinderreich - Botschaften von Kindern aus der geistigen Welt,* Neuwied 1991.

45. Stevenson in *Reincarnation and Biology*, a.a.O., S. 1186-1199. Dort befinden sich mehrere Abbildungen der Hände von Lekh.
46. Stevenson in *Reincarnation and Biology,* S. 1466-1475. Dort befinden sich ebenfalls Fotos von Maung vor und nach seiner Hasenscharten-Operation. Auch verkürzt in *Reinkarnationsbeweise*, a.a.O., S. 183 ff.
47. Stevenson in *Reincarnation and Biology,* a.a.O., S. 1429-1442. Dort befinden sich auch drei Abbildungen des Kopfes. Ebenfalls verkürzt in *Reinkarnationsbeweise,* a.a.O., S. 179 ff.
48. Ausführlicher bin ich in meinem Buch *Wiedergeburt - Die Beweise,* a.a.O., S. 119-129, auf die Bedeutung dieses großen Forschers eingegangen.
49. Am besten dargestellt in ihrem Buch *Über den Tod und das Leben danach,* Güllesheim, Neuauflage 1999

Allgemeiner Hinweis: Der Autor interessiert sich für Fälle aus der ganzen Welt, in denen sich Kinder, aber auch Erwachsene an frühere Leben (und jenseitiges Erleben) zurückerinnern können oder konnten und darüber Bestätigungen für die Richtigkeit vorliegen haben.

LITERATURVERZEICHNIS

Christopher M. Bache: *Das Buch von der Wiedergeburt,* München 1993

H. N. Banerjee and Will Oursler: *Lives Unlimited - Reincarnation East and West,* New York 1974

H. N. Banerjee: *Americans Who Have Been Reincarnated,* New York 1980

Carol Bowman: *Ich war einmal ... - Kinder erinnern sich an ihre früheren Leben und wie Eltern damit umgehen können,* München 1997

Adrian Finkelstein: *Your Past Lives And The Healing Process - A Psychiatrist Looks At Reincarnation and Spirituality,* Malibu 1996

Edith Fiore: *Heilung von Besessenheit,* Güllesheim 1997

Trutz Hardo: *Wiedergeburt - Die Beweise*, München 1998

Trutz Hardo: *Das große Handbuch der Reinkarnation - Heilung durch Rückführung,* München 1998

Peter and Mary Harrison: *Life Before Birth,* London 1983

Sybil Leek: *Reincarnation - The Second Chance,* New York 1974

Frederick Lenz: *Lifetimes - True Accounts of Reincarnation,* New York 1979

Brad Steiger: *Returning from the Light,* New York, 1996

Ian Stevenson: *Reinkarnation - Der Mensch im Wandel von Tod und Wiedergeburt. 20 überzeugende und wissenschaftlich bewiesene Fälle,* Freiburg 1978

Ian Stevenson: *Wiedergeburt - Kinder erinnern sich an frühere Leben,* Grafing 1989

Ian Stevenson: *Reincarnation and Biology - A Contribution to the Etiology of Birthmarks and Birth Defects,* Westport, Connecticut 1997

Ian Stevenson: *Reinkarnationsbeweise,* Grafing 1999 (*Where Reincarnation and Biology intersect,* Westport, Connecticut 1997)

ÜBER DEN AUTOR

Trutz Hardo ist Rückführungstherapeut und Referent für Vorträge. Er führt Rückführungsseminare durch und bildet Rückführungsleiter/-therapeuten aus. Er ist durch eine ganze Reihe von Veröffentlichungen und Fernsehauftritte bekannt geworden.

Wer mehr über Trutz Hardo, seine Veröffentlichungen und seine Seminare zur Ausbildung von Rückführungstherapeuten wissen möchte, der kann sich über **www.trutzhardo.de** und **www.trutzhardo.com** informieren.

Sein Karmaprozess ist unter www.bhakti-yoga.ch/hardo mit zu verfolgen. Wer sich von einem ausgebildeten Rückführungsleiter zurückführen lassen möchte, kann sich unter www.trutzhardo.de/links informieren.

Auf seiner Homepage www.trutzhardo.de findet man ab Dezember eines jeden Jahres den Veranstaltungskalender für das jeweilige nächste Jahr. Der Autor ist wegen seiner vielen Reisen meist nur über E-Mail zu erreichen: mail@trutzhardo.de

Weiterführende Informationen zu
Büchern, Autoren und den Aktivitäten
des Silberschnur Verlages erhalten Sie unter:
www.silberschnur.de

Natürlich können Sie uns auch gerne den **Antwort-Coupon** aus dem beiliegenden Lesezeichenflyer zusenden.

Ihr Interesse wird belohnt!

192 Seiten, durchg. bebildert und farbig, gebunden
ISBN 978-3-89845-349-3
€ [D] 36,95

Buch mit Rückführungs-CD
Bestellnr. 1000600
€ [D] 49,95

Trutz Hardo

Geschichte der Reinkarnation

Das Wissen um die Reinkarnation war zu allen Zeiten und in allen Kulturen lebendig. In Indien wurde die Reinkarnation bereits vor 3000 Jahren dokumentiert, in Europa waren es die alten Griechen, die den Glauben an wiederholte Erdenleben lehrten. Mit dem Aufkommen der Aufklärung erfasste die Idee der Reinkarnation fast alle denkenden und dichtenden Geister. Der Islam und das Christentum interessierten sich für die Wiedergeburt ebenso wie andere Weltreligionen.
Trutz Hardo zeichnet die Geschichte der Reinkarnation von ihren Anfängen bis heute nach. Lassen auch Sie sich überraschen von faszinierenden Details der Reinkarnationsgeschichte und von vielen Berühmtheiten, die den Reinkarnationsgedanken lebten, von denen Sie es kaum erwartet hätten.

152 Seiten, broschiert
ISBN 978-3-89845-397-4
€ [D] 12,95

Trutz Hardo

Hab keine Angst vor dem Tod

Was die Forschung herausgefunden hat

Die Frage nach dem, was nach dem Tod kommt, beschäftigt uns alle. Trutz Hardo zeigt uns hier auf beeindruckende Weise, dass es nach dem Tod weitergeht. Er präsentiert die erstaunlichen Ergebnisse der Nahtodforschung bekannter Ärzte wie Elisabeth Kübler-Ross und Raymond Moody und schildert auch die bewegenden Erlebnisse vieler Menschen, die beim klinischen Tod für einige Minuten die Schwelle zwischen Leben und Tod überquert haben und später über ihre verblüffenden Nahtoderlebnisse berichteten. Trutz Hardo gibt uns mit diesem Buch einen einführenden Überblick über die Forschungsergebnisse auf dem Gebiet des klinischen Todes, die beweisen, dass der Tod nicht das Ende ist ...

208 Seiten, broschiert
ISBN 978-3-89845-283-0
€ [D] 14,90

Trutz Hardo

Entdecke deine früheren Leben

Immer wieder gibt es Situationen im Leben, die uns bekannt vorkommen: Wie lässt sich dieses »Déjà-vu«-Phänomen erklären? Trutz Hardo befasst sich seit vielen Jahren mit Rückführungen in frühere Leben. Er erläutert, wie wir uns mit Hilfe verschiedener Rückführungstechniken daran erinnern können, um uns selbst und die Herausforderungen des heutigen Lebens besser verstehen zu lernen und um die Ursachen von einschneidenden Erlebnissen zu durchleuchten.
Lassen Sie sich das größte Abenteuer Ihrer Seele nicht entgehen!

240 Seiten, broschiert
ISBN 978-3-89845-352-3
€ [D] 14,90

Trutz Hardo

Wiedergeburt – Die Beweise

... und die Bedeutung für ein neues Bewusstsein

Trutz Hardo berichtet hier von 39 interessanten Reinkarnationsfällen aus den verschiedensten Teilen der Welt, die die Tatsache, dass wir wiedergeboren werden, stichhaltig belegen. Neben den Forschungsergebnissen des kanadischen Psychiaters Ian Stevenson, die hauptsächlich aus Reinkarnationsbeweisen von Kindern resultieren, liefert Trutz Hardo auch überzeugende Beweise, die von Erwachsenen erbracht worden sind. Diese Fälle zeigen: Es gibt keinen Zweifel mehr an der Wiedergeburt – die Reinkarnation ist endgültig bewiesen.

216 Seiten, broschiert
ISBN 978-3-89845-099-7
€ [D] 12,90

Sylvia Barbanell

Ich lebe im jenseitigen Kinderreich

Gespräche mit Kinderseelen

Dieses Buch beweist anhand zahlreicher überzeugender Fälle, dass verstorbene Kinder im Jenseits weiterleben und dort zur vollen Größe heranwachsen. Kinder »sterben« daher im eigentlichen Sinne nicht, sie leben in einer höheren Welt weiter. Aus diesem Kinderreich besuchen sie oft die auf der Erde Zurückgebliebenen und überbringen ihnen auf unterschiedlichste Weise überzeugende Identitätsbeweise und liebevolle Botschaften. Diese hier zusammengestellten Zeugnisse solcher Begegnungen trauernder Eltern und ihrer Kinder spenden Trost und erweitern unser Wissen über höhere Wahrheiten und das jenseitige Kinderreich.

160 Seiten, broschiert
ISBN 978-3-89845-387-5
€ [D] 14,95

Daniel Meurois-Givaudan

Die ungeborene Seele

Trost und Hoffnung nach Fehlgeburt und Abtreibung

Auf eine ganz neue, liebevolle Art betrachtet Daniel Meurois-Givaudan ein Thema, das immer mehr Frauen und Paare betrifft. Einfühlsam und eindringlich berichtet er über den Weg derjenigen, die den Verlust eines ungeborenen Kindes verkraften müssen und sich der Problematik von Abtreibungen, der Bitternis von Fehlgeburten und den oft so schmerzlichen Fragen rund um komplizierte Geburten stellen müssen. Damit reicht er all jenen die Hand, die nicht mehr wegschauen, sondern ihre Verletzungen und Wunden heilen wollen, damit sich dem Leben neue Fenster des Verstehens, der Achtung und der Liebe öffnen.

160 Seiten, gebunden
ISBN 978-3-89845-378-3
€ [D] 14,95

Elisabeth Kübler-Ross

Lebe jetzt und über den Tod hinaus

Die Schweizer Ärztin Dr. Elisabeth Kübler-Ross ist eine der bekanntesten Ärztinnen unserer Zeit und die Begründerin der modernen Sterbeforschung. Ihre Definition der heute wissenschaftlich anerkannten fünf Phasen des Sterbens revolutionierte die Forschung. Für ihre weltweit geschätzte Arbeit erhielt sie 20 Ehrendoktortitel an verschiedenen Universitäten und wurde vom TIME Magazine zu den »100 größten Wissenschaftlern und Denkern des 20. Jahrhunderts« gewählt.
In diesem wegweisenden Buch offenbart uns Elisabeth Kübler-Ross die Antwort auf die wohl wichtigste Frage über das Leben und den Tod: Wie können wir unser jetziges Leben gestalten, um es mit dem Sterben zu versöhnen?

268 Seiten, broschiert
ISBN 978-3-923781-03-4
€ [D] 14,90

Anthony Borgia

Das Leben in der unsichtbaren Welt

Durch die Berichte von Raymond Moody und Elisabeth Kübler-Ross durften wir bereits einen kurzen Blick hinter den Schleier werfen. Hier liefert ein englisches Medium tatsächlich exakte und umfassende Beschreibungen der jenseitigen Welt und der Geschehnisse, die uns dort erwarten.
Dieses Buch ist ein Meilenstein in der Beschreibung der jenseitigen Welten. Die hier beschriebenen, beispiellosen Erfahrungen animieren jeden dazu, sein irdisches Leben in Zukunft aus einer gänzlich anderen Perspektive wahrzunehmen.

176 Seiten, broschiert,
ISBN 978-3-89845-412-4
€ [D] 12,65

Kurt Tepperwein

Nichts geschieht umsonst

Die Sprache des Lebens verstehen

Alles, was uns begegnet, und alles, was uns widerfährt, sind Botschaften des Lebens, die uns etwas Wichtiges mitzuteilen haben. Das Leben spricht ständig zu uns, allerdings müssen wir die Sprache des Lebens erst erlernen. Wenn Sie diese Sprache beherrschen, ist es Ihnen sogar möglich, die Botschaften des Lebens gezielt abzufragen. Sie können alle Erfahrungen und die verschiedensten Arten von Hinweisen optimal für sich nutzen, um ein erfolgreiches, erfülltes und gesundes Leben zu führen. Ein Buch, das sich mit allen Alltagsthemen auseinandersetzt und keine Fragen offenlässt.

312 Seiten, broschiert
ISBN 978-3-89845-257-1
€ [D] 16,90

Denise Linn

Vergangene Leben – gegenwärtige Wunder

Wunder können tatsächlich in unserem Leben geschehen – einfach und mühelos. Dazu ist es nur notwendig, sich daran zu erinnern, wer wir wirklich sind ...
So sind wir in der Lage, die Blockaden aufzulösen, die zwischen uns und unserer Seele stehen. In diesem Buch lernen Sie, wie Sie in diese vergangenen Leben zurückreisen können, um Licht auf Ihre jetzigen Probleme zu werfen und sich endlich die Realität zu erschaffen, die Sie sich schon immer gewünscht haben. Vertrauen Sie der amerikanischen Erfolgsautorin Denise Linn, und folgen Sie ihr in diesem Buch auf eine Seelenreise in die Zeit – leicht, ungefährlich und voller Wunder.

144 Seiten, broschiert
ISBN 978-3-89845-193-2
€ [D] 12,90

Daniel Meurois-Givaudan

Karmische Krankheiten

erkennen – verstehen – überwinden

Dieses in seiner Art einmalige Buch versteht den Menschen als eine Folge von verschiedenen Reinkarnationen, wobei jede unterschiedliche Spuren hinterlassen hat, die sich im jetzigen Leben als Krankheit manifestieren können und die die traditionelle Medizin weder verstehen noch heilen kann. Ein erfahrener Therapeut mit medialen Fähigkeiten und einem tiefen Verständnis des Menschseins vermittelt hier einen einmaligen Einblick in die Komplexität von Krankheiten.

320 Seiten, gebunden
ISBN 978-3-89845-113-0
€ [D] 21,90

Johannes von Buttlar & Trutz Hardo

Supersurfing – Reisen durch Raum und Zeit

Dies ist das erste zusammenfassende Buch, das dem Leser die Technik vermittelt, wie man sowohl Reisen außerhalb seines Körpers in die Nähe und Ferne als auch Zeitreisen in die verschiedensten vergangenen und zukünftigen Leben erfolgreich durchführt. Reisen durch Raum und Zeit bedeutet Aufbruch ins holistische Zeitalter.
Erweitern Sie Ihre Erlebnisgrenzen. Dieses Buch gibt Ihnen die Praxis in die Hand, wie Sie die Grenzen von Zeit und Raum durchbrechen können, um die aufregendsten Abenteuer gefahrlos erleben zu können.